dtv

Nur wer im Einklang mit sich selbst, seinen Mitmenschen und der Natur ist, kann innerlich frei agieren, wird vorankommen und Erfolg haben. Dies gilt – davon ist der Unternehmensberater und Managementtrainer John Selby überzeugt – im Besonderen für das Arbeitsleben. Deshalb hat er die lange vernachlässigte spirituelle Dimension für den Berufsalltag erleb- und erlernbar gemacht: Er hat eine Reihe von einfachen, täglichen Übungen entwickelt, die die Harmonie von Körper, Geist und Seele kultivieren. John Selbys psychologisch fundierte und pragmatische »Schule der Ganzheitlichkeit« löst ihr Versprechen ein: mit Herz und Verstand bei der Arbeit zu sein, klarer und intuitiver zu denken, sich körperlich wohl zu fühlen und seelische Erfüllung zu finden.

John Selby ist Doktor der Theologie, Psychologe, Bewusstseinsforscher, Pädagoge, Unternehmensberater und Autor zahlreicher Bücher, darunter: ›Die Kunst, allein zu sein‹ (1999) und ›Was mich stark macht‹ (2003). John Selby lebt auf Hawaii.

John Selby

Arbeiten ohne auszubrennen

Spirituelle Techniken für den Berufsalltag

Aus dem Englischen von
Karin Petersen

Deutscher Taschenbuch Verlag

Von John Selby
sind im Deutschen Taschenbuch Verlag erschienen:
Was mich stark macht (24363)
Die Liebe finden (24479)
Wer warten kann, hat mehr vom Leben (34090)
Die Kunst, allein zu sein (36236)
Die Kunst zu leben (36287)
Väter und ihre Rolle in unserem Leben (36310)

Ungekürzte Ausgabe
Januar 2004
2. Auflage April 2005
Deutscher Taschenbuch Verlag GmbH & Co. KG,
München
www.dtv.de

Titel des Originalmanuskripts:
The Conscious Capitalist: Bringing Spirit into the Workplace

Umschlagkonzept: Balk & Brumshagen
Umschlaggestaltung: Stephanie Weischer unter Verwendung
einer Fotografie von © photonica/Johner
Gesetzt aus der Times und der Frutiger
Gesamtherstellung: Druckerei C. H. Beck, Nördlingen
Gedruckt auf säurefreiem, chlorfrei gebleichtem Papier
Printed in Germany · ISBN 3-423-34060-6

Inhalt

Einleitung: Das Zusammenwirken von Profit und Spiritualität

Es gibt bereits einige ausgezeichnete theoretische Bücher, die auf die dringende Notwendigkeit verweisen, in unsere Arbeitswelt mehr Bewusstheit und spirituelle Inspiration einzubringen. Viele dieser Texte wie Jack Hawleys *Reawakening the Spirit in Work* und Lance Secretans *Soul-Management. Der neue Geist des Erfolgs – die Unternehmenskultur der Zukunft* haben bei Millionen von Menschen in der gesamten Arbeitswelt den tiefen Wunsch ausgelöst, bei ihrer Tätigkeit einen direkteren Zugang zu spiritueller Einsicht, Mitgefühl und Wirkungskraft zu finden.

An diesem Punkt benötigen wir keine weiteren philosophischen Diskussionen und allgemeinen, eher theoretischen Einsichten. Vielmehr brauchen wir pragmatische, konfessionslose Techniken, die uns konkret in die Lage versetzen, uns mitten in unserem geschäftigen Arbeitstag für spirituelle Weisheit, transpersonale Einsichten und aufrichtiges Mitgefühl zu öffnen.

In seinem populären Buch *God Wants You To Be Rich: The Theology of Economics* erklärt Professor Paul Zane Pilsner ausführlich, wie wir, wenn wir uns bei der Arbeit auf höhere spirituelle Kräfte einstimmen, mit Sicherheit sowohl zu mehr persönlichem Wohlstand und geschäftlicher Vitalität als auch zu einem gesteigerten allgemeinen sozialen Wohlbefinden gelangen, weil sich uns und unserer Arbeitswelt durch die Öffnung unseres persönlichen Bewusstseins für spirituelle Dimensionen die kreative Macht des gesamten Universums erschließt. Welcher vernünftig denkende Mensch würde sich nicht wünschen, sich an eine solch höhere Quelle der Kreativität und Einsicht anzuschließen?

Uns interessiert in diesem Buch, von einem sachlichen, psychologischen Standpunkt aus genau zu untersuchen, wie das menschliche Bewusstsein für spirituelle Kräfte zugänglich wird und, dies ist beinahe noch wichtiger, herauszufinden, wie wir bei der Arbeit sinnvoll vorgehen können, um unser Herz, unseren Verstand und unsere Seele für die transpersonalen Eingebungen zu öffnen.

Mein Verständnis von Religion

Ich möchte an dieser Stelle ganz deutlich machen, dass dieses Buch auf keinerlei Religion basiert. Tatsächlich ist es von wesentlicher Bedeutung, dass ich in Hinsicht auf konfessionelle Religionen und Philosophien völlig neutral bleibe, damit die Leserinnen und Leser sämtlicher religiöser oder philosophischer Richtungen sich diese konfessionslosen Techniken, die den Zugang zu spirituellen Ebenen erschließen, aneignen und in ihr aktuelles theologisches Verständnis integrieren können.

Meine berufliche Herausforderung im Leben bestand – völlig losgelöst von jedem religiösen Kontext – darin, die großen meditativen Traditionen der Welt Schritt für Schritt zu entmystifizieren, um festzustellen, welche allgemeinen psychologischen Prozesse, die durch zahlreiche verschiedene Techniken aktiviert werden, ihnen zugrunde liegen. Die gute Nachricht lautet, dass diese Forschungen (in Wirklichkeit die Untersuchungen von hunderten von Kolleginnen und Kollegen) jetzt endlich zu dem

Schluss gelangt sind, dass es tatsächlich einen primären mentalen Prozess gibt, der in sämtlichen Religionen Anwendung findet, wenn es darum geht, das eigene kognitive Wirken bewusst zu erweitern, um sich für den Zustrom transpersonaler Kräfte spiritueller Art zu öffnen. In diesem Buch werde ich Ihnen diese mentalen Schlüsseltechniken beibringen, und Sie können sie nach Belieben in Ihr aktuelles religiöses oder philosophisches Glaubenssystem und, was äußerst wichtig ist, in Ihre alltägliche Arbeitssituation integrieren.

Zusammengefasst heißt das, wir werden uns in diesem Buch in keiner Weise mit Religion oder Glaubensrichtungen beschäftigen. Vielmehr setzen wir uns ganz speziell mit der konkreten universellen Erfahrung auseinander, sich direkt an spirituelle Ebenen anzuschließen, und zwar jenseits sämtlicher intellektueller Einstellungen und gedanklicher Vorstellungen. Wie immer Ihre eigenen religiösen oder nichtreligiösen Überzeugungen in Hinsicht auf die tieferen Aspekte des Lebens also auch aussehen mögen, ich kann Ihnen versichern, dass ich sie in keiner Weise in Frage stelle. Vielmehr werden die Übungen in diesem Buch Ihr spirituelles Leben mit Sicherheit bereichern, da Sie lernen, Ihr Herz, Ihren Verstand und Ihre Seele bei der Arbeit und im sonstigen täglichen Leben immer wieder für direkte universelle spirituelle Eingebungen (oder welcher Name Ihnen lieber wäre) zu öffnen.

Der Begriff Spiritualität

Natürlich existieren auf dem Hintergrund religiöser und kultureller Unterschiede viele verschiedene traditionelle Bedeutungen für das Wort »Spiritualität«. Bevor wir uns weiter vorwagen, möchte ich genau klären, was ich aus meiner psychologischen Perspektive damit meine. Zunächst einmal beziehe ich mich mit Sicherheit nicht auf all die zahlreichen imaginären Schöpfungen des menschlichen Verstandes wie Geister, Dämonen und andere Wesen, von denen man annimmt, dass sie nachts umherwandeln. Ich werde mich mit meinen Erläuterungen durchgängig auf Ebenen bewegen, die mit Aberglauben absolut nichts zu tun haben.

Ganz im Gegenteil, der Begriff »Spiritualität«, wie ich ihn verwende, zielt darauf ab, unsere Aufmerksamkeit jenseits sämtlicher abergläubischer Vorstellungen direkt auf die unendliche, allmächtige, allwissende, bedingungslos liebende, höchste Intelligenz des Universums zu richten und darüber hinaus auf die kreative Lebenskraft, welche die gesamte dreidimensionale sinnliche Realität, in der wir leben und unserer Arbeit nachgehen, durchdringt.

Wenn ich davon spreche, sich am Arbeitsplatz für spirituelle Eingebungen zu öffnen, meine ich also, dass wir ganz unabhängig von unserer individuellen religiösen oder nichtreligiösen Einstellung zum Leben unseren vollen persönlichen menschlichen Anteil an einer *universellen kreativen Macht* empfangen, welche ihrer Definition nach über Millionen von Sonnen hinausreicht – eine Weisheit, welche die gesamte vereinte Intelligenz des Universums umfasst, und ein Mitgefühl, welches das Leben, wie wir es kennen, als Ganzes nährt und leitet.

Folgende Logik liegt dieser Diskussion zugrunde: Wenn wir bei unserer Arbeit vom Zustrom einer solch grundlegenden, unendlichen Weisheit und Ermächtigung ständig abgeschnitten sind, muss das letzten Endes unserem persönlichen Erfolg und unseren Geschäften schaden. Der Versuch, bei der Arbeit spirituelle Ebenen auszublenden, ist mit Sicherheit eine der unsinnigsten Anstrengungen der modernen Zivilisation gewesen.

Wenn wir dagegen aktiv Techniken lernen, die uns in die Lage versetzen, uns regelmäßig für spirituelle Einsichten zu öffnen, sollte sich das kontinuierlich als produktiv und sogar wirtschaftlich entscheidend erweisen. Es ist die ausdrückliche Absicht dieses Buches und der hier vorgestellten Techniken, konkrete Möglichkeiten anzubieten, um die vorherrschende materialistische Arbeitsatmosphäre zu durchbrechen, so dass unser Erfolg auf höheren Ebenen gedeihen kann.

Aktiver Zugang zur spirituellen Dimension

Um uns gleich zu Beginn mit der praktischen Ebene vertraut zu machen, möchte ich ein einleitendes Beispiel dafür anführen, wie die in diesem Buch vorgestellten Techniken für den aktiven Zugang zur spirituellen Dimension direkt auf eine konkrete Arbeitssituation angewendet werden können. In diesem Fall handelt es sich um die anstehende Notwendigkeit, schnell auf Einsicht umzuschalten, um ein schwieriges Planungsproblem auf einer höheren Ebene der Integration und Kreativität zu lösen.

Die Situation ist folgende: Sie kommen eines Morgens zur Arbeit und haben gedanklich bereits auf Problemlösung geschaltet, das heißt, Sie grübeln ununterbrochen über eine knifflige Angelegenheit nach, die Sie bis zehn Uhr an diesem Morgen unbedingt gelöst haben müssen. Sie sind die gesamte Situation im Kopf bestimmt schon zehnmal durchgegangen und haben Ihren scharfen, logischen Verstand benutzt, um eine Lösung zu finden, stecken aber immer noch total in der Sackgasse. Ihr Kopf ist wie betäubt vor lauter Anstrengung, Sie fühlen sich körperlich angespannt und überdreht, Ihr Herz zieht sich zusammen, Sie könnten vor lauter Unzufriedenheit und Frustration losschreien, reißen sich aber aus guten Gründen zusammen. Kurz gesagt, Sie haben alles getan, was Ihr logischer, analytischer, deduktiver Verstand leisten kann, aber Sie haben immer noch keine Einsicht gewonnen, und inzwischen sind Sie total mit der Nerven herunter und in einer scheußlichen Verfassung für den anstehenden Arbeitstag. Hier in Kurzform, was Sie als unmittelbare Hilfe tun können – die Details folgen später.

1. *Gönnen Sie sich zunächst einmal nur einen einzigen Augenblick, um Ihre angespannte gedankliche Verbissenheit in Bezug auf Ihr Problem ganz loszulassen.* Bestehen Sie auf Ihrem menschlichen Recht, den gegenwärtigen Augenblick ganz unabhängig von Ihren Arbeitsanforderungen zu genießen. Geben Sie sich selbst die grundlegende Erlaubnis, sich zu entspannen und hier in diesem Augenblick ein ganzes menschliches Wesen zu sein. Und, am wichtigsten, machen Sie sich klar, dass Sie mehr Weitblick entwickeln und zu einem spirituell inspirierten inneren Zustand übergehen müssen, um von hier aus Ihr geschäftliches Problem zu lösen.

2. Damit Sie diesen Wechsel schnell und mühelos vollziehen können, *benutzen Sie Techniken, die den ständigen Fluss problemlösender Gedanken, die Ihren Verstand beherrschen, in ruhigere Bahnen lenken helfen.* Dazu verlagern Sie den Fokus Ihrer Aufmerksamkeit von der Aktivität des Denkens direkt auf die primären Empfindungen in Ihrem Körper und konzentrieren sich vor allem auf Ihre nächsten Atemzüge. Spüren Sie, wie die Luft in Ihre Nase strömt und wieder hinausfließt ... und jetzt dehnen Sie Ihre Wahrnehmung auf die Bewegungen von Brustkorb und Bauch beim Einatmen und Ausatmen aus. Atmen Sie entspannt, blasen Sie die Spannung weg, seufzen Sie ... kommen Sie ganz in Ihren physischen Körper.

3. Wie wir in späteren Kapiteln noch sehen werden, wurde in psychologischen Studien festgestellt, dass die meisten Inspirationen und Einsichten uns erreichen, wenn unser Verstand für einen Augenblick still und friedvoll ist. Um also Ihren denkenden Verstand weiter zu beruhigen ... bleiben Sie wach für das Erlebnis Ihres Atems *und dehnen Sie Ihre Aufmerksamkeit auf die Empfindungen Ihres Herzschlages oder Pulses aus* ... Konzentrieren Sie sich direkt auf Ihr physisches Zentrum des Mitgefühls und die lebendigen menschlichen Gefühle in Ihrem Brustkorb ... Und hier der grundlegende psychologische Trick, den wir an-

wenden: *Ihr Verstand kann nicht völlig wach für das Erleben Ihres Atems und Ihres Herzschlags sein und gleichzeitig den logischen Gedankenfluss verfolgen.* Wenn Sie sich sowohl auf Ihren Atem als auch auf Ihren Herzschlag konzentrieren, wird Ihr Verstand plötzlich still: Ein gelassener Frieden setzt ein, der Sie in die Lage versetzt, sich direkt an Ihre höheren geistigen Kräfte anzuschließen, intuitive und spirituelle. Es dauert ein paar Wochen, bis Sie diese Schritte beherrschen, aber im Wesentlichen ist es ganz einfach.

4. Und um auf einer höheren Ebene einen letzten Schritt zum Ruhigwerden zu tun und sich zu vergewissern, dass der Wechsel vom Kognitiven zum Intuitiven vollzogen wurde, *erweitern Sie Ihre Wahrnehmung auch auf Ihr Gefühl von physischer Balance im Feld der Schwerkraft der Erde ...* Wenn Ihnen das erst einmal gelingt, werden Sie feststellen, dass Sie von der chronischen Fixierung auf Vergangenheit und Zukunft mühelos zur unmittelbaren, wachen Wahrnehmung des gegenwärtigen Augenblicks übergehen können – und plötzlich sind Sie hier! *Sie haben Ihre grundlegende menschliche Balance zurückgewonnen, Ihre Verankerung in einer höheren Bewusstheit als der Ihres kognitiven, analytischen Verstandes.*

5. Jetzt sind Sie in einer perfekten Ausgangsposition, um ganz auf die intuitive Ebene umzuschalten, auf der Ihr Verstand Ihr geschäftliches Problem völlig anders angehen kann. Mit Hilfe eines weiteren schnellen Wechsels Ihrer Perspektive können Sie die gesamte Situation auf einmal betrachten, wobei Ihr Verstand eher integrativ als schrittweise vorgeht. Und hier folgt der springende Punkt, den wir genauer erforschen werden: Im Grunde sind intuitive Einsicht und der Zufluss an spirituellen Kräften ein und dasselbe. Echte Einsicht geschieht, wenn wir unser persönliches Bewusstsein mit dem transpersonalen Bewusstsein der spirituellen Dimensionen des Lebens in Einklang bringen. Wir müssen also beschließen, uns für den Zufluss an spirituellen Kräften

in unseren persönlichen Ego-Kokon zu öffnen, um zuverlässig zu intuitiver Einsicht zu gelangen. Und das ist nicht schwer, sondern geht tatsächlich völlig mühelos vor sich. Tun Sie einfach Folgendes: *Bleiben Sie wach für Ihren Atem, Ihren Herzschlag, die angenehme Präsenz Ihres ganzen Körpers im gegenwärtigen Augenblick – und sagen Sie zu sich gleichzeitig die wirkungsvollen Worte: »Ich bin offen zu empfangen ...«* Wenn Sie in diese spirituelle Absichtserklärung hineinatmen, ist es, als würden Sie sich an das himmlische Internet anschließen. Sie werden Zugang zu Informationen und Blickwinkeln bekommen, die über Ihren persönlichen Ego-Computer hinausgehen.

Die Chancen stehen gut, dass Ihr Verstand, wenn es Ihnen erst einmal ohne weiteres gelingt, in dieser Form auf Empfang zu schalten, spontan beginnt, mühelos Einsichten, plötzliche Aha-Erlebnisse und intuitive Durchbrüche zu produzieren, die alles übertreffen, was Ihr normales Denken hervorgebracht hätte. Statt nur mit einer einzigen mentalen Diskette gewinnen Sie mit Ihrem ganzen Sein neue Einsichten in das Wesen Ihres Problems und wissen, wie Sie es auf kreative, überraschende Weise lösen können. Sie befinden sich in einem harmonischen Zustand, der von einem Gefühl spiritueller Erfüllung begleitet ist. Sie fühlen sich in Ihrem Körper gut, Ihr Herz öffnet sich voller Mitgefühl und Ihre Einsichten schwingen im Einklang mit dem größeren Spielplan der planetaren Realität.

Ihr Kopf wird klar. »He, ich hab's!«, sagen Sie zu einem Kollegen, während die Einsichten nur so aus Ihnen hervorsprudeln. Gesichter wenden sich Ihnen zu, Sie sind die Person, die plötzlich dieses ganz Besondere ausstrahlt, Sie werden bewundert und geschätzt.

Und da Sie jetzt im Herzen verankert sind und vor Geist sprühen, haben Sie zugleich das Charisma, das Mitgefühl und den Weitblick einer wahren Führungspersönlichkeit und können Ihr weit gestecktes Ziel erreichen. Mehr darüber später.

Das Zusammenwirken von Profit und Spiritualität

Wenn das Umschalten auf diese intuitiven und spirituellen höheren Bewusstseinsebenen uns bei der Arbeit so viele Vorteile bringt, stellt sich natürlich die Frage: Warum ist diese Form von tieferer menschlicher Bewusstheit im Geschäftsleben bislang nicht begrüßt und aktiv gesucht worden? Wie wir alle wissen, ging die Entwicklung in den letzten hundert Jahren genau in die entgegengesetzte Richtung. Sowohl Arbeitgeber als auch Arbeitnehmer sind von der materialistischen Überzeugung ausgegangen, dass wir unsere wahrhaftige Freude, unsere intuitiven Einsichten und unsere grundlegende spirituelle Identität aus Gründen der beruflichen Sicherheit und des wirtschaftlichen Überlebens am besten morgens beim Eintreten in die Firma zurücklassen und uns erst auf dem Heimweg wieder an die spirituelle Dimension anschließen.

Sicherlich war es wichtig, dafür zu sorgen, dass der Arbeitsplatz eine neutrale, religionsfreie Zone bleibt, weil Menschen vieler verschiedener Religionen oder ohne jede religiöse Ausrichtung unter demselben Dach friedlich zusammenarbeiten mussten. Religiöse Freiheit erfordert einen nicht konfessionell oder religiös gebundenen Arbeitsplatz. Aber ist unsere religiöse Identität gleichzusetzen mit unserer spirituellen Identität?

Meinem Verständnis nach beruhen viele der Schwierigkeiten, die durch das Einbringen der spirituellen Dimension in die Arbeitswelt entstehen, darauf, dass Spiritualität und Religiosität verwechselt werden. Unsere zahlreichen verschiedenen religiösen Glaubensrichtungen – Katholizismus, Protestantismus, Judentum, Hinduismus, Buddhismus, Sufismus, Islam und so weiter – errichten bereits als solche Schranken zwischen uns. Doch die ihnen allen zugrunde liegende spirituelle Realität des Universums muss unsere speziellen kulturellen und religiösen Interpretationen transzendieren. Die verschiedenen Weltreligionen haben nicht alle ihren eigenen Schöpfer. Offensichtlich existiert nur eine einzige universelle geistige Kraft, die dieses Universum, in dem wir leben, erschaffen hat und mit Leben erfüllt, und deswegen ist uns allen eine gemeinsame, grundlegende spirituelle Identität zu Eigen. Welcher Name, welche Konfession oder welcher Glaube auch immer im Spiel sein mag, wenn wir die Realität spiritueller Dimensionen in unserem Leben persönlich erfahren, stoßen wir alle dabei auf eine wahre Quelle, an die sich jeder von uns auf seine eigene Art und Weise anschließen kann.

Aber weil unsere Spiritualität bislang immer mit unserer religiösen Ausrichtung gleichgesetzt wurde, hat die Geschäftswelt sich bis heute dem Zufluss spiritueller Kräfte während der Arbeitszeit verschlossen. Die Folgen sind manchmal verheerend gewesen. Tatsächlich (und ich würde das als unmittelbares Resultat bezeichnen) ist der Kapitalismus als solcher inzwischen auf dem Weltmarkt bestens bekannt für seine Herzlosigkeit, seine Seelenlosigkeit und seine unspirituelle Haltung.

Das vorherrschende Bild des erfolgreichen Geschäftsmenschen in den Medien ist das einer Person, die keinerlei spirituelle Neigungen hat und die auf einer materiellen Ebene funktioniert, wo jeder jeden frisst und das Gesetz vom Überleben des Stärkeren gilt. Aber sind wir als Geschäftsmenschen wirklich mit dem negativen Medienimage dieser erfolgreichen, skrupellosen Person gleichzusetzen? Ganz gleich, wie in den achtziger Jahren unser Bild befleckt wurde, sind wir im Herzen wirklich die kaltblütigen Materialisten, als die man uns hingestellt hat?

Wie sehen Sie sich selbst in dieser Hinsicht: Sind sie ein völlig materialistisch ausgerichteter Mensch, der es genießt, in einem spirituellen Niemandsland zu arbeiten, oder sind Sie tief im Inneren jemand, der danach hungert, am Arbeitsplatz mehr spirituelle Atmosphäre und Inspiration zu erfahren?

Wer ist bei der Arbeit spirituell?

Ein knapp gefasster Bericht im *Time Magazine* über eine vor kurzem durchgeführte Befragung präsentierte die Tatsache, dass über 35 Prozent sämtlicher amerikanischer Angestellten, Manager und Arbeitnehmer, Mitglied der einen oder anderen Kirche sind oder sich ihr zugehörig fühlen und ganz offen von einer aktiven Spiritualität in ihrem Alltagsleben sprechen. Völlig unabhängig von ihren unterschiedlichen Religionen können wir davon ausgehen, dass dieses solide Drittel der Geschäftswelt keinerlei Bedenken dagegen hat, konfessionslose Techniken anzuwenden, die eine spirituelle Einstellung bei der Arbeit fördern.

Noch wichtiger ist vielleicht, dass weitere 32 Prozent der Amerikaner, die keiner der offiziellen Religionen angehören, mit »Ja« auf die Frage antworteten: »Haben Sie persönlich Erfahrungen gemacht mit der Präsenz einer alles durchdringenden, nicht materiellen spirituellen Intelligenz, die unser gesamtes Universum voller Mitgefühl zusammenhält?«

Das heißt also, dass volle zwei Drittel unserer Geschäftswelt die Realität der Spiritualität in ihrem Leben anerkennt, sowohl im Arbeitsleben als auch in anderen Bereichen. Von dem verbleibenden Drittel äußerte etwa die Hälfte sich unsicher in Bezug auf die obige Frage nach ihrer spirituellen Identität, während nur 15 Prozent ein Selbstbild zeichneten, das Spiritualität völlig ausschloss.

Ganz im Gegensatz zu der vorherrschenden Ansicht in den Medien, unsere Geschäftswelt sei eine herzlose, seelenlose, spirituell verödete Wüste, stimmt die feste Mehrheit der Geschäftsleute darin überein, dass eine grundlegende kreative Macht und spirituelle Intelligenz existieren, die sich in der gesamten dreidimensionalen materiellen Realität und damit sowohl im Wirtschaftlichen als auch in anderen Lebensbereichen manifestiert und diese energetisch durchdringt. Das Problem ist nicht, dass

Menschen im Geschäftsleben nicht spirituell wären, sondern dass wir unseren spirituellen Kern bei der Arbeit nicht zum Ausdruck bringen.

Wenn wir in unserem Innersten spirituelle Wesen sind und das auch wissen, dann scheint es dringend notwendig zu sein, dass wir aufhören, unter falschen Annahmen und Voraussetzungen zu leben, und das verzerrte materialistische Bild, das die Medien von der Geschäftswelt zeichnen, korrigieren. Meiner Meinung nach begehen wir tatsächlich einen grundlegenden Fehler, wenn wir das Spirituelle vom Materiellen trennen, ganz gleich auf welcher Ebene. Schließlich hat Gott diese gesamte materielle Welt, in der wir leben und unserer Arbeit nachgehen, erschaffen, sie ist Gottes vollkommene Schöpfung. Und in diesem Licht betrachtet, existiert absolut keine Trennung zwischen dem Materiellen und dem Spirituellen. Ganz gleich, zu welcher Religion wir tendieren, wir sind in dieser materiellen Gestalt erschaffen worden und müssen in ihr nach bestem Wissen überleben und für die Menschen, die wir lieben, materiell sorgen. Wo also wollen wir die Trennungslinie zwischen Geist und Materie ziehen? Wir sind unserem spirituellen Wesen nach Geschäftsmenschen.

Konkurrenz contra Zusammenarbeit

Ein weiterer überholter kapitalistischer Mythos, der immer noch lauert und den ich in diesem Buch hoffentlich energisch erschüttere, ist, dass Spiritualität unserem Ziel, auf dem Markt einen fairen Gewinn zu erzielen und geschäftlich zu florieren, hinderlich ist. Eng verbunden mit diesem falschen Mythos ist die Angst, dass ein Geschäftsmensch, der sein Herz öffnet und eine emotional liebevolle Haltung zeigt, schwach und verletzlich wird und somit auch keinen Erfolg in der an Wettbewerb orientierten Arbeitswelt haben kann.

Glücklicherweise erkennen immer mehr Unternehmen, dass genau das Gegenteil der Fall ist. Vor allem in unserer Dienstleistungsindustrie, für die das Aufbauen gelungener Beziehungen entscheidend ist, haben Arbeitgeber und Arbeitnehmer, die herzlichen Kontakten gegenüber verschlossen sind, am wenigsten Erfolg. Menschen hingegen, deren spirituelles Licht bei der Arbeit hell scheint, kommen voran und sind erfolgreich. Wie James Moore in *Das Ende des Wettbewerbs: Führung und Strategie im Zeitalter unternehmerischer Ökosysteme* erklärt und John Kenneth Galbraith in *The Good Society* näher erläutert, hat Zusammenarbeit als formale Unternehmensstrategie schlicht und einfach einen größeren ökonomischen Wert als Konkurrenz. Zusammenarbeit ist sinnvoller, als einzeln gegen den Rest der Welt zu kämpfen. Und das Gefühl von universellem Teamgeist in der globalen Wirtschaft schafft eine bessere Welt als eine Haltung, die von selbstsüchtiger Skrupellosigkeit und konkurrierender Feindseligkeit geprägt ist.

Auf dieser allgemeinen Ebene wird augenblicklich viel über das wachsende Bedürfnis gesprochen, in das Geschäftsleben wieder ein Gefühl für spirituelle Werte einzubringen. Im Grunde ist es ganz offensichtlich: Ein Unternehmenschef ohne Werte, der völlig unbarmherzig und skrupellos ist und kein Gefühl für andere Menschen sowie für falsch oder richtig hat, wird letzten Endes jedes Geschäft ruinieren, das er in Angriff nimmt.

Aber hier muss ich mich selbst gegen den äußerst klugen John Whitney mit seinem Buch *Economics of Trust* sowie Stephen Covey und seine verschiedenen Lehren aussprechen, die Werte als etwas präsentieren, was wir uns durch die intellektuelle Entscheidung aneignen können, sie unserem Selbstgefühl einzuverleiben. Die spirituelle Realität erlaubt einfach nicht, dass wir ein Unternehmensedikt erlassen und auf der Grundlage unserer Lieblingstheorie oder -religion eine Reihe positiver Werte aufstellen, um diese Werte dann zu »besitzen«. So funktioniert es einfach nicht.

In der Praxis verläuft dieser Prozess, wie wir noch genauer sehen werden, genau umgekehrt. *Werte entspringen von innen nach außen, sie sind eine Aktion, eine Antwort, ein transpersonales Erkennen dessen, was im Leben richtig und wahr ist.* Einfach ausgedrückt, entstehen Werte spontan, wenn unser Herz offen und erfüllt ist von spiritueller Weisheit und Einfühlungsvermögen.

Und das Gleiche gilt in Bezug auf die Frage nach der Seele: Wir werden in dem Maße seelenvoll, wie wir unser Herz und unseren Verstand für spirituelle Ebenen öffnen, ganz gleich, in welchem religiösen oder nicht religiösen Rahmen. Ein Unternehmen mit Seele zeichnet sich dadurch aus, dass seine Mitglieder in ihrem täglichen Arbeitsleben immer wieder offen für die spirituelle Dimension sind.

Übungen für den Anschluss an die spirituelle Dimension

Lassen Sie mich Ihnen in Kürze und ohne weitere Umstände skizzieren, wie die sieben Schritte aussehen, mit denen wir Zugang zu spirituellen Ebenen gewinnen. Sie können diese Schritte ganz leicht lernen und damit in den nächsten Monaten sämtliche Phasen Ihres Arbeitstages transformieren. Und behalten Sie dabei im Hinterkopf: Diese Übungen bauen aufeinander auf, so dass der Lernprozess rasch voranschreitet und bei jedem Schritt des Weges befriedigend ist. Außerdem können Sie den größten Teil der Übungen bei der Arbeit machen, Sie brauchen also nur ein Minimum an zusätzlichem Zeitaufwand, damit Ihre Lernkurve optimal verläuft.

▣ **Erste Übung:** *Vor der Arbeit den ganzen Körper wecken*
Noch bevor Sie morgens zur Arbeit eilen, ist es wichtig, sich ein paar Minuten Zeit zu nehmen, um sich auf Ihren spiritu-

ellen Kern zu konzentrieren. Um sich beim Aufwachen auf angenehme Weise für die spirituelle Dimension zu öffnen, habe ich sowohl eine Weckübung entwickelt, mit der Sie Ihre tiefere spirituelle Absicht für den Tag zum Ausdruck bringen können, als auch eine schnell absolvierte Bewegungsfolge, mit der Sie sich sofort auf Ihre körperliche Präsenz einstimmen können, so dass Sie sich in Ihrem physischen Körper gut und entspannt fühlen und sich für Ihr tieferes spirituelles Selbst öffnen. Für diese Bewegungen brauchen Sie nur ein paar Minuten Zeit. Und doch können sie ausschlaggebend dafür sein, ob Sie unbewusst und lustlos zur Arbeit gehen oder mit einem klar aktivierten Bewusstsein. Behalten Sie auch im Hinterkopf, dass Sie diese Übungen ohne großen Aufwand bei der Arbeit machen können, um sich zu entspannen und zu neuen Kräften zu gelangen.

▣ **Zweite Übung:** *Meditationen für den Arbeitsweg*

Bei der zweiten Phase geht es um die Möglichkeit, auf dem Weg zur Arbeit in der spirituellen Dimension verwurzelt zu bleiben. Die meisten von uns gehen morgens zu schnell auf Problemlösungskurs, so dass wir angespannt und besorgt sind, noch bevor wir den richtigen Gang eingelegt haben, um die Probleme des Tages erfolgreich zu lösen. Das Aufkommen des drahtlosen Telefons und des Laptop-Computers hat die Gefahr mit sich gebracht, dass die meditative Qualität der so genannten Pendelzeiten völlig verloren geht. Diesem Trend müssen wir entgegenwirken, indem wir lernen, die Zeit zu schätzen, die wir auf dem Weg zur Arbeit damit verbringen, uns auf tiefere Ebenen des Bewusstseins einzustimmen. Es gibt für die Zeit, in der Sie unterwegs zum Arbeitsplatz sind, eine Reihe sehr angenehmer Meditationen, mit denen Sie sich für die spirituelle Dimension öffnen können. Mit diesen Meditationen, die Sie auch im Auto machen können, stimmen Sie sich harmonisch auf die globaleren wirtschaftlichen Aktivitäten des Tages ein, indem Sie sich mit tiefen planetarischen Dimensionen des menschlichen Bewusstseins in Einklang bringen.

Dritte Übung: *Spiritualität am Arbeitsplatz*
Es ist wichtig, dass Sie beim Eintreffen am Arbeitsplatz als Mensch mit Herz, Körper, Verstand und Seele sofort ganz präsent sind. Mit Hilfe eines kurzen Verfahrens, das ich Ihnen in den nächsten Kapiteln beibringen werde, können Sie einfach einen Augenblick Pause machen und sich mühelos an Ihr Gefühl von spiritueller Stille und innerer Ruhe anschließen. Ganz gleich, was die anderen tun, Sie begrüßen es offen, dass in Ihre Arbeitsumgebung Spiritualität Einzug hält. Sie werden bemerken, dass Ihr positiver Einfluss Ihnen nicht nur sofort persönliche Vorteile verschafft, sondern auch andere ansteckt und auf eine höhere Schwingungsebene bringt. Und Sie können sich im Laufe des Tages immer wieder spirituell aufladen und sich damit Ihre persönliche Präsenz als Mensch bewahren, der an seinem Arbeitsplatz Klarheit, Weisheit und Inspiration ausstrahlt.

Vierte Übung: *Ausrichtung auf das spirituelle Herz*
Während Sie Ihre Kolleginnen und Kollegen begrüßen, können Sie, wie wir noch genauer lernen werden, ganz in Ihrem Herzen verwurzelt bleiben, so dass Sie eher Mitgefühl als Konkurrenz verbreiten und allen Menschen um sich herum helfen, sich ebenfalls auf die hohe Ebene Ihres in Liebe gründenden sozialen Verhaltens zu begeben. Schritt für Schritt können Sie sich außerdem eine neu entwickelte Übungsfolge beibringen, mit deren Hilfe Sie sich die emotionale Haltung bewahren, die mit Herzensqualität einhergeht; eine bemerkenswerte Technik zum Umschalten, mit der Sie sich von automatischen emotionalen Reaktionen befreien und gegen die herzlosen Machtspiele wappnen können, die in Ihrer Umgebung stattfinden mögen. Wenn Sie sich diese

Haltung bewahren, bleibt Ihre Kommunikation mit anderen den ganzen Tag lang von Spiritualität geprägt.

Fünfte Übung: *Pause für sofortige Einsichten*
Statt bei Ihrer ersten oder zehnten täglichen geschäftlichen Herausforderung sofort auf die alte, deduktive Problemlösungsschiene zu gehen, können Sie beschließen, sich zu entspannen, sich Ihrer körperlichen Präsenz völlig bewusst zu bleiben, und mit klarer Intention den Prozess aktivieren, mit dessen Hilfe Sie sich für spirituell ermächtigte, intuitive Einsichten für anstehende Probleme öffnen. Wenn Ihr Denken ruhig und klar wird, können Sie mühelos die besten Strategien für die Lösung der verschiedenen Aufgaben wählen, die auf Ihrer Tagesordnung stehen.
Sie werden einen umfassenden mehrdimensionalen Prozess für den Zugang zur Intuition erlernen, der Ihnen bei Ihrer Arbeit garantiert höhere Ebenen des Erfolges erschließt. Wenn wir die intuitive Funktion des Verstandes fördern, um transpersonale spirituelle Einsichten einzuladen, stehen uns wirklich mächtige Kräfte zur Verfügung.

Sechste Übung: *Spirituell getragene Verhandlungen*
Wenn Sie sich in eine Verhandlungssitzung begeben, haben Sie eine weitere Gelegenheit, in der Begegnung mit anderen höhere Ebenen des Erfolgs zu erschließen. Statt in das übliche Schachern zu verfallen und auf »hart und clever« zu schalten, können Sie beschließen, bewusst im Herzen zentriert zu bleiben, und zum »transpersonalen« Modus übergehen, in dem Sie für plötzliche Einsichten in das umfassendere Bild der anstehenden geschäftlichen Situation offen sind. Sie können auch Ihre Verhandlungspartnerinnen und -partner freundlich einladen, eine höhere Vision des gemeinsam ausgehandelten Vertrages zu erforschen, so dass beide Seiten das Gefühl haben, sowohl für das Gemeinwohl als auch für den Fortschritt ihres Unternehmens zu arbeiten.

Siebte Übung: *Die Vision der Firma erweitern*

Sicherlich wird Ihre Firma Ihnen und den anderen Angestellten irgendwann im Laufe des hektischen Arbeitstages fünf bis fünfzehn Minuten Pause gönnen. In dieser Zeit können Sie die in diesem Buch beschriebenen Übungen studieren und gemeinsam praktizieren. Außerdem können Sie sich austauschen über die Erfolge, die Sie an diesem Tag durch die praktische Anwendung der Techniken errungen haben, und über Ihr allgemeines Wachsen als ganze menschliche Wesen, die sich der universellen Herausforderung stellen, sich sowohl auf der materiellen als auch auf der spirituellen Ebene weiterzuentwickeln.

In dieser Pause zum Auftanken können Sie Ihr individuelles Augenmerk oder das der ganzen Gruppe mit Hilfe der Techniken, die wir später lernen, auch dazu benutzen, gründlich über die Gesundheit und die Richtung Ihres Unternehmens nachzudenken, während Sie sich für Einsichten öffnen, die dazu beitragen, dass Ihre Firma sich auf gesunde, profitable Weise in Harmonie mit der globalen wirtschaftlichen Realität weiterentwickelt. Solch ein eingebautes Reflektieren über den umfassenderen Auftrag der Firma kann bemerkenswerte Folgen für die Weiterentwicklung der Organisation haben.

Nach der Arbeit

Es gibt noch einen weiteren wesentlichen Zeitabschnitt, den wir in diesen Tagesplan einbeziehen sollten. Mein Abschlussbild für diese Übungen, die Ihnen spirituelle Ebenen erschließen, sieht so aus, dass Sie sich auf dem Weg nach Hause Ihre spirituelle Ausrichtung bewahren und dieses tiefe Gefühl der Verbundenheit mit dem größeren Ganzen in Ihr Familien- und Gemeinschaftsleben tragen, so dass Sie überall, wo Sie hingehen, Liebe, Harmonie, Verständnis und aufrichtige Freude verbreiten.

Für diejenigen von Ihnen, die vertieft auf Ihr spirituelles Erwachen hinarbeiten möchten, werde ich mehrere Meditationen vorstellen, die Sie regelmäßig zu Hause machen können, vielleicht Ihr Leben lang.

Mit einem solchen Programm, wie ich es Ihnen eben vorgestellt habe, können Sie sich dem Tag in einer optimalen Verfassung stellen, weil Sie die spirituellen Eingebungen während Ihrer Arbeitszeit durchgängig und bewusst willkommen heißen. Sie werden in Ihrem Beruf viel persönlichen Erfolg ernten, weil Ihnen nicht nur aus Ihrer eigenen begrenzten Persönlichkeit Kräfte zuwachsen, sondern Sie auch durch die Weisheit, organisatorische Intelligenz und mitfühlende Macht des Universums bereichert werden. Und gleichzeitig hegen Sie in Ihrem Herzen positive Gefühle für Ihre Mitarbeiterinnen und Mitarbeiter und verbreiten einen Teamgeist, der sowohl Ihre Freundschaften als auch Ihr berufliches Leben bereichert.

Das Schöne an einem solchen täglichen Plan, mit dem wir uns für die spirituelle Dimension öffnen, ist, dass die meisten von uns ihn in nur wenigen Wochen durch müheloses Üben realisieren können. Und weil diese Übungen auf rein psychologischen Grundsätzen beruhen, ohne der religiösen Einstellung von Menschen zu nahe zu treten, kann sich jeder in der Firma auf seine Weise daran beteiligen und so einen starken spirituellen Kern entwickeln, aus dem heraus das Unternehmen agieren kann.

Wo beginnen?

Nachdem ich die Übungen, die Sie gleich genauer kennen lernen werden, jahrelang hunderten von Klientinnen und Klienten beigebracht habe, bin ich zu der Erkenntnis gelangt, dass es einen idealen Ausgangspunkt gibt: Um uns in unserem Leben für spirituelle Einflüsse öffnen zu können, müssen wir zunächst einmal für unsere eigene physische Anwesenheit hier in diesem gegenwärtigen Augenblick bewusster werden.

Die Erfahrung unseres Menschseins wurzelt natürlich in unserem eigenen Körper. Wir sind physische Wesen, unser Verstand ist physisch und selbst unsere Gedanken sind biochemische Abläufe. Wenn wir also Spiritualität in unser irdisches Leben einladen wollen, müssen wir zuallererst einmal in unserer irdischen, materiellen Manifestation ganz präsent sein, denn sonst ist niemand zu Hause, um die spirituellen Einsichten in Empfang zu nehmen, um die wir bitten. Wir müssen ganz hier sein, ganz im Jetzt, uns unserer eigenen physischen Präsenz völlig bewusst sein, dann sind wir offen für die spirituelle Dimension.

Wie beginnen wir auf der praktischen Ebene mit diesem Prozess des »Aufwachens«? In sämtlichen spirituellen Traditionen der Welt, die Meditation praktizieren, gilt das Achtsamwerden für den eigenen Atem als Schlüssel zu höheren spirituellen Zuständen. Umgekehrt wird Ihnen auffallen, dass Sie den Kontakt zu Ihrem Atem und damit auch zu Ihren tieferen Emotionen und Ihrem Gefühl von Verwurzelung im Körper verlieren, sobald Sie in Ihr übliches Geschäftsdenken verfallen.

Beginnen Sie darauf zu achten, wie viele Minuten am Tag Sie sich bei der Arbeit Ihres ein- und ausströmenden Atems tatsächlich bewusst sind. Die Wahrheit ist, dass die meisten von uns den eigenen Körper stundenlang völlig aus ihrem Bewusstsein ausschalten. Und wie sollen wir in der irdischen, dreidimensionalen Realität erfolgreich agieren können, wenn wir noch nicht einmal anwesend sind, um das Spiel zu spielen?

Wir werden also lernen, unsere Wahrnehmung immer wieder dahin gehend zu erweitern, dass sie unseren Atem und unsere körperliche Präsenz einschließt, und zwar völlig unabhängig davon, was wir bei der Arbeit gerade tun.

Auch wenn wir es bei den ersten Schritten dieses Programms belassen sollten, haben wir damit bei der Arbeit eine Revolution eingeleitet; denn Menschen, die sich ihrer eigenen physischen Präsenz bewusst sind, strahlen meistens mehr Entspannung, Herzlichkeit und Kreativität aus als Menschen, die einfach nur auf ihre Gedanken fixiert und damit eher an Vergangenheit und Zukunft als an der Gegenwart orientiert sind.

Achtsamwerden für den Atem

Beachten Sie, wie leicht es ist, Ihre Aufmerksamkeit auf Ihren Atem zu richten. Das wichtigste ist, den Wert dieses Tuns zu erkennen und die grundlegenden Schritte für diesen Prozess des inneren Umschaltens zu beherrschen ... *Erweitern Sie beim Lesen dieser Worte den allmächtigen Fokus Ihrer Aufmerksamkeit einfach mühelos auf die Empfindung, wie der Atem durch Ihre Nase ein- und ausströmt* ... Beobachten Sie einfach die konkreten physischen Sensationen, die durch den Luftstrom in Ihren Nasengängen ausgelöst werden, ohne dass Sie versuchen, Ihren Atem in irgendeiner Weise zu verändern ... nur die pure Erfahrung ist wichtig.

Beachten Sie, während Sie den Fokus Ihrer Aufmerksamkeit auf Ihren Atem richten, dass Sie damit eine der tiefgreifendsten Entscheidungen treffen, die ein Mensch treffen kann. Bedenken Sie auch, dass Sie immer wählen können, worauf Sie Ihre Aufmerksamkeit lenken wollen. Das ist Ihre große Freiheit! Und wenn es Ihnen erst einmal gelingt, Ihre Aufmerksamkeit kontinuierlich auf die Empfindung der durch die Nase ein- und ausströmenden Luft auszurichten, sind Sie dazu ganz unabhängig von Ihrer augenblicklichen Tätigkeit imstande. Wenn Sie Ihr Bewusstsein auf diese Weise erweitern, ist das für anstehende Aufgaben niemals störend; im Gegenteil, es schenkt Ihnen in jeder Situation ein tiefes Gefühl der Leichtigkeit, Entspannung und spirituellen Lebendigkeit.

Sind Sie sich der Empfindung, wie die Erdatmosphäre durch Ihre Nase oder Ihren Mund ein- und ausströmt, immer noch bewusst – oder ist Ihr Verstand von dieser primären Erfahrung abgeschweift? *Gehen Sie behutsam dazu über, Ihre Wahrnehmung wieder auf diese konkrete physische Empfindung von Luftmolekülen, die an Ihren Nasenmembranen entlangstreifen, auszudehnen ...*

Sie werden schon bald bemerken, dass sich Ihr Ein- und Ausatem allmählich vertieft und entspannt, sobald Sie Ihre Wahrnehmung entsprechend verlagern und sich Ihres Atems bewusst werden. Das ist eines der wahren Gesetze, das Sie im Kopf behalten sollten: *Wenn Sie sich Ihres Atems stärker bewusst werden, entspannt er sich allmählich immer mehr und damit auch Ihr gesamtes Wesen.* Sie werden bei der Arbeit viel lebendiger, wenn Sie loslassen, mehr Sauerstoff aufnehmen und sich auf Ihre eigene innere Präsenz einstimmen.

Während Sie weiterlesen, möchte ich, dass Sie jetzt den letzten Schritt tun, um ein umfassendes Atembewusstsein zu entwickeln: Wenn Sie sich bewusst bleiben, wie die Luft durch Ihre Nase oder Ihren Mund ein- und ausströmt, *erweitern Sie den Fokus Ihrer Wahrnehmung auf die Empfindungen der Muskelbewegungen in Ihrem Unterleib und Ihrem Brustkorb beim Ein- und Ausatmen ...* Erleben Sie das gesamte Phänomen des Atems in Ihrem Körper als einheitlichen, zusammenhängenden Prozess – in Ihrer Nase, Ihrem Brustkorb, Ihrem Bauch und Ihrer Wirbelsäule.

Zum Ende dieses einleitenden Kapitels können Sie einen Moment Pause machen, Ihre Augen schließen und sich ein paar Atemzüge lang tief auf Ihren Atem einstimmen ... Bleiben Sie sich der ein- und ausströmenden Luft in Ihrer Nase und der Bewegungen in Ihrem Brustkorb und Bauch gleichzeitig bewusst ... seien Sie offen für den Zufluss spiritueller Kräfte in Ihr Bewusstsein ... denken Sie daran, diese Erfahrung wird immer wieder neu und anders sein und Ihre Vorstellungen und Erwartungen übertreffen. Und genau dieses immer wieder neue Erleben und die totale Empfänglichkeit für den gegenwärtigen Augenblick machen diesen inneren Zustand so wertvoll.

1
Der erwachende Kapitalist

Wir haben unseren Blick jetzt klar auf unser Ziel gerichtet: Wir möchten die aktiven Prozesse beherrschen lernen, mit deren Hilfe wir den ganzen Tag lang offen bleiben für spirituelle Eingebungen, und zwar von dem Moment an, wo wir morgens unsere Augen aufschlagen (und die ersten geschäftlichen Gedanken auf uns einstürmen und uns wachrütteln), bis zu dem Zeitpunkt, wo wir abends unsere Augen schließen. Wir wissen, dass wir in sämtlichen Lebensbereichen tagtäglich optimale Voraussetzungen für Erfolg und Erfüllung haben, wenn wir unser Bewusstsein immer wieder für die spirituelle Dimension öffnen.

In diesem Kapitel setzen wir den Lernprozess fort, indem ich Ihnen zeige, wie Sie gleich zu Beginn Ihres Tages auf die spirituelle Ebene umschalten können. Aber zunächst einmal möchte ich Ihnen in äußerst komprimierter Form eine Zusammenfassung der grundlegenden Erkenntnisse geben, die ich in den letzten Jahren über die psychologische Dynamik des Anschlusses an spirituelle Kräfte gewonnen habe. Vor allem möchte ich Ihnen vermitteln, welche sieben Grundvoraussetzungen uns, wie ich herausgefunden habe, für spirituelle Eingebungen öffnen. Ich habe ganze Bücher über diese sieben Voraussetzungen geschrieben, weil sie dem Kern menschlicher Erfahrung entsprechen. Aber wie ich bereits erwähnte, ist dies kein theoretisches Buch, und ich denke, Sie werden schnell begreifen, worauf es bei jeder Voraussetzung ankommt. Wenn Sie mit diesen Grundideen vertraut sind, werden Sie beim Lernen der einzelnen Techniken genau verstehen, worauf sie abzielen.

Die sieben Voraussetzungen für spirituelle Empfänglichkeit

Die Arbeitswelt ist im Allgemeinen so beschaffen, dass wir spirituell einschlafen. Wir brauchen eine gewisse Offenheit, um den Entschluss zu fassen, bei der Arbeit spirituell aufzuwachen und in der Hitze des kapitalistischen Gefechtes für die tieferen intuitiven und mystischen Dimensionen unseres Wesens aufmerksam zu bleiben. Während Sie die Liste lesen, die zeigt, welche inneren Voraussetzungen uns ermöglichen, bei der Arbeit spirituell wach zu bleiben, können Sie anfangen darüber nachzudenken, welche eigenen inneren Gewohnheiten Sie mitbringen:

1. Unser Denken muss zur Ruhe kommen, damit wir für die spirituelle Dimension offen sind

Solange der denkende Verstand auf der üblichen Problemlösungsschiene agiert und sich sorgt und grübelt, können spirituelle Eingebungen uns nur begrenzt erreichen. Bei sämtlichen traditionellen Meditationen ist das Stillwerden des denkenden Verstandes von zentraler Bedeutung; es ist der erste Schritt, um sich an höhere Bewusstseinsreiche anzuschließen. In der Bibel finden wir die grundlegende Weisung: »Seid still und wisset, ich bin euer Gott«. In der buddhistischen Lehre ist in den grundlegenden

Unterweisungen vom Erreichen des »Punktes der inneren Stille« die Rede. Für die taoistische Tradition hat das »Nicht-Denken« als eine Form von geistiger Stille zentrale Bedeutung. Schweigen ist Gold.

2. Wir müssen unsere üblichen Sorgen und Ängste loslassen

Solange Angst die Seele im Griff hat, ist das menschliche Herz blockiert und spirituellen Dimensionen gegenüber verschlossen. Jesus sagte immer wieder zu seinen Anhängern: »Fürchtet euch nicht!« In diesem Licht betrachtet, stellten die chronische Problemorientierung und das ständige Sorgen um die Zukunft ein direktes Hindernis für ein von spirituellen Kräften getragenes Arbeitsleben dar. Ich werde Ihnen also die wirkungsvollsten Techniken beibringen, um sich von der Denkgewohnheit des Sorgens zu befreien, so dass sich Ihr mentales und physisches System entspannt und sich vertrauensvoll für die spirituelle Dimension öffnet. Angst ist ein großer Kräftezehrer. Wir müssen uns direkt anschauen, was Angst eigentlich ist, und lernen, uns ihrem Zugriff zu entziehen.

3. Wir können die spirituelle Dimension nur zulassen, wenn unser Herz offen dafür ist

Wie wir noch genauer erkunden werden, ist das menschliche Herz nicht nur ein physiologisches Organ, sondern ein hochenergetischer Dynamo und der innerste Kern unseres spirituellen Wesens, das Zentrum der Liebe in unserem Körper. Die Aussage »Gott ist Liebe« ist ein spiritueller Kernsatz. Sämtliche Religionen der Welt messen dem Herzen zentrale Bedeutung bei. Deswegen wird sich bei unserem Vorhaben, uns im Arbeitsleben für spirituelle Einflüsse zu öffnen, vieles um unsere Beziehung zu unserem eigenen Herzen und um die Frage drehen, wie wir unser Herzzentrum bei geschäftlichen Kontakten wirkungsvoll wecken können.

4. Die vertiefte Wahrnehmung unseres Atems ist von zentraler Bedeutung

Fast sämtliche wirklich tief gehenden Meditationen aus den verschiedenen Traditionen beruhen auf der Lehre, dass die Achtsamkeit für den Atem Anfang und Ende des spirituellen Erwachens darstellt. In der Zen-Meditation tun Menschen oft nichts weiter, als ihren eigenen Atem zu beobachten, um zur höchsten Verwirklichung zu gelangen. Wie können wir bestimmte Atemmeditationen direkt bei der Arbeit anwenden, um im Beruf spirituell aufzuwachen? Sie werden staunen, wie simpel und doch wirkungsvoll die Methoden sind, die Ihnen helfen, sich auf den Atem zu konzentrieren, und die Ihren ganzen Tag verwandeln können. Und wenn diese Übungen mit anderen Techniken kombiniert werden, sind sie noch sehr viel wirkungsvoller.

5. Die spirituelle Dimension erschließt sich uns nur in der Gegenwart

Nach den Worten Jesu liegt das himmlische Königreich nicht irgendwo in der Zukunft, sondern wir tragen es in diesem Augenblick in uns. Das Gebot, im »Hier und Jetzt« zu sein, findet sich in sämtlichen tief greifenden spirituellen Traditionen überall auf der Welt. Wenn wir uns bei der Arbeit an spirituelle Einsichten und Kräfte anschließen wollen, müssen wir unsere Wahrnehmung immer wieder auf den gegenwärtigen Augenblick richten. Und das geschieht vor allem dadurch, dass wir den denkenden Verstand zur Ruhe bringen; denn das Denken ist ein an Vergangenheit und Zukunft orientierter Prozess, und wir können uns nicht dem gegenwärtigen Augenblick zuwenden, wenn wir das begriffliche Denken nicht zum Stillstand bringen.

6. Um wirklich Zugang zu spirituellen Ebenen zu bekommen, müssen wir eine klare Absicht dazu haben

Nur wenn wir lernen, innerlich die klare Absicht zu entwickeln, uns Bewusstseinszustände von spiritueller Wachheit zu erschließen, werden wir Meister unseres eigenen Schicksals. Der erste Impuls, auf erweiterte Bewusstseinszustände umzuschalten, ist immer eine Absichtserklärung: »Ich will das, und ich werde es tun!« Aber eine Absicht ist nicht lediglich ein gedanklicher Ablauf im Gehirn, sondern ein tiefer Wunsch, der aus unserem ganzen Wesen aufsteigt, wo Herz und Kopf eins werden in der Sehnsucht, bei der Arbeit tiefer mit dem Leben verbunden zu sein. Und denken Sie daran: Absichten sind Gewohnheiten, die wir durch Übung stärken müssen, sonst ist der ganze Prozess zum Scheitern verurteilt.

7. Unsere persönliche Bewusstheit ist Teil der universellen Bewusstheit

Wenn wir uns immer wieder für spirituelle Einsichten öffnen, entdecken wir, dass wir keine isolierten Ego-Kokons sind, die getrennt von sämtlichen anderen Menschen in der Geschäftswelt existieren. Zweifellos gibt es ein uns alle verbindendes Über-Bewusstsein, das unsere irdische Sphäre durchdringt und als energetisches Intelligenz-Medium dient, über das die spirituelle Dimension in unser Leben tritt und uns alle miteinander verbindet. Wenn wir die klare Absicht haben, uns an dieses transpersonale Bewusstsein der lebendigen Sphäre anzuschließen, gewinnen wir Zugang zu einer uns alle vereinenden ökonomischen Weisheit. Diese Weisheit zeigt uns nicht nur den Weg zu Entscheidungen, die unserer individuellen Firma zugute kommen, sondern auch Wege, die Aktivitäten unseres Unternehmens in den umfassenderen Lebenszusammenhang des globalen wirtschaftlichen Organismus zu integrieren. Auch wenn wir uns für spirituelle Eingebungen öffnen können, ohne uns auf diese Dimension des »planetarischen Bewusstseins« auszurichten, wird der gesamte Prozess erheblich beschleunigt, sobald wir uns für die aktuelle Wirklichkeit öffnen, dass dieser Planet eine spirituelle Einheit ist, von der wir ein winziger bewusster Teil sind.

Bewusste Selbstwahrnehmung

Einer der üblichen Einwände gegen den spirituellen Weg lautet, dass Menschen, die ihn einschlagen, zu sehr mit sich selbst beschäftigt sind. Wer keine praktischen Erfahrungen mit Meditation hat, kritisiert oft, man würde egozentrisch, selbstüberheblich und Ähnliches mehr, wenn man so viel Aufhebens davon macht, sich seiner selbst bewusst zu werden. Vor allem in der Arbeitswelt wird die bloße Idee von einer spirituellen Haltung oft spöttisch abgetan, denn wie soll eine Angestellte oder ein Angestellter, die bzw. der in der Hitze des kommerziellen Wettbewerbs nach innen statt nach außen schaut, erfolgreiche Arbeit leisten?

Aber wenn wir etwas tiefer gehen, können wir leicht sehen, dass genau der Angestellte, der nach innen schaut, erfolgreicher sein wird als ein Mitarbeiter, der sich seiner eigenen inneren Präsenz nicht bewusst ist. Wenn wir morgens aufwachen und uns sofort in das gedankliche Chaos verlieren, das um äußere Probleme kreist, die uns bei der Arbeit an diesem Tag erwarten, sind wir noch nicht einmal imstande, dem Augenblick guten Morgen zu sagen. Wir verirren uns in die Zukunft, schweifen ab in Erinnerungen und werfen keinen Blick auf das, was in diesem Moment geschieht; obgleich genau hier alles stattfindet.

Der entscheidende Punkt ist: Spirituell wach und sich seiner selbst bewusst sein bedeutet, ganz in Kontakt sein mit der Realität dessen, was in unserem persönlichen Bewusstseinskokon in der Gegenwart geschieht. Die oder der erfolgreiche Angestellte ist eine Person, die sich auch dann noch des jeweiligen Augenblicks bewusst ist, wenn sie über vergangene Ereignisse nachdenkt oder sie in die Zukunft projiziert. Nur wenn wir uns diese Wachheit für das »Hier und Jetzt« bewahren, können wir angemessen auf die ständig wechselnden geschäftlichen Herausforderungen reagieren.

Und der psychologische Grundsatz lautet: Wir können nicht wirklich wach sein für das, was um uns herum geschieht, und angemessen darauf eingehen, wenn wir uns nicht einmal unserer eigenen Präsenz bewusst sind. Wenn niemand zu Hause ist, passiert auch nichts – Punkt. Bewusste Selbstwahrnehmung ist also der Schlüssel. Und was meinen wir damit? Es handelt sich hier nicht lediglich um ein großartiges philosophisches Konzept. Bewusste Selbstwahrnehmung ist keinesfalls eine Idee, sondern ein konkreter mentaler Vorgang.

Eine meiner größten beruflichen Herausforderungen besteht jetzt seit über dreißig Jahren (seit meiner Collegezeit Ende der sechziger Jahre) darin, die fünf grundlegenden meditativen Traditionen der Welt Schritt für Schritt zu entmystifizieren, das heißt, den psychologischen Prozess, der ihnen allen zugrunde liegt, zu lösen von den zahlreichen religiösen Dogmen und kulturellen Ritualen. Und schließlich ist es meinen Kolleginnen und Kollegen und mir tatsächlich gelungen, Meditation in eine weltliche Form zu bringen. Das hat für diejenigen von uns, die der Frage von Meditation und Bewusstsein engagiert auf den Grund gehen, tief reichende Folgen gehabt.

Wir haben herausgefunden, dass sämtliche Meditationen bestimmte psychologische Schritte beinhalten. Und wenn wir diese Schritte beherrschen, kommen wir unmittelbar in Kontakt mit der spirituellen Dimension, nicht als Idee, Religion oder Glaubenssystem, sondern als universelle, lebendige Wirklichkeit, die hinter sämtlichen Religionen steht.

Und der erste Schritt in diesem Prozess besteht, wie ich Ihnen in der Einleitung bereits zu vermitteln begann, darin, sich der

Präsenz in Ihrem eigenen Körper stärker bewusst zu werden. Ohne dieses Umschalten auf innere Bewusstheit können wir nicht hoffen, für die spirituelle Ebene und grundlegende intuitive Einsichten offen zu sein oder Herzenskontakt mit den Menschen in unserer Umgebung einzugehen. Wenn wir innerlich nicht wach sind, können wir uns auch nicht auf die Außenwelt beziehen – so einfach ist das.

Richtig aufwachen

In sämtlichen meditativen Traditionen der Welt finden wir die Einsicht, dass es wichtig ist, sich gleich beim Aufwachen an den Entschluss zur bewussten Selbstwahrnehmung zu erinnern. Wenn wir den Fokus unserer Aufmerksamkeit gleich morgens beim Aufwachen auf die tieferen Ebenen unserer eigenen Präsenz richten, geben wir damit die Richtung für den ganzen Tag vor. Wir programmieren uns darauf, in jedem Augenblick empfangsbereit für die spirituelle Dimension zu sein. In diesem ersten Kapitel geht es also darum, bestimmte Morgenrituale zu lernen, die genau das bewirken.

Wir wollen uns einmal näher anschauen, wie Sie morgens aufwachen. Beobachten Sie sich im Verlauf der nächsten Woche genau: Welche Gewohnheiten begleiten Ihr Aufwachen? Wir alle wiederholen diese morgendlichen Routineabläufe gedanklich und körperlich so lange, bis wir aktiv beschließen, sie zu verändern. Vielleicht wachen wir mit unserem Ehemann oder unserer Geliebten zusammen auf und tauschen Intimitäten aus (oder streiten uns). Vielleicht wachen wir auch alleine auf. Wie ist das bei Ihnen?

Manche von uns springen aus dem Bett, noch bevor sie richtig wach sind. Sie stellen flotte Musik an oder schalten den Fernseher ein, kochen die unentbehrliche Kanne Tee oder Kaffe und rüsten sich so für den Tag. Andere bleiben noch eine Weile im

Bett liegen, halb im Traumland, und weigern sich, dem Sog des Bewusstseins nachzugeben.

Und natürlich legen die meisten von uns, sobald sie die Augen öffnen, gedanklich den Arbeitsgang ein. Wir holen uns aus unserem Computer die letzten geschäftlichen Fragen auf den Bildschirm, mit denen wir uns beim Einschlafen herumschlugen, und schalten sofort auf Problemlösung. Wir schenken unserer eigenen inneren Präsenz, unseren Bedürfnissen oder Wünschen noch nicht einmal einen flüchtigen Blick. Wir sind denksüchtig und verlieren uns in vergangene und zukünftige Welten der Erinnerungen, Sorgen, Vorstellungen und Projektionen.

Ich möchte Ihnen hier vorschlagen, sich bewusst vorzunehmen, mit diesen Gewohnheiten zu brechen. Das gilt für das träumerische Hinauszögern des Tagesbeginns ebenso wie für das Verhaltensmuster, sofort für Außenreize zu sorgen. Das alles ist Vermeidung und zwar Ihrer eigenen Gefühle, Wünsche und Ihrer körperlichen Präsenz. Das heißt, Ihre Gewohnheiten dienen letzten Endes dazu, Ihre Spiritualität auszublenden und Sie von Ihrem spirituellen Kern zu trennen. Ist es das, was Sie wollen?

Der morgendliche Entschluss

Ich schlage Ihnen nun einen optimalen spirituellen Ablauf für das morgendliche Aufwachen vor. Sie können die Schritte, die bei Ihnen Anklang finden, nach und nach in Ihre augenblicklichen Gewohnheiten einbauen. Denken Sie jedoch immer daran, dass ich Ihnen hier keine rigiden Regeln unterbreite. Ich mache Ihnen lediglich Vorschläge, die Sie für Ihre einzigartige Persönlichkeit übernehmen und auf Ihre Lebensumstände anwenden können.

Sie gleiten allmählich ins Wachbewusstsein ... Ihre Augenlider zucken, Ihr Verstand schaltet sich ein – Sie beginnen, sich in

Ihrer dreimdimensionalen irdischen Realität bewusst wahrzunehmen. Vielleicht haben Sie noch lebhafte Traumbilder vor Ihrem inneren Auge. Sollte das der Fall sein, richten Sie Ihre Aufmerksamkeit auf diese Welten, um sie zu bestätigen ... Sie durchleben noch einmal, was Sie von den Träumen erinnern ... und erlauben dieser parallelen Wirklichkeit, spontan mit Ihrer wachen Welt zusammenzuschwingen.

Ich schlage aber vor, dass Sie morgens nicht zu lange im Traumland verweilen, es sei denn, Sie wollen Ihre Träume aktiv erforschen. Aus spiritueller Sicht betrachtet, ist es wahrscheinlich besser, wenn Sie mit Ihrem Bewusstsein kurz nach dem Aufwachen ganz in den Augenblick kommen.

Aber seien Sie auf der Hut. Ihr auf Problemlösung programmierter geschäftlicher Verstand wird Sie wahrscheinlich sofort beim Aufwachen in Beschlag nehmen, vielleicht sogar schon, bevor Sie ganz »da« sind. Hier folgt ein idealer Spielplan, mit dessen Hilfe Sie beim Aufwachen vermeiden können, in einen Zustand zu verfallen, in dem Sie Ihren Körper nicht wahrnehmen und von Ihrer inneren Spiritualität abgeschnitten sind. Wenn Sie sich diesen Ablauf zur Gewohnheit machen, kann das für Sie sehr wohltuende Folgen haben.

Während Sie noch im Bett liegen, erinnern Sie sich daran, dass Sie sich beim Aufwachen anders verhalten wollten. Sie möchten sich als spirituelles Wesen wahrnehmen, bevor Sie aus dem Bett steigen. Beschließen Sie bewusst, worauf Sie Ihre Aufmerksamkeit an diesem Arbeitstag als Erstes richten wollen. Diese Entscheidung hat nachhaltige Konsequenzen für den weiteren Verlauf Ihres Tages.

Wenn Sie erst einmal beschlossen haben, Ihre Aufmerksamkeit nach innen zu richten, empfehle ich folgendes Vorgehen, wobei Sie die meisten hierfür erforderlichen Schritte bereits gelernt haben:

- Schließen Sie Ihre Augen wieder, entspannen Sie sich, während Sie auf dem Rücken liegen, wenn das für Sie bequem ist (die Rückenlage ist eine der üblichen Meditationshaltungen). Richten Sie zunächst einmal Ihre Wahrnehmung direkt auf die Empfindungen der Luft, die mit jedem Ein- und Ausatem in Ihre Nase strömt und wieder hinausfließt ... so wie wir es bereits gelernt haben ... lassen Sie sich ganz auf diese Erfahrung ein ...

- Dehnen Sie Ihre Wahrnehmung aus auf die Bewegungen in Ihrem Brustkorb und Bauch, während Ihr Atem ohne jede Anstrengung kommt und geht ... Jetzt schließen Sie auch Ihren Herzschlag oder Puls im Zentrum Ihres Atemerlebens in Ihre Wahrnehmung ein ...

- Und jetzt weiten Sie Ihre Wahrnehmung auf Ihren ganzen Körper aus ... vielleicht bewegen Sie Ihre Zehen und Ihre Finger ... seufzen und gähnen ... Kommen Sie ganz in den persönlichen Kokon Ihrer irdischen Bewusstheit ...

- Sagen Sie mehrmals zu sich: »Ich beschließe, den ganzen Tag in der spirituellen Dimension verwurzelt zu bleiben.«

Die Wirkkraft verbaler Schlüsselsätze

Wenn Sie erst einmal für Ihre eigene physische Präsenz wach geworden sind und Ihre Absicht deutlich zum Ausdruck gebracht haben, können Sie sich spontan dehnen und strecken und so bewegen, wie es sich gut für Sie anfühlt. Achten Sie darauf, ob Sie sich beim Aufwachen in Ihrer Haut wohl oder unwohl fühlen. Das ist wichtig: Blenden Sie Ihre körperliche Präsenz nicht einfach aus, wenn Sie feststellen, dass Ihnen unwohl zumute ist oder Sie sich in Ihrem physischen Körper regelrecht unglücklich fühlen! Das tun nämlich die meisten Menschen. Sie wenden sich von ihrem Körper ab, wenn ihnen nicht gefällt, wie sie sich fühlen. Es ist aber von entscheidender Wichtigkeit, dass Sie genau das Gegenteil tun, sonst wird Ihr ganzer Arbeitstag zur Mini-Hölle. Denn wenn Sie sich in Ihrem Körper nicht wohl fühlen, fühlen Sie sich insgesamt nicht gut – Punkt.

Ich habe bereits wiederholt erwähnt, dass es wichtig ist, den Gedankenfluss im Kopf zum Stillstand zu bringen. Ich sage damit aber nicht, dass Gedanken als solche etwas Schlechtes sind. Wir müssen sie nur an ihren angemessenen Platz verweisen und dürfen nicht zulassen, dass sie ständig die ganze Show beherrschen. Richtig eingesetzt, können bestimmte Worte und Sätze, die wir uns sagen, zu wichtigen spirituellen Werkzeugen werden.

Ich schlage Ihnen vor, mit »verbalen Schlüsseläußerungen« oder »Schlüsselsätzen« zu arbeiten, wenn Sie sich beim Aufwachen in Ihrer Haut unwohl fühlen. Auch hier wieder haben wir unser Schicksal selbst in der Hand. Wir müssen uns nur daran erinnern, uns zu entscheiden!

Unser Körper tut meistens, was unser Verstand ihm sagt. Wenn wir den ganzen Tag lang negativen Gedanken nachhängen und uns einreden, das Leben sei eine miserable Angelegenheit, werden wir uns mit Sicherheit körperlich auch mies fühlen. Wir können also genau das Gegenteil tun und schon morgens beschließen, unserem Körper deutlich zu sagen: »Ich möchte mich heute wohl in meiner Haut fühlen ... Ich möchte das Leben genießen.«

Das ist eine klare Absichtserklärung. Und für das Erreichen unserer Absicht ist es entscheidend, dass wir sie aktiv äußern. Wenn wir uns gut fühlen wollen, besteht der direkteste Weg zu diesem Ziel darin, unsere Absicht zu verbalisieren. Ich empfehle Ihnen also, sich diese oder eine von Ihnen selbst entsprechend formulierte Aussage einzuprägen: *»Ich möchte mich heute wohl in meiner Haut fühlen ... Ich möchte das Leben genießen.«*

Sagen Sie sich diese Worte mehrmals, während Sie im Bett liegen (Sie müssen sie nicht laut aussprechen, es sei denn, das ist Ihnen lieber), und richten Sie Ihre Aufmerksamkeit dann wieder auf Ihren Atem ... auf Ihr Herz ... auf Ihren gesamten Körper hier in diesem gegenwärtigen Augenblick. Erlauben Sie sich, sich mit jedem neuen Atemzug in Ihrer Haut wohler zu fühlen.

Sie werden feststellen, dass Ihr Atem tatsächlich immer tiefer geht. Sie werden spontan gähnen und sich wohlig strecken, so dass Ihr ganzer Körper auf angenehme Weise wach wird. Sie haben sich auf Ihre eigene Präsenz eingestimmt und Ihre Absicht kundgetan, sich gut zu fühlen und spirituell wach zu sein. Damit haben Sie gleich zu Beginn des Tages die richtige Richtung eingeschlagen, um Ihre Arbeit zu einer durchgängig positiven Erfahrung zu machen.

Den ganzen Körper wecken

Ich möchte Ihnen vorschlagen, nach dem Aufstehen die Bewegungsfolge zu machen, die ich Ihnen jetzt beschreibe. Sie eignet sich sowohl für die ersten Minuten des Tages als auch für die Zeit vor dem Schlafengehen und für jede andere Tageszeit. Machen Sie diese Bewegungen immer dann, wenn Sie ein paar Minuten Zeit haben, um sich zu regenerieren und wach zu werden.

Ich empfehle Ihnen, in den nächsten Wochen (oder wann immer Sie bereit sind, diese Bewegungen zu üben) die Disziplin und Zeit aufzubringen, sie regelmäßig zu machen, damit sie sich Ihnen einprägen.

Achten Sie auf Ihren Atem, wenn Sie diesen Vorschlag lesen. Vertieft er sich in positiver Erwartung oder verspannt er sich bei der bloßen Vorstellung, diese Übungen diszipliniert zu machen? Ich werde immer wieder auf mögliche Widerstände hinweisen, die wir gegen Schritte entwickeln, die uns im Leben glücklicher machen. Als Therapeut ist mir natürlich völlig bewusst, dass wir aus den verschiedensten Gründen dazu neigen, unsere besseren Absichten zu boykottieren. Sie können sicher sein, dass wir uns Zeit nehmen werden, uns den Hindernissen zuzuwenden, die immer dann auftauchen, wenn wir unser Schicksal in eine positive Richtung lenken wollen.

Das Glück ist in jedem Fall auf Ihrer Seite: Diese Bewegungen sind nicht zeitaufwendig und wirken so, dass Sie sich schon beim ersten Ausprobieren besser fühlen. Die Übung, die ich Ihnen jetzt zeige, muss nicht länger als zwei Minuten dauern. Sie können sich aber auch bis zu fünf Minuten Zeit dafür nehmen. Wichtig ist, diese Übung in Ihren bestehenden Tagesablauf einzubauen und nicht, diesen umzustellen. Diese Bewegungen machen Spaß, und allein aus diesem Grund werden Sie sie immer wieder machen wollen.

Die erste Übung habe ich gelernt, als ich als Junge in der Nähe des Reservats der Papago-Indianer in Südarizona wohnte. Auf eine ähnliche Bewegungsfolge stieß ich mit sechzehn Jahren bei den Zulu-Bantu in Südafrika. Auch bei meinem Studium des Hatha Yoga tauchten diese Übungen auf ... und als ich im Reservat der Huichole in Nayarit, Mexiko, wohnte ... und bei meinem Aufenthalt in Guatemala ... Damit will ich sagen, dass diese Bewegungen universell verbreitet sind. Ich habe diese Bewegungsfolge im Laufe der Jahre immer wieder auf meine Weise variiert. Auch Sie haben die Freiheit, diese Übungen, wenn Sie sie erst einmal gründlich gelernt haben, entsprechend Ihren persönlichen Neigungen abzuändern.

Lernen Sie sie aber zunächst einmal in der Form, in der ich sie Ihnen beibringe, denn durch jede Bewegungsphase werden tiefe Dimensionen angesprochen. Als Erstes konzentrieren Sie sich auf die Erde unter sich und auf die Mitte des Planeten, auf dem Sie leben. Richten Sie sich dann auf und wenden Sie sich dem Universum zu, in dem Sie leben. Die traditionelle Bezeichnung dieser Übung lautet »Gruß an Himmel und Erde«. Durch die

Bewegungen verbinden Sie sich mit der Erde und berühren himmlische Gefilde, während Sie sich zugleich in der Mitte Ihres eigenen Herzens verankern.

- Stehen Sie in lockerer Kleidung, im Schlafanzug oder ohne Kleider ruhig da, die Füße schulterbreit auseinander. Für den Energiefluss ist es wichtig, dass Ihre Zehen wie beim Skifahren geradeaus und nicht nach außen zeigen ...

- Schließen Sie jetzt Ihre Augen und konzentrieren Sie sich auf Ihren Atem ... Ihren Herzschlag ... Ihr Gleichgewicht ... Ihren ganzen Körper hier im gegenwärtigen Augenblick ...

- Achten Sie besonders auf Ihre Hände und Füße, während Sie jetzt Ihre Augen öffnen und sich langsam nach vorne und unten beugen – durch den Mund ausatmend –, bis Ihre Hände mit den Handflächen nach unten vor Ihnen auf dem Boden liegen. Beugen Sie Ihre Knie, soweit es angenehm und notwendig ist. Und verharren Sie einen Augenblick in dieser »Abwärtshaltung«, ohne Luft zu holen ...

- Wenn Sie jetzt gierig nach Luft sind, atmen Sie durch die Nase ein, während Sie nach oben kommen ... lassen Sie Ihre Hände hoch in die Luft wandern, bis sie mit den Handflächen nach oben zum Himmel zeigen und Sie durch das offene Dreieck, das Ihre Daumen und Zeigefinger bilden, hochschauen ... Ihre Lungen ganz mit Luft gefüllt, halten Sie diese »Aufwärtshaltung« einen langen Augenblick ...

- Jetzt wiederholen Sie den Ablauf, mit dem Ausatem nach unten kommend, bis Ihre Hände vor Ihnen auf dem Boden ruhen, einen Augenblick den Atem haltend, ohne Luft zu holen, und mit dem Einatmen wieder nach oben kommend ...

Machen Sie diese Bewegungen anfangs nur wenige Male, bis Sie sich wohl damit fühlen. Beachten Sie, dass Sie bei jedem neuen Durchgang immer subtilere Nuancen entdecken können. Sie lernen von innen nach außen. Und wieder lautet der grundlegende Schlüsselsatz: *Ich bin offen zu empfangen.*

Es gibt noch zwei weitere Variationen dieser Grundbewegung, aber für das erste Kapitel haben Sie genug gelernt. Erforschen Sie einfach die Empfindungen, die bei dieser Übung hochkommen. Beobachten Sie, ob sich Ihr Atem und Ihr Gleichgewichtsempfinden verändern, ob Sie sexuell erregt werden und was sonst noch geschieht. Nach und nach werden Sie das bemerkenswerte spirituelle Erfahrungspotential dieser Bewegung entdecken. Lassen Sie mich noch einmal wiederholen: Sie machen mit dieser Bewegungsmeditation einen grundlegenden Schritt. Über Ihre Hände und Füße verbinden Sie sich mit dem Mittelpunkt der Erde, um dann in der Umkehrhaltung vom Himmel zu empfangen. Beachten Sie, dass Ihr Atem dabei tiefer geht, so dass Sie morgens schneller wach werden.

Ein weiterer praktischer Vorschlag: Geben Sie, wenn Sie beim Herunterkommen ausatmen, einen sanften Ton von sich, wobei Sie den Mund weit öffnen, »als wollten sie zubeißen«, und die Luft bei fast geschlossenen Stimmbändern mit einem Zischlaut nach außen strömen lassen. Dieses Öffnen der Kiefermuskeln unterstützt Sie in Ihrer Selbstbehauptung und weckt, was als Yang- oder männliche Energie bezeichnet wird.

Das Einatmen bewirkt genau das Gegenteil. Atmen Sie scharf durch die Nase ein, während Sie aufrecht stehen. Spüren Sie, wie die schnell eingesaugte Luft an den Nasenlöchern entlangstreift, empfangen Sie sie auf tiefen Ebenen, bis Sie voll sind, während Ihre Hände von oben aufnehmen ... Diese energetisierende »Himmel-Erde«-Bewegung ist natürlich eine elementare Atem-Meditation. Ich finde es im Allgemeinen am idealsten, Atem-Meditationen in Form eines körperlichen Bewegungsablaufs wie diesem zu machen, so dass der ganze Körper mit einbezogen wird und Atem, Körper, Gleichgewicht und Herzschlag dynamisch zusammenspielen.

Sie werden bemerken, dass Ihr Herz bei dieser Bewegung anfängt, stärker zu schlagen. Den meisten von uns würde es anfangs schwer fallen, Atem und Herzschlag im Stillsitzen bewusst wahrzunehmen. Aber bei diesen Bewegungen schlägt Ihr Herz mitten im Atem plötzlich kraftvoll und »ist einfach da«.

Ich hoffe, dass Sie sich tatsächlich die Mühe machen, diese Bewegungsfolge jetzt oder später zu lernen. Viele Menschen stellen fest, dass ihr kritischer Verstand anfangs sagt: »Das ist doch zu simpel, das ist verrückt ...« Aber ich kann Ihnen versichern, dass wir lernen müssen, unsere körperliche Präsenz als Ort der Einsicht und des spirituellen Erwachens ganz bewusst wahrzunehmen, bevor es möglich wird, sich für die spirituelle Dimension zu öffnen.

Genießen Sie also den simplen Ablauf dieser Anfangsmeditationen. Machen Sie sie regelmäßig, bis Sie Ihnen in Fleisch und Blut übergegangen sind. Kommen Sie ins Gleichgewicht, tanken Sie Kraft, werden Sie ruhig, stimmen Sie sich auf Ihre Intuition ein und erden Sie sich spirituell, während Sie Ihren Arbeitstag beginnen. Machen Sie sich ans Werk!

2
Weise Führungskräfte

Das beste Buch über Führungsqualitäten mit beeindruckenden Verkaufszahlen über einen Zeitraum von zwölf Jahren ist bis heute wahrscheinlich *The Leadership Challenge* von James Kouzes und Barry Posner. Die Lektüre dieses Buches ist für jeden Menschen von Nutzen und vermittelt sowohl inspirierende Einsichten als auch ganz praktische Erkenntnisse. Dieses Buch fordert uns als Führungskräfte auf, unser Herz zu öffnen, aufrichtig und kreativ zu sein, die alten Vorstellungen vom Kapitalisten aufzugeben und nach einer neuen Vision für Unternehmen zu streben. Es beruht auf solide recherchierten Daten und ist sehr gut geschrieben.

Ich kann mich aber daran erinnern, dass ich mich vor einigen Jahren, als ich das Buch zum ersten Mal ganz durchgelesen hatte, irgendwie unbefriedigt und entmutigt fühlte, ja sogar etwas ärgerlich war. Irgendetwas fehlte mir, und als ich das Stichwortverzeichnis am Ende des Buches durchblätterte, wusste ich sofort, was es war: Im ganzen Buch kamen die beiden Worte »Spiritualität« und »Weisheit« nicht einmal vor. Selbst dieser Spitzentitel über Führungsqualitäten klammerte die spirituelle Dimension völlig aus. Ich will damit nicht sagen, dass die Autoren dieses Buches keinen Zugang zur spirituellen Ebene haben. Sie sind offensichtlich Menschen mit Herz und von einer tiefen Quelle inspiriert und motiviert. Aber sie haben es nicht riskiert sich zu fragen, welche Rolle die Aufgeschlossenheit für Spiritualität für das Profil ihrer Führungspersönlichkeiten spielt. Ihre Auflistung der Eigenschaften einer großen Führungspersönlichkeit beschränkt sich auf sekundäre, im Ego wurzelnde Qualitäten, ohne die primären Eigenschaften, welche meiner Meinung nach eine wahrhaft große, charismatische Führungspersönlichkeit ausmachen, der wir aus der Tiefe unseres Wesens heraus folgen können, auch nur am Rande zu erwähnen.

Nun, nach diesem Urteil über solch ein gutes Buch sollte ich in diesem Buch eine bessere Liste präsentieren. Und das werde ich auch tun. Da wir unsere Diskussion gleich von Anfang an auf der gründlichsten Ebene angesetzt haben, wird es Ihnen nicht schwer fallen, die Schlüssigkeit der Liste, die ich Ihnen gleich vorstellen werde, zu erkennen. Ich verweise hier auf sechs zentrale Eigenschaften von Führungspersönlichkeiten, die aus einer kapitalistischen Führungskraft eine bewusste kapitalistische Führungskraft machen, die an die Quelle ihrer persönlichen Macht und Weisheit angeschlossen ist.

Als Seth Godin vor einigen Jahren sein kleines Buch *Wisdom Inc.* veröffentlichte, fand ich es aufregend, dass in der Unternehmenswelt ein Buch über Weisheit erschien. Ich stellte aber schnell fest, dass dieses Buch gar nicht von Weisheit handelt, sondern von Tugenden. Wieder einmal war ein Produkt unter falscher Bezeichnung auf den Markt gekommen. Tugendhaftigkeit (unser Leben bewusst nach einem Kodex positiver Verhaltensweisen und innerer Einstellungen leben) muss nicht unbedingt Weisheit bedeuten.

Das Wort Weisheit bezeichnet nach *Websters Wörterbuch* ganz speziell *das einsichtige Verstehen dessen, was wahr, richtig oder von Dauer ist.* Beachten Sie, dass das Wort *einsichtig* von zentraler Bedeutung für diese Definition ist. Und Einsichtigkeit ist keine Tugend und kein Charakterzug, sondern eine geistige Haltung, die uns für die Wirklichkeit des Lebens öffnet, so dass wir dieses ohne Behinderung durch persönliche blinde Flecken und begrenzte Blickwinkel sehen können.

Einsicht ist, wie das Wort selbst besagt, die Fähigkeit, tief nach innen bis in unseren eigenen Kern zu schauen und die jeder Situation zugrunde liegende Wahrheit zu sehen. Und was geschieht, wenn wir uns unserem Kern zuwenden? Wir kommen, wie bereits erwähnt, in direkten Kontakt mit der spirituellen Dimension.

Ist Ihnen jemals ein Mensch begegnet, den Sie als weise bezeichnen würden und dessen Individualität nicht in Spiritualität begründet war? Können wir wirklich über Weisheit sprechen, ohne die Ebene der spirituellen Inspiration und Klarheit einzubeziehen? Weisheit ist einfach eine innere Qualität von Individuen, die für die Eingebungen der spirituellen Dimension offen sind und auf diesem Weg ein Verständnis für das Leben entwickelt haben, das nichts ausschließt und das von Mitgefühl und kontinuierlichen transpersonalen Einsichten geprägt ist.

Ich denke, wir alle stimmen darin überein, dass Führungsqualitäten die spezielle Eigenschaft persönlicher Weisheit einschließen, auch wenn darüber bis jetzt in Unternehmenskreisen kaum diskutiert worden ist. In früheren Zeiten wurden Stammesführer vor allem deswegen gewählt, weil sie zu einer gewissen, umfassenden Weisheit gelangt waren. Und ich kann mir keine Führungspersönlichkeit in einem heutigen Unternehmen vorstellen, die nicht weise sein möchte.

Aber wie viele unserer heutigen Führungskräfte widmen sich bewusst dem Ziel, mehr Weisheit zu erlangen? Und wie viele wissen überhaupt, was diese Eigenschaft ausmacht, und bemühen sich beharrlich darum?

Die auf meiner Liste stehenden sechs grundlegenden Eigenschaften von Führungspersönlichkeiten machen für mich einen Menschen aus, der andere auf der Grundlage einer Weisheit leitet, die über seine persönliche Ich-Struktur hinausgeht, einer Weisheit, die darauf beruht, dass dieser Mensch sich regelmäßig auf Erkenntnisse und Visionen einstimmt, die spirituell inspiriert sind. Und hier folgt eine wirklich aufregende Tatsache, die wir

Schritt für Schritt untersuchen werden: Jeder von uns kann jederzeit lernen, sich für spirituelle Einsichten zu öffnen, und auf diesem Wege immer tiefer gehen und immer weiser werden.

Im Grunde ist Weisheit nichts anderes als ein Zustand permanenter Empfänglichkeit. Wenn wir uns in diesem Zustand befinden, sind wir weise. Geht uns dieser Zustand der Einsicht verloren, werden wir ebenso töricht wie unsere ständig Ränke schmiedende, im Ego begründete Persönlichkeit.

Bitte beachten Sie, dass wir in jeder Sekunde unseres Lebens »die Macht der Entscheidung« haben; das heißt, wir können uns jederzeit für spirituelle Einflüsse öffnen und auf der Grundlage einer inspirierten Weisheit handeln, oder für spirituelle Eingebungen verschlossen bleiben und uns überwiegend töricht verhalten. Der Kern dieses ganzen Buches beruht auf dieser Entscheidungsfreiheit, die eine grundlegende menschliche Qualität und zugleich unser wichtigstes inneres Werkzeug ist, mit dessen Hilfe wir die Richtung unseres ganzen Lebens bestimmen.

Sechs zentrale Führungseigenschaften

Im Laufe der Jahre habe ich festgestellt, dass es sechs zentrale Eigenschaften von Führungspersönlichkeiten gibt, die letzten Endes den wirtschaftlichen Erfolg in den kommenden Jahrzehnten bestimmen werden. Nach vorne schauende Führungskräfte können diese Eigenschaften zum Zwecke ihres wirtschaftlichen Erfolgs und ihrer persönlichen Erfüllung jetzt entwickeln. Ganz gleich, aus welcher Perspektive wir Unternehmen und Führungskräfte betrachten, wir stoßen immer wieder auf dieselben grundlegenden Themen, die uns in unserem spirituellen Verständnis bestärken.

Ich möchte Ihnen vorschlagen, beim Durchlesen dieser Führungsqualitäten bewusst auf Ihren Atem zu achten. Dann können

Sie sich über Ihren Atem in jedem Augenblick klarmachen, wie Sie persönlich zu jeder dieser Eigenschaften stehen. Schauen Sie, ob Sie diese bewusste Wahrnehmung des Atems während der gesamten Lektüre dieses Buches beibehalten können.

1. Überdurchschnittliche intuitive Fähigkeiten

Am wichtigsten ist es für eine wahre Führungskraft, zu lernen, sich an die intuitive Ebene des Bewusstseins anzuschließen, auf der uns spirituelle Einsichten zufließen. Das ist zentral für Führungsaufgaben. *Um wirklich führen zu können, müssen wir unsere Fähigkeit entwickeln, unsere bewusste Wahrnehmung willentlich zu erweitern, so dass wir das geschäftliche Gesamtbild vor Augen haben, statt uns ständig auf einzelne Details zu konzentrieren.* Wir müssen Eingebungen von einer universellen geistigen Ebene empfangen können, welche die umfassendere Perspektive unserer Situation berücksichtigen.

2. Kommunikation auf der Herzensebene

Erfolgreiches Kommunizieren und Verhandeln ist zentral für erfolgreiche Geschäfte, und langfristig gesehen ist eine Kommunikation, die auf Mitgefühl und Liebe beruht, einer Kommunikation überlegen, die in Argwohn und Hass wurzelt. Aus diesem Grund können wir sagen, dass die Menschen erfolgreich führen, *die lernen, beim Kommunizieren und Verhandeln im Herzen zu bleiben*; denn wir gewinnen nur dann auf einer tieferen Ebene Zugang zu spirituellen Einsichten und Kräften, wenn unser Herz offen ist, sie zu empfangen.

3. Unbesorgt von Zielen Abstand nehmen können

Hier ist von der erlernbaren Fähigkeit die Rede, bei geschäftlichen (und anderen) Unternehmungen die eigenen emotionalen

Reaktionen vom Zugriff Angst einflößender Zukunftsprojektionen lösen zu können. Ziel ist hierbei, das gedankliche und körperliche Sich-Sorgen abzubauen. Angst ist äußerst zerstörerisch, sowohl im Geschäftlichen als auch in sämtlichen anderen Bereichen des menschlichen Lebens. *Wenn wir lernen, uns bewusst von kausalen Denkgewohnheiten zu befreien, können wir Angstreaktionen ausschalten.* Und das ist nur mit Hilfe von Techniken möglich, die auf einer spirituellen Grundlage beruhen.

4. Persönliche Integrität

Ein wirklich aufrichtiger Geschäftsmensch ist jemand, der sich immer wieder für den gegenwärtigen Augenblick öffnet, um die Realität einer Situation wahrzunehmen, ohne von den Verzerrungen überholter Einstellungen oder Projektionen in Vergangenheit und Zukunft beherrscht zu werden. Die wahre Führungspersönlichkeit hat an erster Stelle gelernt, *ehrlich mit ihren eigenen inneren Gefühlen umzugehen. Sie hat sich der Verbreitung der Wahrheit auch da verpflichtet, wo sie sich vorübergehend Schwierigkeiten damit einhandelt, denn sie weiß, dass die Wahrheit letzten Endes immer siegt.* Diese Qualität kann von Führungspersönlichkeiten, die ernsthaft den spirituellen Weg einschlagen, aktiv entwickelt werden, denn aus der spirituellen Dimension erwächst die strengste Prüfung der Realität.

5. Engagement für Familie und Gemeinschaft

Völlig unabhängig von den positiven Werten der wirtschaftlichen und sozialen Globalisierung, bleiben die örtliche Gemeinschaft und die eigene Familie Ausgangspunkt für die grundlegende Verwurzelung aller menschlichen Wesen. *Wenn unsere Führungskräfte nicht in ihrer örtlichen sozialen und wirtschaftlichen Umgebung verwurzelt sind, fehlt ihnen eine primäre Dimension von Weisheit, die wesentlich dafür ist, dass Entscheidungen auf Menschlichkeit statt auf Macht oder Geld beruhen.*

6. *Ehrerbietung für die Quelle*

»Ehrerbietung« ist ein Wort, das in der Geschäftswelt nur selten Anwendung findet, was vor allem für den Ausbeutungs- und Plünderungssektor unserer Wirtschaft gilt, wo Führungskräfte jedes Gefühl des Respekts für die Erde ausschalten müssen, um ökologisch verheerende, auf kurzfristigen Gewinn abzielende Entscheidungen zu treffen. *Ehrerbietung für die Quelle beinhaltet gegenseitigen Respekt, Demut, Dankbarkeit und ein Gefühl für die unserer Welt zugrunde liegende spirituelle Integrität.* Eine Führungspersönlichkeit, die dieses tiefe Gefühl von Ehrerbietung in ihrem Herzen verspürt, wird auf natürliche Weise Entscheidungen treffen, die die lebenserhaltenden Systeme des Planeten langfristig fördern.

Die vier neuen Wirtschaftsgesetze

Von diesen Führungsqualitäten lassen sich vier neue Wirtschaftsgesetze ableiten, die aus dem spirituellen Kern erwachsen. Wie immer mehr Geschäftsleute erkennen, haben die allgemein akzeptierten Gesetze, die den Erfolg im Geschäftsleben bestimmen, in jüngster Zeit eine dramatische Wandlung erfahren. Auch wenn sich die überholten Einstellungen mit ihrer großspurigen, halsschneiderischen und konkurrenzorientierten Mentalität immer noch lärmend breit machen, haben mehr und mehr Unternehmen auf stille Weise eine völlig neue Ordnung übernommen, die auf den folgenden primären Gesetzen beruht, die als grundlegende Richtlinien für den langfristigen Erfolg jedes zukunftsorientierten Unternehmens dienen:

Das Gesetz vom intuitiven Zugang: Ein Unternehmen, das seinen Angestellten bewusst beibringt, sich regelmäßig an höhere Ebenen der intuitiven Problemlösung anzuschließen, wird erfolgreicher sein als Firmen mit vergleichsweise wenig entwickelten intuitiven Problemlösungsfähigkeiten.

Das Gesetz von der mitfühlenden Zusammenarbeit: Ein Unternehmen, das eine Atmosphäre des gegenseitigen herzlichen Respektes fördert und offen am Wohlergehen seiner Angestellten und Kunden Anteil nimmt, wird Geschäften, die ihren Kunden und Mitarbeitern relativ gleichgültig gegenüberstehen, überlegen sein.

Das Gesetz von der vertrauensvollen Zusammenarbeit: Ein Unternehmen, in dem aufrichtiges Vertrauen und Ehrlichkeit herrschen und das eher von Zusammenarbeit als von Konkurrenz geprägt ist, wird mehr Erfolg haben als eine Firma, in der überwiegend auf der Grundlage von Misstrauen, verzerrter Realitätswahrnehmung und Konkurrenzdenken gearbeitet wird.

Das Gesetz von der Ehrerbietung für die Quelle: Ein Unternehmen, das seine Ehrerbietung für die dem Universum zugrunde liegenden spirituellen Gesetze offen zum Ausdruck bringt und nach dem Prinzip handelt, das Wohlergehen der gesamten Weltwirtschaft zu fördern, wird erfolgreicher sein als eine Firma, die vergleichsweise selbstsüchtig und seelenlos ist.

Ich glaube nicht, dass viele Menschen gegen die Gültigkeit dieser natürlichen Wirtschaftsgesetze Einwände erheben würden. Sie wurden deswegen bislang nicht gründlicher diskutiert und in die Tat umgesetzt, weil es in der Unternehmenswelt keine Techniken gab, um die entsprechenden Eigenschaften zu entwickeln und diese Gesetze zur praktischen Anwendung zu bringen.

Dieses Buch ist sorgfältig aufgebaut und verfolgt bestimmte Lernschritte, so dass Sie sich (wenn Sie sich aktiv darum bemühen) nach beendeter Lektüre eine ganze Reihe von Übungen angeeignet haben, die Sie in die Lage versetzen, sich an die transpersonale Quelle von Weisheit, Einsicht, Mitgefühl und Ermächtigung anzuschließen. Dabei möchte ich ganz deutlich machen, dass ich diese Gesetze, Führungsqualitäten und Übungen nicht aus der Luft gegriffen habe. Diese grundlegenden Wahrheiten sind seit Urzeiten bekannt. Meine Kolleginnen und Kollegen haben die uralten spirituellen Lehren lediglich mit zeitgenössischen psychologischen Erkenntnissen kombiniert und in eine Form gebracht, die auf unsere moderne Geschäftswelt zugeschnitten ist. Vielleicht ist es sinnvoll, sich den Quellen unserer jüdisch-christlichen Tradition zuzuwenden, die den Übungsprogrammen in diesem Buch zugrunde liegen, denn die überwiegende Mehrheit von Ihnen ist durch diese Tradition geprägt worden.

Der spirituelle Auftrag unserer heutigen Gesellschaft

In eine zeitgenössische psychologische und wirtschaftliche Sprache übersetzt, liefern uns die folgenden grundlegenden Weisungen aus dem Alten und Neuen Testament der Bibel eine vollständige Vision, wie wir uns im geschäftlichen Bereich und in sämtlichen anderen Aspekten unseres Lebens an universelle Kräfte anschließen können. Ich stelle diese Aussagen hier nicht aus religiösen Gründen vor, sondern weil sie tatsächlich seit tausenden von Jahren den Kern unserer gesamten Tradition bilden. Beachten Sie, dass diese Worte die grundlegende Richtung der gesamten Übungsprogramme in diesem Buch stützen:

»Seid still – und wisset, ich bin euer Gott.«

Bereits vor dreitausend Jahren wussten spirituelle Lehrerinnen und Lehrer, dass wir erst einmal unseren denkenden Verstand zur Ruhe bringen müssen – »Seid still« –, wenn wir uns von der Geschäftigkeit unseres Egos befreien und in direkten Kontakt mit der spirituellen Dimension kommen wollen. Der lärmende Verstand ist keine moderne Schöpfung. Aber wie können wir uns zumindest vorübergehend von diesem chronischen »Denken und Sorgen« befreien, das sich den tieferen intuitiven, emotionalen und spirituellen Aspekten unseres Wesens gegenüber ziemlich tyrannisch aufspielt? Der erste Schritt dieser grundlegenden spirituellen Praxis wird durch die obige Anweisung deutlich – Seid still! Die Folge dieser inneren Stille ist, dass wir die Wahrheit des Lebens »unmittelbar erfahren«.

»Wisset die Wahrheit – und die Wahrheit wird euch frei machen.«

Hier bekommen wir die klare Anweisung, aufrichtig und ohne Vorurteile zu schauen und sämtliche übernommenen Vorstellungen zumindest vorübergehend beiseite zu lassen, so dass wir deutlich sehen können, was wahr ist. Dieses tiefe Einlassen auf die Wirklichkeit macht uns frei, sei es im Geschäftsleben oder in anderen Bereichen, so dass wir mit Mut und innerer Gewissheit wirkungsvoll handeln können. In diesem Licht betrachtet, sieht eine echte Führungspersönlichkeit, was wahr ist, und handelt ohne zu zögern nach dieser Wahrheit. Die Buddhisten nennen dieses Handeln, das auf der Wahrheit beruht, »spontanes richtiges Handeln«.

»Fürchtet euch nicht.«

Psychologisch gesehen schwächt uns Angst. Wenn wir Angst haben, wird unser Denken wirr, unser Körper verspannt sich und wir fühlen uns unsicher statt kraftvoll und charismatisch. Diese chronische, unterschwellige Besorgnis, die viele hohe wirtschaftliche Führungskräfte beeinträchtigt, führt mit Sicherheit zu verzerrten Wahrnehmungen und kann sogar unser mentales und emotionales System völlig lähmen. Wie können wir uns aus der Umklammerung durch chronische Besorgtheit befreien? Die grundlegende Technik besteht darin, den Fokus unserer Aufmerksamkeit von der Fixierung auf Vergangenheit und Zukunft zu lösen, ganz in den Körper zu kommen und völlig im Augenblick zu sein. Das Brechen mit dieser Gewohnheit des Sorgens ist ein Hauptschritt, um sich für die spirituelle Dimension zu öffnen; denn wo Angst vorherrscht, ist der Zugang zur spirituellen Ebene versperrt. Umgekehrt gilt (und das ist ein weiterer zentraler psychologisch-spiritueller Grundsatz), dass die Angst verschwindet, wenn wir uns für spirituelle Kräfte öffnen.

»Urteilt nicht.«

Die meisten von uns urteilen ständig und bewerten alles, was ihnen begegnet, auf der Grundlage der vorherrschenden Einteilung in gut oder schlecht, richtig oder falsch und so weiter. Aber durch dieses ständige Urteilen bleiben wir in unseren vorprogrammierten Einstellungen befangen und sind nicht in der Lage, direkt auf die Wirklichkeit einer Situation einzugehen. Wenn wir lernen, das chronische Urteilen loszulassen, können wir im buddhistischen Sinne »spontan richtig handeln«. Wir akzeptieren die Realität einer Situation, und wir akzeptieren andere als gleichberechtigte Beteiligte an der harmonischen Entfaltung unseres persönlichen und wirtschaftlichen Schicksals. Und was von primärer Wichtigkeit ist: Dieselben Schritte, mit denen wir den denkenden Verstand zur Ruhe bringen und unsere Besorgtheit überwinden, setzen vorübergehend auch die Urteilsfunktion des Verstandes außer Kraft.

»Gott ist Liebe ... liebet einander.«

Liebe ist in diesem Zusammenhang die höchste kreative und Kraft spendende Energie des gesamten Universums, die sich im menschlichen Herzen durch Anschluss an die spirituelle Dimension manifestiert. Wie ich bereits erwähnte, geht man in den meisten Traditionen davon aus, dass unser menschliches Bewusstsein über das Herz an die spirituelle Dimension angeschlossen ist. In der traditionellen Unternehmenswelt herrscht die hartnäckige Konditionierung vor, die eigenen Herzensreaktionen zu blockieren. In der westlichen Wirtschaftswelt ist man davon überzeugt, dass ein Mensch, der bei der Arbeit »vom Herzen kommt«, eher eine Position der Schwäche als der Stärke vertritt. Wem jedoch würden Sie lieber folgen: einer wirtschaftlichen Führungskraft, die keinen Kontakt zum eigenen Herzen hat, oder einem Menschen, der auf lebendige Weise vom Herzen kommt?

Ich könnte noch weitere Kernsätze aus der westlichen Tradition anführen, die die Programme in diesem Buch und die Vision von der idealen Führungskraft untermauern, aber ich denke, der wesentliche Punkt ist klar geworden. Wir werden in diesem Buch nichts Neues über die grundlegenden Wahrheiten des Lebens entdecken, sondern diese Wahrheiten lediglich auf unsere augenblickliche wirtschaftliche Situation anwenden.

Ihr eigenes Erfolgsanliegen

Es wird Ihnen sehr zugute kommen, wenn wir an dieser Stelle einen Augenblick innehalten und Sie sich anschauen, wie Sie auf diese alte/neue Vision von der optimalen wirtschaftlichen Führungskraft reagieren: Was würde zum Beispiel geschehen, wenn Sie persönlich beschließen, bei der Arbeit mehr vom Herzen zu kommen? Würden Sie finanziell erfolgreich sein oder Fehlschläge erleiden, wenn Sie sich die oben zitierten Weisungen der spirituellen Traditionen der Welt zu Herzen nehmen und zulassen würden, dass Ihre geschäftlichen Aktivitäten in jedem Augenblick von spirituellen Kräften und Anweisungen getragen werden?

Ganz offen gefragt: Können Sie wirklich darauf vertrauen, dass die spirituelle Dimension Sie zu Überfluss und materieller Sicherheit führt? Was würde geschehen, wenn Ihr Unternehmen von der »Jeder frisst jeden«-Haltung, bei der so viele Firmen sich im Grunde einen Dreck um ihre Angestellten scheren, zu einer Arbeitsatmosphäre überginge, in der die Worte »Liebet einander« sowie die anderen grundlegenden spirituellen Weisungen unserer Kultur wirklich befolgt und respektiert würden?

Schließen Sie, wenn Sie möchten, nach dem Lesen dieses Absatzes Ihre Augen und lassen Sie zu, dass Sie den Fluss Ihres Atems und Ihren Herzschlag noch deutlicher spüren, so dass Sie jetzt Ihren ganzen Körper auf einmal wahrnehmen, unmittelbar hier, in diesem Augenblick, wo Sie und die spirituelle Dimension auf ewig eins sind ... Seien Sie offen für neue Einsichten, was Ihre eigenen Vorstellungen von Führungsqualitäten betrifft, und schauen Sie, welche neuen Gedanken, Gefühle und Bilder Ihnen kommen.

Weisheit auf dem Weg zur Arbeit

Zum Schluss dieses Kapitels möchte ich mich direkt unserem praktischen Ziel zuwenden, die sieben Schritte für eine spirituelle Ausrichtung bei der Arbeit zu lernen. Es ist höchste Zeit, dass wir auf die konkrete Ebene zurückkehren und anwenden, was wir für unsere tägliche Arbeitssituation an Wissen gewonnen haben. In diesem Fall geht es um die Zeit, die Sie für Ihren Weg zur Arbeit aufbringen. Im ersten Kapitel haben wir gelernt, den Tag mit Übungen zu beginnen, die den ganzen Körper einbeziehen und uns mit unserer höheren spirituellen Präsenz in Einklang bringen. Jetzt wollen wir uns anschauen, wie wir die Zeit, die wir täglich mit dem Weg zum und vom Arbeitsplatz verbringen, optimal für unsere Zwecke nutzen können.

Mit dem Auftauchen der Handys und der Laptop-Computer haben viele von uns Ihren Arbeitsplatz auch ins Auto oder ins Zugabteil verlegt. Die Folge ist, dass die täglichen zehn, dreißig oder fünfzig Minuten zur und von der Arbeit, die wir bislang in einer relativ meditativen Stimmung verbrachten, jetzt wahrscheinlich nicht weniger hektisch und stressig sind als die Zeit, die wir im Büro, im Konferenzsaal oder in der Fabrik verbringen.

Ich bin sicherlich nicht dagegen, den einen wichtigen Anruf zu erledigen, während wir im Wagen unterwegs sind, oder im Zug schnell ein Angebot für eine wichtige Verhandlung zu schreiben. Aber wir müssen in unserem Leben Prioritäten setzen und auf der Grundlage dieser Prioritäten entscheiden, wie wir die verschiedenen Zeiten unseres Tages optimal verbringen wollen. Zumindest ein Teil der Zeit, die für unseren Weg zur Arbeit reserviert ist, sollte der inneren Vorbereitung dienen, die für unseren Arbeitstag ganz wesentlich ist. Ich schlage daher vor, dass wir diese perfekte Gelegenheit für die spirituelle Vorbereitung auf unseren Arbeitstag nutzen.

Sie befinden sich also auf dem Weg zur Arbeit. Wie nutzen Sie diese freie Zeit üblicherweise? Schweifen Ihre Gedanken immer wieder zurück nach Hause, frei von geschäftlichen Überlegungen, oder haben Sie bereits den Arbeitsgang eingelegt? Beginnen Sie, Ihre Gewohnheiten in den nächsten Tagen genauer zu beobachten; denn das ist ein wichtiger erster Schritt, um sie positiv zu verändern.

Mit der Meditation auf den ganzen Körper beim Aufwachen im Bett und der nachfolgenden Bewegungsmeditation, mit der Sie sich auf Ihren spirituellen Kern einstimmen, haben Sie bereits die ersten Schritte in die richtige Richtung getan und sich an die spirituelle Dimension angeschlossen. Konnten Sie sich Ihr Wohlbefinden und Ihre wache Wahrnehmung bewahren, oder haben Sie sich auf der Straße wieder in die chronische Gedankenflut »verloren«?

Vorbereitungen unterwegs

Eine Führungskraft ist jeder, der Einfluss auf andere hat. Ganz unabhängig von Ihrer Position können Sie auf dem Weg ins Geschäft dafür sorgen, dass Sie bei der Arbeit mit einem kraftvollen, klaren, im Herzen zentrierten Bewusstsein eintreffen, so dass andere zu Ihnen aufschauen, Sie respektieren, lieben und mit Ihnen im Team erfolgreich zusammenarbeiten möchten.

Wahrscheinlich ahnen Sie inzwischen schon, wie der erste Schritt aussieht, nachdem Sie es sich in Ihrem Fahrzeug bequem gemacht haben: Nehmen Sie einen tiefen Atemzug und konzentrieren Sie sich auf den Atem, den Herzschlag und den ganzen Körper. Kommen Sie wieder ganz in den gegenwärtigen Moment, lassen Sie Ihre Gedanken ruhiger werden, während Sie Ihre Aufmerksamkeit auf Ihre körperliche Präsenz hier in dieser Gegenwart richten.

Leichter gesagt als getan, nicht wahr? Da ich diese Meditation im Laufe der Jahre tausenden von Menschen beigebracht habe, weiß ich, dass der Lernprozess Schritt für Schritt verläuft. Schließlich ist es für die meisten von Ihnen völlig neu, den Fokus ihrer Aufmerksamkeit sozusagen »zurück nach innen« auf sich selbst zu richten. Erlauben Sie mir deshalb, Ihnen diesen grundlegenden Prozess, der zentral ist für das spirituelle Erwachen, noch etwas näher zu erläutern.

Wie ich bereits gesagt habe, lernen wir mit dieser Meditation den Fokus unserer Aufmerksamkeit so zu erweitern, dass er sich von einer »Punktfixierung« (sich nur auf ein bestimmtes Objekt, einen Gedanken oder ein Geschehen zu konzentrieren) »auf die Sicht des Ganzen« verlagert (sich auf ein oder mehrere Dinge gleichzeitig auszurichten), wobei der Verstand zu einer völlig anderen Funktionsebene überwechselt – der intuitiven, spirituellen.

Eine der wirklich aufregenden Entdeckungen jüngster psychologischer Untersuchungen besteht darin, dass es tatsächlich verflixt schwierig ist, sich länger auf ein bestimmtes körperliches Phänomen zu konzentrieren. Diese Erfahrung haben alle Anfänger im Meditieren mühsam erfahren müssen. Hingegen ist es ziemlich natürlich und leicht, den Kokon unserer bewussten Wahrnehmung von einem einzigen Ablauf im Körper auf zwei oder drei gleichzeitig auszudehnen, bis wir zu einem mühelosen Erleben des »Ganzen« gelangen. Genau diese Logik machen wir uns in dieser Meditation der mentalen Ausdehnung zunutze, die der Yaqui-Meister Don Juan Mateus als Verlagerung der Punktfixierung zu einer Sicht des Ganzen bezeichnete, bei der wir »alles auf einmal sehen«.

Schauen wir uns die Meditation selbst einmal genauer an. Zuerst richten wir unsere Aufmerksamkeit auf unseren Atem und konzentrieren uns darauf, wie er durch unsere Nase ein- und ausströmt. Dann gehen wir vielleicht schon mit dem nächsten Atemzug dazu über, uns von dieser Fixierung zu lösen und die Muskelbewegungen in Brustkorb und Bauch beim Einatmen und Ausatmen in unsere Wahrnehmung einzubeziehen. (Sie können das Schlüsselwort »Atem« sagen, um sich in dieser Ausrichtung zu unterstützen.) Beachten Sie, dass wir allein durch die bewusste Wahrnehmung des Atems mehrere Abläufe gleichzeitig in unser Blickfeld rücken. Der Prozess hat bereits begonnen!

Und wie sieht die nächste natürliche Erweiterung unserer bewussten Wahrnehmung aus? Wir gehen dazu über, weitere regelmäßige körperliche Abläufe einzubeziehen, die für die Spanne von Leben und Tod stehen – den Herzschlag und den Puls. Das bewusste Erleben Ihres Atems und Ihres Herzschlags ist eine wunderschöne Erfahrung, die Sie wandelt und Ihnen hilft, sich zu erden.

Lassen Sie uns noch einmal beginnen – Übung macht den Meister: *Während Sie dabei bleiben, Ihre Empfindungen beim Atmen ohne Anstrengung bewusst wahrzunehmen, erlauben Sie Ihrer Wahrnehmung sich auf Ihren Herzschlag oder Puls im Kern Ihres Atemerlebens auszudehnen ... und sagen zu sich: »Herzschlag« ...*

Natürlich gelingt das den meisten von uns nicht gleich beim ersten Anlauf perfekt. Sie fangen gerade an, etwas Neues zu lernen, und die ersten Versuche sind immer etwas schwierig und wir fühlen uns ein wenig unbeholfen dabei. Wahrscheinlich brauchen Sie einige Wochen täglicher Praxis, um den Prozess der bewussten, gleichzeitigen Wahrnehmung von Atem und Herzschlag zu beherrschen. Sie müssen das regelmäßig üben. Sie können diese Meditationen in den meisten geschäftlichen Situationen machen, ohne dass das in irgendeiner Weise störend wäre. Gehen Sie also ans Werk, und entdecken Sie selbst, wie dieser Zustand erweiterter Wahrnehmung Sie in allem unterstützt, was Sie im Augenblick gerade tun. Wenn Sie erkennen, wie viel Macht und Schönheit in dieser einfachen bewussten Wahrnehmungserweiterung liegt, fühlen Sie sich inspiriert, bei der Arbeit immer tiefer mit Ihrem spirituellen Kern in Berührung zu kommen.

Eine der sieben Grundvoraussetzungen für spirituelle Empfänglichkeit ist, wie Sie bereits wissen, sich des eigenen Herzens bewusst zu sein; denn Sie können sich an die spirituelle Dimension nur anschließen, wenn Ihr Herz offen dafür ist. Wenn wir uns unseres Herzens nicht bewusst sind, kommt der gesamte Prozess zum Stillstand. Es ist also von wesentlicher Bedeutung, dass wir diese Meditation auf den Atem und unser Herz gründlich lernen. Und zum Glück ist das von Anfang an eine befriedigende Erfahrung.

Sie werden bei jedem neuen Versuch besser. Übung ist der Schlüssel für das Erlernen dieser neuen Gewohntheit erweiterter Wahrnehmung. Und die Belohnung? Wenn Sie die bewusste Wahrnehmung von Atem und Herz erst einmal beherrschen, müssen Sie nur erkennen, dass Sie bei der Arbeit nicht mehr in Kontakt mit Ihrem Herzen sind. Allein durch dieses Erkennen aktivieren Sie die erlernte Gewohnheit wieder und Ihre Wahrnehmung erweitert sich sofort, so dass Sie völlig in die Gegenwart kommen, die die ganze Wirklichkeit umfasst.

Natürlich haben die meisten von uns Ihre ganz persönlichen Widerstände, wenn es darum geht, das eigene Herz bewusst wahrzunehmen. Machen Sie sich keine Sorgen, wenn Sie das anfangs beängstigend oder schwierig finden. Es ist meine Aufgabe, Sie Schritt für Schritt durch positive Erfahrungen zu leiten, so dass Sie Ihr Herz immer aufmerksamer wahrnehmen können. Denken Sie daran, Sie stehen nicht unter Zeitdruck. An Zeit besteht hier kein Mangel. Ihr Herz schlägt kontinuierlich und mühelos und trägt jede neue Sekunde Ihres Lebens ins lebendige Sein ... Sie haben Zeit genug, sich in den Augenblick hineinzuentspannen.

Und noch einmal: Stimmen Sie sich ein auf Ihren Atem und die Empfindung, wie er durch Ihre Nase ein- und ausströmt ... dehnen Sie Ihre Aufmerksamkeit auf die Bewegungen in Ihrem Brustkorb und Bauch beim Atmen aus ... und weiten Sie sie jetzt auf Ihren Herzschlag im Kern Ihres Atemerlebens aus ...

Sich mit der Schwerkraft der Erde in Einklang bringen

Ebenso wie die zu lange Fixierung auf den Atem kann auch eine zu lange Ausrichtung auf das Herz schwierig sein und ist nicht unbedingt nur positiv. Wie Sie bereits wissen, erweitern wir unsere Wahrnehmung noch um einen weiteren Schritt, für den wir jetzt bereit sind und mit dem wir unser Denken von sämtlichen Fixierungen auf einzelne Körperbereiche lösen. Wir gehen über zur bewussten Wahrnehmung des ganzen Körpers, mit der wir unsere gesamte physische Präsenz, unser reales inneres Volumen und damit unser dreidimensionales lebendiges Sein in unsere Wahrnehmung einbeziehen.

Es gibt mehrere Möglichkeiten, diesen nächsten Schritt zu tun. Bei allen geht es darum, sich auf ein drittes Phänomen in Ihrem

Körper zu konzentrieren und damit Ihre Aufmerksamkeit von einzelnen Punkten im Körper zu einer bewussten, gleichzeitigen Wahrnehmung des ganzen Körpers zu verlagern.

Die wirkungsvollste Methode für diesen dritten Schritt zur Erweiterung der Wahrnehmung habe ich vor einiger Zeit von einem amerikanischen Ureinwohner in Südmexiko gelernt. Hier geht es darum, die bewusste Wahrnehmung Ihres Atems und Ihres Herzschlags auf Ihr körperliches Gleichgewichtsempfinden auszudehnen.

Wenn Sie bewusst wahrnehmen, dass die Schwerkraft an Ihrem ganzen Körper zieht, bewirkt das Wunder, denn Sie benutzen Millionen von Muskeln, die alle mit Ihrem Gehirn in Verbindung stehen, um Ihr Gleichgewicht im Feld der Schwerkraft der Erde zu bewahren. Die Einstimmung auf diesen Prozess der physischen Ausbalancierung bringt Sie also schlagartig mit Ihrer gesamten muskulösen Präsenz in Kontakt – voilà! Ihre Wahrnehmung dehnt sich auf Ihren ganzen Körper aus.

Mein Trick hier ist leicht zu durchschauen: Wir konzentrieren uns auf den Atem als primären Prozess, mit dem wir Sauerstoff aufnehmen, den Brennstoff für unsere sterbliche Existenz. Dann beziehen wir unseren Herzschlag oder Puls, durch die der Sauerstoff in den ganzen Körper transportiert wird, in unsere Wahrnehmung ein. Und jetzt richten wir unsere Aufmerksamkeit auch auf unser Gleichgewichtsempfinden, wodurch wir uns jedes Muskels im Körper gleichzeitig bewusst werden.

Erlauben Sie mir, Sie durch den ganzen Prozess zu leiten:

Die bewusste Wahrnehmung des ganzen Körpers

▣ Machen Sie sich bewusst, wie die Luft durch Ihre Nase ein- und ausströmt ...

- Dehnen Sie Ihre Wahrnehmung auf die Atembewegungen in Brustkorb und Bauch aus ... und sagen Sie zu sich: »Atem«.
- Gehen Sie noch einen Schritt weiter und richten Sie Ihre Aufmerksamkeit auch auf Ihren Herzschlag im Zentrum Ihres Atemerlebens ... »Herzschlag«.
- Jetzt dehnen Sie Ihre Wahrnehmung auf die Muskelempfindungen im ganzen Körper aus, Ihr Gleichgewicht im Feld der Schwerkraft der Erde haltend ... und sagen Sie zu sich: »Der ganze Körper«.
- Um diesen Prozess zu unterstützen und völlig präsent zu werden für Ihren ganzen Körper, sagen Sie mehrmals zu sich: »Ich bin mir meines ganzen Körpers hier in diesem gegenwärtigen Augenblick bewusst« ...
- Jetzt atmen Sie so lange Sie möchten ruhig in diesen neu gewonnenen Zustand erweiterter Wahrnehmung hinein.

Meditation für Führungskräfte

Wenn Sie diese Schritte erst einmal gut beherrschen, können Sie sich in der Zeit, in der Sie per Wagen, Zug, Bus oder Flugzeug zwischen Wohnung und Arbeitsplatz pendeln, in einen angenehmen Zustand tiefen inneren Friedens bringen. Sollten Sie an diesem Punkt ein dringendes Problem zu lösen haben, können Sie direkt zu der Übung »plötzliche Einsichten« übergehen, die ich Ihnen in der Einleitung vorgestellt habe und mit deren Hilfe Sie sich an höhere geistige Ebenen anschließen. Genaueres dazu finden Sie im vierten Kapitel dieses Buches, wo wir uns dem Thema Intuition zuwenden.

Ich hoffe jedoch, dass Sie sich in den Morgenstunden vor allem Zeit dafür nehmen, über Ihre eigene Entwicklung zur Führungskraft nachzudenken, und dabei nach der Methode vorgehen, die ich Ihnen gleich zeige. Dabei spielt es keine Rolle, ob Sie leitende Angestellte oder Sekretärin des Firmenleiters, Manager oder die unterste Hilfskraft im Unternehmen sind. Wir alle sind in dem Maße Führungskräfte, wie wir uns aktiv auf spirituelle Anleitung einstimmen und spirituelle Kräfte durch uns wirken lassen. Ganz gleich also, welche Position Sie haben, die folgende Übung für Führungskräfte eignet sich für Sie.

Auf den nächsten Seiten habe ich die sechs Eigenschaften von Führungspersönlichkeiten, die wir in diesem Kapitel bereits an früherer Stelle erläutert haben, in »Schlüsselsätze« umformuliert. Für die nächsten Schritte machen wir uns eine zentrale Einsicht aus der Lernpsychologie zunutze. Man hat festgestellt, dass durch den einfachen Vorgang des Lesens bestimmter Schlüsselworte oder -sätze eine Reihe sehr wertvoller assoziativer innerer Abläufe in Körper und Verstand ausgelöst wird.

Wenn Sie sich zum Beispiel ein paar Atemzüge lang auf die Worte BRUTALE SCHLACHT konzentrieren, verändert sich Ihr gesamter geistiger und emotionaler Zustand und Sie entwickeln entsprechend negative Phantasien. Ihr Herzschlag beschleunigt sich, Ihr Atem wird flach, Ihre Stimmung verdüstert sich und Sie sind voller gewalttätiger Bilder und Gedanken. Ihr ganzes Wesen beginnt, in der »Qualität« dieser Worte zu schwingen.

Hier ist die dynamische Kraft des assoziativen Verstandes am Werk. Wir werden das, worauf wir uns konzentrieren. Die Macht unserer Aufmerksamkeit bestimmt das Geschehen. Die tief verwurzelte Gewohnheit, unsere Aufmerksamkeit in diese oder jene Richtung zu lenken, gereicht uns also entweder zum Guten, wenn wir uns den ganzen Tag lang einen positiven, zuversichtlichen Bewusstseinszustand bewahren, oder richtet sich gegen uns, sollten wir uns an Vorstellungen klammern, die uns keine guten Dienste erweisen.

Aus diesem Grund schlage ich Ihnen hier immer wieder vor, sich auf bestimmte Worte oder Sätze zu konzentrieren; nicht um Gehirnwäsche zu betreiben oder Sie zu langweilen, sondern um die Macht Ihrer Aufmerksamkeit in positive Richtungen zu lenken. Wiederholen Sie ein und dieselbe verbale Absicht mehrmals, bis sich diese Worte und Sätze Ihrer Seele tief eingeprägt haben. Dann werden die positiven Eigenschaften in jeder Sekunde des Tages in Ihnen nachschwingen, während Sie Ihre Aufmerksamkeit bewusst in die gewählte Richtung lenken, statt in unbewussten Fixierungen gefangen zu bleiben. Folgende praktische Schritte können einen starken positiven inneren Widerhall in Ihnen auslösen, wobei es in diesem Fall speziell um Ihr Potential als Führungskraft geht:

- Machen Sie es sich bequem, gehen Sie zur bewussten Wahrnehmung Ihres ganzen Körpers über ... Lesen Sie jetzt beim Ausatmen die erste Äußerung und sagen Sie sich ruhig die folgenden Worte: »Ich möchte mich für eine höhere intuitive Wahrnehmung öffnen.«

- Atmen Sie ein und nehmen Sie Ihren Atem weiterhin als primäres Geschehen im Körper wahr. Werden Sie innerlich wieder still und öffnen Sie sich für ein neues Gefühl, das den Worten, die Sie gerade gelesen haben, entspricht. Fahren Sie fort, so lange Sie möchten, bewusst zu atmen, und konzentrieren Sie sich dabei weiterhin auf diesen ersten verbalen Schlüsselsatz. Lassen Sie zu, dass diese Worte in Ihrem ganzen Wesen schwingen ...

- Lassen Sie Ihre Augen auf der Liste nach unten zur nächsten Führungsqualität wandern, atmen Sie langsam aus und sagen Sie die Worte zu sich. Werden Sie dann mit dem Einatmen innerlich still und schauen Sie, welche neuen Einsichten oder Erlebnisse dieser zweite Schlüsselsatz in Ihnen auslöst ...

▣ Gehen Sie mit den weiteren Sätzen auf der Liste ebenso vor ... und schauen Sie, wie Sie innerlich auf diese Aussagen reagieren. Sind diese Worte für Sie in diesem Augenblick wahr? Können Sie sie zutiefst bejahen, oder sind Sie sich unsicher? Erzwingen Sie keine positive Antwort, beobachten Sie einfach Ihre Gefühle, und diese werden sich spontan dahin gehend entwickeln, dass Sie diese Äußerungen als wahr erkennen ...

Ihre sechs Schlüsseleigenschaften als Führungskraft

① »Ich beschließe, Zugang zu einer höheren intuitiven Bewusstheit zu suchen.«

② »Mein Herz ist offen, um spirituelle Kräfte zu empfangen.«

③ »Ich werde mehr vertrauen und aufhören, mir Sorgen zu machen.«

④ »Ich stimme mich innerlich ganz auf Wahrheit und Integrität ein.«

⑤ »Familie und Gemeinschaft stehen an erster Stelle.«

⑥ »Ich beschließe, der Quelle allen Lebens zu dienen.«

Wenn Sie dieser simplen Betrachtung jeden Morgen auf dem Weg zur Arbeit nur etwa fünf Minuten widmen, wird sich Ihr Geschäftsleben auf sämtlichen Ebenen rasch zum Besseren entwickeln; denn wenn Sie anschließend in der Firma eintreffen, haben Sie Ihr ganzes Wesen auf die für erfolgreiche Führungskräfte oder MitarbeiterInnen grundlegenden Eigenschaften eingestimmt. Sie haben Ihre Persönlichkeit in Einklang gebracht mit den Grundsätzen, die zu wirklichem Erfolg führen. Und wenn Sie Ihren individuellen Ego-Kokon auf die grenzenlose Dimension spiritueller Kräfte einstimmen, beginnen Sie spontan, diese sechs Führungsqualitäten bei allem, was Sie tun, und bei jedem Kontakt mit Menschen zu manifestieren.

3
Entscheidungen aus dem spirituellen Herzen treffen

Es ist eine ganz offensichtliche und trotzdem wichtige anthropologische Tatsache, dass man in der gesamten Geschichte der Menschheit niemals auf einen Stamm, eine Gesellschaft oder Zivilisation gestoßen ist, die nicht die Begegnung mit der universellen, spirituellen Dimension des Lebens gesucht hat. Jeder Stamm und jede Gesellschaft hat auf der Grundlage dieses spirituellen Erlebens seine eigene Glaubensform und Rituale entwickelt, die als Kanal für die Verbindung von spiritueller und irdischer Dimension dienen sollten. Natürlich haben die meisten Religionen viel Angstmacherei betrieben und Aberglauben verbreitet, wenn die Priesterkulte mit ihren scheinbar unvermeidlichen Machtspielen versuchten, die Massen zu beherrschen. Aber wie groß das Ausmaß priesterlicher Manipulation im Laufe der Jahrtausende auch gewesen sein mag, zu allen Zeiten haben Menschen die nicht zu verleugnende Erfahrung einer unmittelbaren Begegnung mit dem Göttlichen gemacht.

In früheren Zeiten fand diese Begegnung nicht nur zwischen Kirchenmauern oder auf dem Gebetsstuhl statt. In überlieferten Traditionen wurden sämtliche Bereiche des Alltagslebens einschließlich der Arbeit in den spirituellen Raum einbezogen.

Wenn eingeborene Krieger sich zum Beispiel auf die Jagd vorbereiteten, führten Sie rituelle Tänze und Zeremonien durch, um direkten Kontakt zu Weisheit, Macht und Wissen aufzunehmen und sich vom Großen Geist segnen zu lassen, so dass die Jagdgesellschaft Anweisung und Macht aus der tiefsten menschlichen Quelle empfing.

Wenn wir morgens aufstehen und unseren Weg zur Arbeit antreten, tun wir etwas Ähnliches: Wir begeben uns in der in unserer Zeit üblichen Form auf die Jagd nach lebenswichtigen Vorräten. Die Übungen, die ich Ihnen bislang gezeigt habe, können als tief greifende spirituelle Vorbereitungen des »weisen Kapitalisten« auf seinen Beutezug gelten. Wir werden die spirituellen Kräfte, die Sie inzwischen gesammelt haben, jetzt in den Eifer des Gefechts einbringen – ins Herz der Jagd.

Ihr Weg zur Arbeit ist beendet, sei es, dass Sie mit dem Fahrrad, per Jet oder auf anderen Wegen an Ihrem Arbeitsplatz eintreffen. Ihre Füße betreten das Geschäftsgebäude nur widerstrebend, oder Sie eilen leicht und voller Vorfreude in die Firma. Jeden Morgen erleben Sie erneut, wie Sie freudig in die Atmosphäre eintauchen, in der Sie den ganzen Tag verbringen werden, oder wie Sie beim Betreten Ihrer Arbeitsstelle negativ reagieren und sich innerlich gespalten fühlen.

Vor einigen Jahren legte man uns eine bestürzende Statistik vor, in der es hieß es, dass über 80 Prozent der amerikanischen Arbeitskräfte offen zugeben, negative Gefühle gegen ihren Arbeitsplatz zu hegen. Die Befragten brachten eine tiefe Unzufriedenheit mit ihrer Arbeit zum Ausdruck und wünschten sich, sie müssten nicht jeden Morgen wieder hingehen. Ich hoffe, Ihre Arbeit erfüllt Sie mehr. Wenn nicht, lassen Sie uns etwas dagegen unternehmen.

Als Erstes möchte ich Ihnen vorschlagen, in den nächsten Tagen auf dem Weg zu Ihrem Arbeitsplatz ganz bewusst auf Ihre Füße zu achten. Der erste Schritt auf dem Weg zu Veränderungen besteht immer darin, sich die bestehende Situation genau bewusst zu machen. Veränderungen entstehen durch die Reaktion des ganzen Körpers auf existierende Missstände, das Erkennen sämtlicher Ebenen einer gegebenen Situation und einer spontanen Umstellung auf die erwünschte Verbesserung.

Achten Sie also auf Ihre augenblickliche Reaktion oder Ihr Verhalten beim Betreten Ihrer Arbeitsstelle. Zeigt Ihr Körper positive Anzeichen von Freude, Aufgeschlossenheit, Aufregung und Teamgeist beim Betreten der Räume, in denen sich Ihr Arbeitstag abspielt? Oder können Sie beobachten, wie er sich verspannt und negativ auf die Atmosphäre reagiert, in die Sie sich jetzt begeben müssen?

Achten Sie, wenn Sie sich Ihrem Arbeitsplatz nähern, besonders auf Ihren Atem. Geht er tiefer, dehnt er sich aus und wird kraftvoll, oder ist er angespannt, flach, zusammengezogen und nimmt Ihnen Kraft? Und was ist mit Ihrem Herzen? Reagiert es mit Offenheit, Wärme und Mitgefühl, oder verschließt es sich, sobald Sie Ihr Betätigungsfeld betreten?

Nehmen Sie sich ein paar Tage Zeit, um zu experimentieren und innere Daten zu sammeln, die deutlich machen, wie Ihr Körper sich in Ihrer Arbeitsumgebung verhält und reagiert. Versuchen Sie auf keinen Fall, etwas zu ändern. Bevor wir Entscheidungen treffen und handeln, sollten wir zunächst einmal entsprechende innere oder äußere Daten sammeln. Seien Sie zunächst Ihr eigener Beobachter oder Ihre eigene Beobachterin. Lernen Sie die Reaktionen und Verhaltensweisen Ihres Körpers, die Ihnen bislang wahrscheinlich so vertraut waren, dass Sie sie gar nicht wahrgenommen haben, bewusst kennen.

Hier eine Liste der primären inneren Faktoren, die Sie beobachten sollten. Sie können sich notieren, was Ihnen auffällt, und zielbewusst Daten sammeln, auf deren Grundlage Sie Ihre augenblickliche Arbeitsumgebung einschätzen können:

Liste zur Einschätzung Ihrer Arbeitsumgebung

① Vertieft sich Ihr Atem aufgrund der Vorfreude und dehnt sich aus, oder reagiert er negativ und wird flach, wenn Sie sich Ihrer Arbeitsstelle nähern?

____

② Tragen Ihre Füße Sie leicht und kraftvoll durch Ihr Arbeitsgebäude, eifrig darauf bedacht, präsent zu sein, oder schleppen Sie sich widerstrebend dahin, wenn Sie sich Ihrem Arbeitsplatz nähern?

____

③ Erweitert Ihre Wahrnehmung sich und erfasst das gesamte Umfeld Ihres Arbeitsplatzes, oder verengt sie sich, so dass Sie den Raum nicht als ganzen erfassen?

____

④ Begegnen Ihre Augen offen dem Blick Ihrer Mitarbeiterinnen und Mitarbeiter, um sie mit einem warmen Lächeln zu begrüßen, oder neigen Sie dazu, Blickkontakt zu vermeiden und sich in Ihren eigenen privaten Raum zurückzuziehen?

____

⑤ Haben Sie das Gefühl, dass Ihre tiefere spirituelle Präsenz bei der Arbeit Raum hat und akzeptiert wird, oder verlieren Sie völlig den Kontakt zu Ihrer Seele, wenn Sie mit der Arbeit anfangen?

____

⑥ Welche weiteren Gefühle und Erkenntnisse kommen Ihnen beim Betreten Ihres Arbeitsplatzes?

____

Wenn Sie in dieser Form etwa eine Woche Tagebuch führen, werden Sie feststellen, dass Ihre Wahrnehmung Ihnen immer subtilere Erkenntnisse über Ihre persönlichen Reaktionen oder Ihr Verhalten beim Eintauchen in Ihre Arbeitswelt erschließt. Fassen Sie Ihre Ergebnisse am Ende der Woche schriftlich zusammen, um für sich zu klären, wie Ihre Situation aussieht.

Die Gelegenheit ergreifen

Ganz gleich, wie sich die Atmosphäre an Ihrem Arbeitsplatz augenblicklich auf Sie auswirkt, Sie sind und bleiben Meister Ihres eigenen inneren Schicksals. Wenn Sie (was für die statistische Mehrheit von Ihnen der Fall sein wird) herausfinden, dass Ihre Arbeitsumgebung einen deutlich negativen Effekt auf Ihr inneres Wohlbefinden hat, müssen Sie sich nicht unbedingt zwischen »gehen« oder »sich anpassen« entscheiden. Sich anpassen heißt wahrscheinlich, dass Sie sich spirituell von sich selbst entfernen. Und wenn Sie gehen, ist es durchaus möglich, dass auch an Ihrem nächsten Arbeitsplatz spirituelle Leere herrscht.

Die große Herausforderung, um die es in diesem Buch immer wieder geht, besteht also darin, Ihren inneren Zustand selbst in die Hand zu nehmen und damit sofort eine positive Veränderung Ihrer Arbeitsatmosphäre zu bewirken. In diesem Kapitel beschäftigen wir uns mit den primären, vom Herzen ausgehenden inneren Veränderungen. Und im nächsten Kapitel werden wir untersuchen, wie Sie diese neuen Herzenskräfte erfolgreich in Ihre Arbeitsumgebung einbringen können.

Welche Faktoren haben Sie in der Hand, um Ihre innere Stimmung bei der Arbeit ganz unabhängig von Ihrer Umgebung und Ihren Mitarbeiterinnen und Mitarbeitern zu verbessern?

Erstens: Sie können sich genau bewusst machen, wie Sie körperlich, gedanklich und seelisch reagieren, wenn Sie Ihren Arbeitsplatz betreten, und sich daran erinnern, dass die bewusste Wahrnehmung der Situation zu spontanen Veränderungen führt ...

Zweitens: Sie können beschließen, Ihren inneren Zustand in emotionaler, mentaler und spiritueller Hinsicht mit Hilfe der Übungen in diesem Buch so zu verändern, dass Ihnen neue Kräfte zufließen ...

Drittens: Sie können eine deutliche spirituelle Wandlung bei der Arbeit bewirken, wenn Sie lernen, Ihr Herzzentrum zu aktivieren, Ihre spirituelle Ausstrahlung in die Arbeit einzubringen und Ihre Mitarbeiterinnen und Mitarbeiter an Ihren Übungen, Wahrnehmungen und Reaktionen teilhaben zu lassen ...

Viertens: Sie und Ihre Mitarbeiterinnen und Mitarbeiter können Ihre Angestellten mit den in diesem Buch beschriebenen, nicht konfessionsgebundenen Übungen für eine spirituelle Öffnung bekannt machen und fordern, dass die Firmenpolitik den Angestellten, die Freude daran haben und denen es gut tut, ermöglicht, die spirituelle Dimension mit einzubeziehen ...

Das sind Ihre positiven Möglichkeiten. Wenn Sie die Absicht haben, entsprechend zu handeln, gibt es keinen Grund damit zu warten. Beginnen Sie sofort, Ihre Arbeitsumgebung zu verbessern.

Zum Beispiel: Sie werden feststellen, wie Ihr körperlicher, geistiger und seelischer Gesamtzustand bei der Arbeit allein dadurch wechselt, dass Sie auf dem Weg zu Ihrem Arbeitsplatz Ihren Atem beobachten. Der simple Akt, die gewöhnlich unbewusst verlaufende Anspannung des Atems zu beobachten, löst eine physiologische Entspannung Ihres Atemmechanismus aus – Aufmerksamkeit ist Macht!

Außerdem: Wenn Sie deutlich wahrnehmen, dass Sie auf dem Weg zur Arbeit die Tür Ihres Herzens verschließen und sich panzern, wird diese Beobachtung Sie spontan ermutigen, Ihren Mitarbeiterinnen und Mitarbeitern Ihr Herz zu öffnen, so dass Sie Blicken offen begegnen, selbst mürrischen Kollegen herzlich entgegenkommen und Ihre positive Ausstrahlung im ganzen Raum verbreiten.

Vor allem: Sie können sich, wenn Sie sich zu Ihrem Stuhl, Schreibtisch oder an Ihren Dienstort begeben, in den ersten zehn Minuten vier Atemzüge Zeit nehmen, um schnell durch den Prozess der bewussten Wahrnehmung des ganzen Körpers zu gehen, und so an bewusster Selbstwahrnehmung und spiritueller Einstimmung zurückgewinnen, was Ihnen beim Betreten Ihrer Arbeitsumgebung verloren gegangen sein mag. Wenn Sie dieses Erwecken des ganzen Körpers regelmäßig üben, werden Sie schon bald mit nur vier Atemzügen in den gegenwärtigen Augenblick und zu einer bewussten Wahrnehmung des ganzen Körpers gelangen, indem Sie sich mit jedem neuen Ausatem einfach die entsprechenden Schlüsselworte sagen: *Atem ... Herzschlag ... Gleichgewicht ... ganzer Körper ...* Und schon sind Sie dort, wo Sie sein wollen, ein vollständiger Mensch bei der Arbeit.

Und außerdem: Wie wir in diesem Kapitel noch erfahren werden, gibt es spezielle Übungen zur Erweckung des Herzens. Mit ihrer Hilfe können Sie die Gewohnheit, in bestimmten Situationen Ihr Herz zu verschließen, ändern und lernen, aus Ihrer spirituellen Herzensmitte zu leben, so dass Sie natürliches Mitgefühl, Zuversicht, Verständnis und persönliche Wirkungskraft entwickeln.

Das neue Paradigma der Unternehmenswelt umwandeln

In seinem überwiegend ausgezeichneten Buch *Das prozeßorientierte Unternehmen: Die Arbeitswelt nach dem Reengineering* macht Michael Hammer deutlich, dass das traditionelle Arbeitsleben »verheerende Effekte auf den Geist und die Psyche vieler Menschen gehabt hat, die in diesem Umfeld arbeiten mußten.« Im zweiten Teil seines Buches benennt er die grundlegende Veränderung, die im Augenblick in der Weltwirtschaft passiert. »Eine historische Kettenreaktion ist im Gange«, schreibt er, »eine enorme Veränderung in der Unternehmenswelt, die zu tiefgreifenden Veränderungen in der Unternehmenskultur zwingt. Das Aufkommen des fordernden Kunden ist der entscheidende Faktor, der diese Veränderung herbeiführt. Ich spreche hier natürlich von der Entstehung der prozeßorientierten Organisation.«

Seiner Meinung nach ist das neue Paradigma nicht nur positiv. Es »verbreitet eine Atmosphäre der Ungewissheit und Ängstlichkeit, bringt aber auch eine aufregende Freiheit mit sich. Vielleicht ist das nicht jedermanns Sache, aber es gibt kein Zurück mehr.«

Die meisten aufmerksamen Beobachter der augenblicklichen Unternehmenswelt stimmen mit Hammer überein: Wenn wir in diesen Tagen am Arbeitsplatz eintreffen, stellen wir fest, dass sich die Atmosphäre drastisch verändert hat. Vor allem sind wir gezwungen zu lernen, in einer wirtschaftlichen Umgebung zu arbeiten, die von raschem Wandel geprägt ist und Erfindungsreichtum und Kreativität verlangt, statt konformes Verhalten zu bestärken. Statt unsere Aufmerksamkeit ganz auf unseren kleinen Beitrag zu richten, sind wir aufgefordert, immer wieder zu der Perspektive überzugehen, die Hammer als »holistische« bezeichnet. Diese Sichtweise geht davon aus, dass unsere Einstellung zur Arbeitsplatzbeschreibung »neu auf den Punkt gebracht« werden muss, damit wir ganz die Verantwortung dafür übernehmen, unseren Kunden zu dienen. Man erwartet von uns, dass wir Risiken eingehen, um den Dienst am Kunden zu verbessern; dass wir kontinuierlich »das gesamte Unternehmen« im Blickfeld haben, statt nur unsere persönliche Nische; und dass wir überwiegend so arbeiten, als wären wir Inhaber oder Inhaberin der Firma statt Angestellte oder Angestellter.

Im Idealfall kann dieses neue Paradigma natürlich zu einer befreienden Arbeitsatmosphäre führen. Aber es kann auch eine konfliktreiche, chaotische Situation begünstigen, in der das Gefühl von Risiko, Ungewissheit und purer Angst vorherrscht.

Was Hammers ansonsten umfassender Sichtweise fehlt (schließlich ist er kein Psychologe), ist die Einsicht, wie wir von innen und damit tief aus unserer eigenen Persönlichkeitsstruktur heraus handeln können, um zu verhindern, dass das neue wirtschaftliche Paradigma ebenso »verheerende Auswirkungen auf den Geist und die Psyche der Menschen hat, die in seinem Umfeld arbeiten«, wie das alte.

Obwohl er die Worte »Spiritualität« und »Seele« hin und wieder benutzt, verfolgt Hammer an keiner Stelle den Gedanken, dass unser grundlegendes, uns allen gemeinsames Sein spirituell und nicht mechanistisch ist. In seinem Buch *Soul-Management: Der neue Geist des Erfolgs, die Unternehmenskultur der Zukunft* hat sich Lance Secretan sehr viel gründlicher mit der Frage der Seele bei der Arbeit beschäftigt. Sein Buch ist eine echte Inspiration und zeigt auf eindrucksvolle Weise, wie wir Arbeitsumgebungen schaffen können, die »Heiligtümer für die Seele« sind und in denen unser spirituelles Wesen im Rahmen des Unternehmensauftrags genährt wird. »Es ist eine Tragödie, daß die Seele vom zeitgenössischen Geschäftshochhaus nicht begeistert ist«, schreibt er. »Wie können Menschen inspirierende Gedanken produzieren, wenn sie in solch einer geistlosen Umgebung eingesperrt sind?«

Das alles ist völlig richtig. Aber was können wir hier und jetzt bei der Arbeit ganz praktisch dagegen unternehmen? Wie können wir handeln, statt nur zu träumen? Wie schaffen wir diesen »Raum für die Seele«, den wir brauchen, ohne warten zu müssen, bis es unserer Firma einfällt, die Arbeitsumgebung als »Heiligtum« zu gestalten (was natürlich eine große Hilfe wäre, aber nicht wesentlich dafür ist, dass unsere Seele bei der Arbeit gesunden kann)?

Wie ich gelegentlich mit Lance übereinstimmend diskutiert habe, besteht der direkteste Schritt in diese Richtung darin, dass wir unser eigenes Inneres bei der Arbeit als unser spirituelles Heiligtum errichten und auf diese Weise ganz unabhängig von den äußeren Bedingungen eine Oase des Friedens, Mitgefühls, der intuitiven Klarheit und Wahrheit bleiben.

Wenn Sie sich auf dem Weg zur Arbeit auch nur eine gesegnete Minute Zeit nehmen, um nach innen zu gehen und mit Ihrem spirituellen Kern in Kontakt zu kommen, tun Sie im Grunde Folgendes: Sie bringen Ihr eigenes Heiligtum mit zur Arbeit und errichten es ganz bewusst mitten in Ihrer Arbeitsumgebung. Das ist ein tief greifender Akt. Sie beschließen, Licht in eine Umgebung zu bringen, die von relativer Dunkelheit geprägt ist. Und Sie müssen damit nicht hausieren gehen, Sie müssen keiner Seele aufdrängen, was Sie da tun. Sie tun es einfach. Sie handeln, um hier und jetzt mitten in Ihrer Arbeitswelt, wie immer diese aussehen mag, »heiliges Gelände« zurückzugewinnen.

Wo spirituelle und materielle Welt sich treffen

Bevor wir zu den konkreten Schritten für die Aktivierung des Herzens übergehen, möchte ich mit Ihnen kurz aus wissenschaftlicher Sicht diskutieren, wie die spirituelle und die materielle Welt sich tatsächlich treffen, wie sie koexistieren, verschmelzen oder wie immer wir es formulieren wollen. Die Frage lautet: Sind Wissenschaft und Spiritualität zwei völlig verschiedene Realitäten, wie die herkömmliche Sicht besagt? Oder existiert im Kern dieser dreidimensionalen Realität, in der wir als sterbliche Geschöpfe auf diesem unserem großartigen Planeten leben, ein wissenschaftlich-spirituelles Kontinuum?

Ich stecke meine Nase gern in Bücher über die Entwicklung der Quantenphysik. Obgleich die Geheimnisse dieser neuen Wissenschaft auf verblüffende Weise bestehen bleiben und im Laufe der Jahre eher zu- als abnehmen, müssen wir offensichtlich hier ansetzen, wenn wir wissenschaftlich überprüfen wollen, was das Leben in diesem Universum im Grunde eigentlich ausmacht.

In John Gribbins neuem Buch *Schrödingers Kätzchen und die Suche nach der Wirklichkeit* erfahren wir, dass das Universum in den letzten Jahren ständig geheimnisvoller geworden ist. Wir, die wir glauben, den gesunden Menschenverstand für uns gepachtet zu haben, werden immer wieder verunsichert, wenn die Physiker zum Beispiel herausfinden, dass sich Partikel schneller als mit Lichtgeschwindigkeit bewegen können, dass die Zeit in zwei Richtungen gleichzeitig fließen kann, dass Photonen »aus dem Nichts hervorspringen« und dass in der physischen Realität im gesamten Universum alles mit allem eng verbunden ist.

Und, wie immer mehr Physiker übereinstimmend äußern, je tiefer wir uns in den Unterbau des physikalischen Universums vorarbeiten, desto näher scheinen wir der mystischen Direktansicht vom Universum zu kommen. Die meisten hochrangigen Visionäre der Quantenmechanik, die ich kenne, sind in ihrem Inneren zutiefst spirituelle Menschen. Ihr Berufsstand bringt es mit sich, dass sie, um tief in das Reich der subatomaren Physik vordringen zu können, das unendliche Potential des Universums akzeptieren müssen.

Einige Autoren der neuen Wissenschaft haben es wie folgt zusammengefasst: Damit das Universum auf all seinen scheinbar unendlich komplexen Ebenen existieren kann, muss es eine umfassendere Realität geben, die das Universum, das wir bewohnen, geschaffen hat, und darüber hinaus müssen mit ziemlicher

Wahrscheinlichkeit auch noch viele weitere Universen existieren. Allein »unser« Universum erweist sich als immer bemerkenswerter. Scheinbar unendlich subtil und weitläufig, besitzt es eine grundlegende organisatorische Intelligenz und ein entsprechendes Bewusstsein, die bereits als solche phänomenal sind. »Wenn wir einfach nur dieses gegenwärtige Universum nähmen und es dabei bewenden ließen«, vertraute ein Forscher mir jüngstens an, »hätten wir mehr als genug kreative Macht, vollkommene Intelligenz und so weiter, um das traditionelle Bild von Gott, an das die meisten Menschen glauben, bei weitem zu übertreffen.«

Und damit gelangen wir zu der unvermeidlichen – und wirklich spannenden – Frage: Wo endet Gottes Schöpfung, und wo beginnt Gott? Wo ziehen wir die Grenzlinie zwischen Wissenschaft und Spiritualität?

Wie in diesem Buch sicherlich deutlich wird, bin ich zutiefst davon überzeugt, dass wir keinen Beweis für eine mögliche Trennung zwischen Wissenschaft und Spiritualität finden werden. Ich bezweifle, dass das menschliche Werkzeug materieller Erforschung uns den Kern der Existenz erschließen kann, aber wenn das doch der Fall wäre, was bekämen wir dann anderes zu sehen als weitere Enthüllungen des Schöpfers? Das ist nicht meine Religion, sondern, wie wir noch sehen werden, lediglich eine vernünftige und logische gedankliche Schlussfolgerung.

Was geschieht denn tatsächlich, wenn Sie bei der Arbeit das persönliche physische Heiligtum Ihres Körpers für die spirituelle Dimension öffnen? Wie manifestiert sich die spirituelle Dynamik real in Ihrem physischen Bewusstsein, wo, um es offen auszusprechen, Materie und Geist zusammentreffen?

Um diese grundsätzliche Frage zu beantworten, müssen wir uns über die sorgfältig formulierten Visionen der zahlreichen Wirtschaftsautoren mit spiritueller Neigung hinauswagen, die sagen, wir bräuchten bei der Arbeit mehr Seele und Geist, und doch an dem überlieferten Konzept von der Existenz einer tiefen

Kluft zwischen wissenschaftlicher Realität und spiritueller Realität festhalten. In seinem ansonsten sehr klugen Buch *Reawakening the Spirit in Work* gibt Jack Hawley zum Beispiel folgende Definition des Geistes: »Der Geist ist das *Wir*, das über sämtliche Dinge hinausgeht, von denen wir zu denken pflegen, sie seien das reale Wir. Der Geist verweist auf unsere andere Realität, unsere wirkliche Realität, unsere höhere Realität.«

Das ist natürlich das traditionelle westliche religiöse Verständnis von »Geist« als etwas, das getrennt von uns existiert, jenseits unseres physischen, wissenschaftlichen Wesens. Und ich finde es notwendig, diese traditionelle Auffassung von Spiritualität generell in Frage zu stellen, denn sobald wir hier eine Dualität schaffen und sagen, der Geist sei weder unser Körper noch unser Verstand oder unsere physische Realität, werden wir Opfer eines vorherrschenden Glaubenssystems, das den realen spirituellen Schaltkreis nach meinem Verständnis des Prozesses eindeutig kurzschließt.

Wenn wir sagen: »Der Geist ist nicht mein Körper, er ist überhaupt keine physische, sondern eine andere Realität«, die nicht mit unserer sterblichen Existenz verbunden ist, aktivieren wir in unserem Gehirn eine »undurchlässige« Membran, die jeden direkten Kontakt mit der spirituellen Dimension in unserem Alltagsleben wirkungsvoll aus unserer bewussten Wahrnehmung ausblendet. Und genau das haben wir fast alle getan, indem wir, ohne groß nachzudenken, die traditionelle dualistische Einstellung zu Geist und Materie übernommen haben.

Damit stehen wir vor der wahrscheinlich wichtigsten Frage dieses ganzen Buches: Wie können auf dem Hintergrund der Überzeugung, dass auf der physischen Ebene keine Spiritualität existiert, die transpersonale kreative Macht, die Weisheit und das Mitgefühl, die den Kern unserer irdischen Existenz bilden, in unser Herz, unseren Verstand und unseren Körper fließen, um zum aktiven Bestandteil unseres Lebens zu werden und aus unserer persönlichen Mitte in unsere Arbeitsumgebung auszustrahlen? Wir können wir die spirituelle Ebene in unserem irdischen Sinneskörper und Verstand überhaupt erfahren, wenn wir sie durch unsere Definition aus dem Raum/Zeit-Kontinuum ausgeblendet haben?

In diesem Kapitel werden wir uns anschauen, was geschieht, wenn wir uns einmal versuchsweise einer anderen inneren Einstellung nähern, einer Einstellung, die es unserer bewussten Wahrnehmung ermöglicht, sich zu erweitern, um spirituelle Eingebungen jeglicher Art in jedem gegebenen Augenblick direkt in unserem physischen Körper zu erleben. Wir werden die reflexiven mentalen Funktionen, die uns üblicherweise in unserem Körper von der spirituellen Dimension abschotten, vorübergehend ausschalten und unsere tiefere sinnliche Wahrnehmung benutzen, um die spirituelle Ebene zu »spüren«, zuerst im Bereich des physischen Herzens und dann überall dort, wo sich dieses Gefühl ausbreitet.

Ich hoffe, es ist klar, dass ich von Ihnen nicht verlange, alles, was ich sage, blind zu »glauben«. Schließlich bin ich selbst ein Pragmatiker. Ich bitte Sie lediglich, die folgenden Vorgehensweisen ohne vorprogrammierte Erwartungen ein paar Mal auszuprobieren, um zu sehen, was Sie dabei konkret erleben, und dann auf der Grundlage Ihrer persönlichen Erfahrungen Ihre eigenen Schlussfolgerungen zu ziehen.

Vielleicht ist dies ein guter Punkt, um einen Moment innezuhalten, sich auf die Präsenz Ihres Körpers einzustimmen, wenn Ihnen dieser Kontakt beim Lesen verloren gegangen ist, und dann auf entspannte, intuitive Weise darüber nachzudenken, was Sie persönlich empfinden, wenn ich sage: Damit wir in unserem sterblichen sinnlichen Körper mit der spirituellen Dimension in Berührung kommen können, muss eine unmittelbare Schnittstelle oder ein energetisches Kontinuum existieren, wo Spirituelles und Materielles gemeinsamen Boden finden.

Bedenken Sie einmal Folgendes: Es hätte in der gesamten Geschichte keine einzige menschliche Begegnung mit dem Göttlichen geben können, wenn wir nicht imstande wären, die spirituelle Dimension durch unser sterbliches materielles Bewusstsein zu erfahren. Auch wenn Religionen im Lauf der Zeit oft ihre auf lebendigen Erfahrungen beruhende Vitalität verlieren, gründen sie doch alle auf dem primären Erleben einer konkreten Kommunion der Gläubigen mit den geistigen Ebenen, die einem Glauben Leben verleihen. Wir können nur darauf vertrauen, dass die religiös orientierten menschlichen Wesen verschiedener Zeitalter, die entsprechende Erfahrungen machten, die Verbindung mit spirituellen Ebenen als reales Geschehen in ihrem Körper und ihrem Verstand erlebt haben. Der Geist muss also tatsächlich die Materie durchdringen und beeinflussen; es muss ein unmittelbarer Zusammenhang zwischen Wissenschaft und Spiritualität existieren. Und genau diesen Zusammenhang, diese Schnittstelle, werden wir versuchen, Schritt für Schritt herzustellen ... Atem ... Herzschlag ... Gleichgewicht ... bewusste Wahrnehmung des ganzen Körpers hier in diesem Augenblick ... offen, um zu empfangen ... Einsicht!

Berührung mit der spirituellen Dimension

Wenn ich von einem »direkten Erleben der spirituellen Dimension« spreche, fragen Menschen mich oft: »Werde ich tatsächlich den Schöpfer sehen, seine Worte hören und vielleicht sogar spüren, wie Gott mich berührt, wenn ich die Übungen mache, mit denen ich mich für die spirituelle Dimension öffne?«

Auch in unserer heutigen Zeit berichten immer noch viele Menschen von spirituellen Visionen, die fast immer in ihr individuelles Glaubenssystem eingebettet sind. Christen sehen fast immer Jesus, Buddhisten Buddha und so weiter. Ich maße mir kein Urteil über die Wahrhaftigkeit dieser Visionen an. Ich kann dazu lediglich sagen, dass ich persönlich zahlreiche entsprechende Erfahrungen gemacht und beim Nachdenken darüber festgestellt habe, dass sich in ihnen rein spirituelle Eingebungen mit meinen persönlichen Vorstellungen und vorprogrammierten Erwartungen vermischten. Nachdem ich diese verwegenen mystischen Reiche in meiner Jugend ziemlich lange erforscht habe, konzentriere ich mich seit einiger Zeit lieber auf die subtileren, weniger »visionären« Eingebungen, die mir in der Meditation spontan kommen. Als reiner Pragmatiker, der sich der Aufgabe widmet, das Spirituelle auf sämtlichen Ebenen von abergläubischen Elementen zu befreien, weil er sich eine möglichst reine Kommunion und Kommunikation wünscht, ziehe ich das vor.

Erlauben Sie mir noch einen weiteren wissenschaftlichen Ausflug. Ich möchte Ihnen erzählen, wo ich in jüngster Zeit »nach dem Spirituellen Ausschau gehalten« habe, weil ich denke, unser Vorgehen in diesem Kapitel über das Herz, das den Kern dieses Buches bildet, wird dadurch verständlicher. Wie ich bereits erwähnte, existiert auf den subatomaren Ebenen der Realität offensichtlich eine unendlich winzige und absolut komplexe energetische Realität von wer weiß wie vielen Dimensionen, wo – wie John Gribbin in seinem Buch *Solving the Quantum Mysteries* erläutert – sich alles gegenseitig beeinflusst. Das gesamte Universum agiert als ein einziges grundlegendes, intelligentes Bewusstsein; Ereignisse treten an völlig unterschiedlichen Orten im Universum simultan auf; Zeit und Materie durchdringen sich in zahllosen Dimensionen; und auf unzähligen parallelen Ebenen, wo unbekannte Gesetze die materiellen/spirituellen Interaktionen steuern, kann buchstäblich jederzeit alles passieren.

Aufgrund meiner jahrelangen Forschungen im Bereich der Meditation – und meiner regelmäßigen eigenen Erfahrungen damit, wie die spirituelle Ebene mein energetisches System durchdringt – bin ich zu der tiefen Gewissheit gelangt, dass die spirituelle Dimension im Kern unseres materiellen Universums noch die subtilsten Bereiche unseres physischen Seins total erreicht. Hier scheint sich Spiritualität in der dreidimensionalen

Realität am deutlichsten zu manifestieren; und diese grundlegende Manifestation setzt sich dann machtvoll und doch subtil über die atomare und zelluläre Ebene »hinaus« auf den prägnanteren physischen, emotionalen, sinnlichen und mentalen Ebenen fort.

Da wir imstande sind (und uns angewöhnt haben), den spirituellen Einfluss von Weisheit, Einsicht, Liebe und Ermächtigung aus unserer bewussten Wahrnehmung auszublenden, versuchen wir, als isolierte Egos unsere »Show« nach bestem Vermögen selbst in die Hand zu nehmen. Wenn wir dagegen bereit sind, spirituelle Eingebungen in unserem persönlichen Organismus zu empfangen, öffnet sich meiner Erfahrung nach eine bestimmte Membran, so dass dieser Zustrom an äußeren Daten, Weisheit und positiven Vibrationen in unserem Bewusstsein und in unserem physischen Sein schwingen kann. Manche von uns manifestieren diese spirituelle Resonanz als visuelles Bild, andere »hören« die Eingebungen, während wieder andere die Anwesenheit Gottes innerlich und um sich herum spüren. Vielleicht wird unser Herz auch überflutet von Liebe und Mitgefühl, oder wir erleben einen Strom von inspirierenden Gedanken. Spirituelle Erlebnisse stellen einen primären Code und eine primäre Energie dar, welche, wenn wir sie zulassen, »nach oben« in unsere persönliche Wahrnehmung dringen und mit unserem individuellen Bewusstsein verschmelzen. Wir können also unsere eigene, auf dem Ego beruhende Bewusstheit nicht wirklich von der erweiterten transpersonalen Bewusstheit trennen, mit der wir zusammenschwingen. Das ist die großartige, »im Himmel geschlossene« Hochzeit zwischen Ego und Geist.

Ein großes Lob auf das menschliche Ego

In den meisten Kulturen der Welt wird seit uralten Zeiten ein grundlegender Kampf zwischen Geist und Ego ausgefochten, dieser genetisch begründeten, selbst bezogenen Funktion des Menschen, die beständig danach strebt, das Wohlbefinden und die Integrität des individuellen menschlichen Organismus zu erhalten. Die meisten Religionen sagen, wir müssten unser selbstsüchtiges Ego bändigen und sublimieren, wenn wir eine spirituelle Wandlung erleben wollen.

Parallel dazu vertreten die meisten Religionen die grundlegende Vorstellung, dass unser menschliches Sehnen und Streben darauf gerichtet sein müsse, unseren sterblichen Körper – und sei es auch nur vorübergehend in der Meditation – zu transzendieren, um die Grenzen der materiellen Realität durchbrechen und mit Gott eins werden zu können.

Meine persönliche Erfahrung war für mich selbst überraschend, denn sie stand in direktem Widerspruch zu dem, was man mir beigebracht hatte: Wenn es mir gelang, die Einstellungen, Großspurigkeiten, mentalen Gewohnheiten und Vorurteile, die den Anschluss meines persönlichen Bewusstseins an die spirituelle Ebene blockierten, beiseite zu lassen, verspürte ich persönlich nicht die geringste Neigung oder spirituelle Notwendigkeit, mein materielles Ego im Körper zu verleugnen und die materielle Realität zugunsten einer hoch fliegenden »andersweltlichen« spirituellen Wirklichkeit zu transzendieren.

Für mich war genau das Gegenteil der Fall: Wenn ich den Fluss spiritueller Kräfte nicht mit Hilfe von Kundalini-Techniken oder Ähnlichem zu steuern versuchte, lief er ganz in die materielle Richtung meines Egos. Die spirituellen Energien liebten es – zumindest in meinem Falle – offenbar, in meinen Körper zu strömen und sich dort niederzulassen, jede Zelle meines Wesens zu durchdringen und meinen persönlichen Ego-Kokon mit ihrer strahlenden Präsenz zu füllen.

Kurz gesagt: Die spirituelle Dimension liebt es offensichtlich, die materielle Form zu bewohnen und in dem materiellen Tempel empfangen zu werden, den spirituelle Kräfte im Laufe der Evolution seit Millionen von Jahren bis zu dem (für das Überleben des materiellen Körpers wesentlichen) Punkt genährt haben, an dem das menschliche Ego den spirituellen Einfluss nicht mehr fürchtet und sich im Kern der materiellen Ebene der Existenz bereitwillig dafür öffnet.

Wie Ken Cary in seinem inspirierenden Buch *Return of the Bird Tribes* so wunderschön (wenn auch etwas mystisch) beschreibt, existierte in den meisten Zivilisationen die fundamentale Angst, dass das Ego, das sich für die spirituelle Dimension öffnet, von dieser überwältigt und in seiner Existenz bedroht wird, weil sie das menschliche Bewusstsein ganz in Besitz nimmt. Diese Angst geht tief, und nach gründlichen anthropologischen Überlegungen bin ich zu dem Schluss gekommen, dass die Priesterkulte der Weltreligionen dafür verantwortlich zu machen sind. Sie haben den Gläubigen diese Angst eingeflößt. Ich möchte den augenblicklichen Leitfiguren der Weltreligionen nicht zu nahe treten, aber eine gängige religiöse Wahrheit lautet, dass Gott Liebe ist und nicht Angst. Und es scheint durchaus nicht Vergangenheit zu sein, dass Priester und Pfarrer den Gläubigen im Namen Gottes selbst heute noch einschärfen, den Schöpfer in ihrem Herzen zu fürchten, obwohl diese Manipulationswaffe in der Vergangenheit bereits reichlich zum Einsatz gebracht wurde.

Ich erwähne das alles, weil ich aus der Arbeit mit einer großen Anzahl von Schülern und Klienten im Laufe der Jahre weiß, dass auch Sie mit Sicherheit zögern werden, sich für die Übungen in diesem Buch zu öffnen, selbst wenn Ihre Seele sich danach sehnt. Auch Ihnen ist möglicherweise die Angst einprogrammiert worden, dass Ihre persönliche Identität ausgelöscht wird, wenn Sie sich für spirituelle Kräfte öffnen. Ich kann Ihnen aber aufrichtig versichern, dass das nicht dem tatsächlichen Prozess entspricht. Das menschliche Bewusstsein möchte sich für den Zustrom spiritueller Kräfte öffnen. Diese Erfahrung stellt jedoch genau das Gegenteil von einer Machtübernahme dar. In der physischen Welt, die wir bewohnen, beruht alles auf der Dynamik der Dualität. In gewisser Weise sind Geist und Ego Dualitäten, und wenn spirituelle Kräfte einströmen, erleben wir die segensreiche Auflösung der Dualität in den Tiefen unserer Seele.

Dadurch entsteht, kurz gesagt, das Gefühl von innerem Frieden. Wir erlauben uns, in unserem eigenen materiellen Kern das Einssein von Ego und Geist zu erleben, die Verbindung, die auf gegenseitiger Liebe, Achtung und Bewunderung von subtilen und physischen Dimensionen, von Schöpferischem und Geschaffenem beruht.

Das von seinem Schöpfer getrennte Ego ist in der Tat oft nichts weiter als eine lästige, negative, widerstreitende, lieblose Funktion des menschlichen Organismus. Nur wenn es, um dieses Bild zu gebrauchen, mit seinem Partner vereint ist, erlebt es Erfüllung und kommt in den vollen Genuss seines Geburtsrechts. Nur wenn es mit der transpersonalen Weisheit, Macht und dem Mitgefühl des universellen Schöpfers verbunden ist, erfüllt das Ego seine wahre Aufgabe und entspannt sich in eine Identität, die über seinen eigenen relativ winzigen Kokon individueller Bewusstheit hinausgeht.

Spirituelle Dimension und Ego im Körper

Jetzt ist es an der Zeit, dass wir uns einem Thema zuwenden, über das ich am liebsten den Rest meiner Tage sprechen würde, wenn ich mir diesen Luxus gönnen könnte. Ich meine damit den konkreten Ort im menschlichen Organismus, wo wir für die spirituelle Dimension offensichtlich am zugänglichsten sind und diese auch am liebsten ihren Hauptwohnsitz aufschlägt – das menschliche Herz.

Sie wissen wahrscheinlich aus Büchern und aus den Medien, dass sämtliche großen Religionen der Welt das Herz als Zentrum spiritueller Präsenz im menschlichen Körper betrachten. Und die

Liebe ist die Macht, Emotion und Qualität, die am häufigsten mit dem Herzen verbunden wird. Nach der energetisch weisesten, auf Erfahrungen beruhenden religiösen Tradition des Altertums, der Kundalini-Yoga-Meditation, existieren entlang der Wirbelsäule sieben Energiezentren, auch Chakren genannt (die jetzt durch wissenschaftliche Studien nachgewiesen wurden), und die Mitte dieser sieben Energiezentren bildet das vierte, das Herz-Chakra.

In der jüdisch-christlichen Tradition spielt das Herz eine ebenso zentrale Rolle wie die Äußerung »Gott ist Liebe«. Aber was ist Liebe? Für uns Menschen ist Liebe ein Gefühl, richtig? Natürlich ist sie auch ein Ideal, eine Idee, ein philosophisches Konstrukt und Ähnliches mehr. Aber letzten Endes meinen wir, wenn wir von Liebe sprechen, ein reales physiologisches Geschehen in unserer eigenen Brust, ein Gefühl, das selbst wiederum sowohl ein biochemischer als auch ein spiritueller Prozess ist.

In einem der einflussreichen Bücher über den indianischen Yaqui-Meister Don Juan Mateus, die vor zwanzig, dreißig Jahren von Carlos Castaneda verfasst wurden, wird eine eindrucksvolle Szene beschrieben, die mir beim ersten Lesen regelrecht unter die Haut ging. Carlos bittet Don Juan, ihm rundheraus zu sagen, was das Leben eigentlich wirklich ausmacht. Und Don Juan geht ohne zu zögern auf ihn zu, tippt ihn leicht auf die Mitte der Brust und sagt: »Das Leben ist ein Gefühl, direkt dort in deiner Brust.« Und so ist es.

Statt Sie mit Worten bekehren zu wollen, ist es wahrscheinlich viel besser, wenn Sie sich selbst überzeugen und dabei sowohl auf frühere Erlebnisse als auch auf die neuen Erfahrungen zurückgreifen, die Sie bei den Herz-Meditationen machen werden, die Sie in diesem und in den nachfolgenden Kapiteln lernen. Wenn Sie voller Liebe oder innerlich erfüllt sind (und sei es nur für eine Sekunde), wenn Sie sich rundherum gut fühlen – wo nehmen Sie dieses Gefühl dann am stärksten wahr? In Ihrem Kopf? In Ihren Leisten? In Ihren Füßen oder Händen? Oder in Ihrem Herzen ...?

Kurz gesagt: Der Körperbereich, wo wir spüren, dass wir mit unserer physischen Existenz an die spirituelle Dimension angeschlossen sind, ist fast immer das Herz. Wir sprechen vom »Herzen aller Dinge«, und genau so ist es: Das Herz aller materiellen Schöpfung ist das Herz.

Wir wissen nicht, wie und warum dieser Ort im Körper Schnittstelle zwischen der spirituellen und der materiellen Ebene ist. Aber die Erfahrung lehrt uns, dass es so ist. Wenn unser Herz voller Liebe ist, empfinden wir uns als spirituelle Wesen. Und wenn unser Herz leer ist und schmerzt, wenn es erkaltet und sich verhärtet, dann verschließen wir unser energetisches System dem Zufluss spiritueller Kräfte.

Das spirituelle und das emotionale Herz

In den letzten zehn Jahren habe ich mich in meiner therapeutischen Arbeit und in meinem persönlichen Leben verstärkt der Frage gewidmet, worin der Unterschied besteht zwischen dem, was ich das »emotionale« und das »spirituelle« Herz nenne, und wie die Kluft zwischen beiden zugunsten des spirituellen Herzens überwunden werden kann. Jahrelang habe ich in meiner therapeutischen Praxis gezielt auf der Ebene der emotionalen Heilung gearbeitet und Menschen geholfen, sich von den aufgestauten emotionalen inneren Giften und damit von Kindheitstraumen zu befreien, die sie in ihrem Erwachsenenleben behindert haben. Gleichzeitig experimentierte ich mit Meditationstechniken, die die Leere füllen sollten, die im Kokon des Egos entsteht, wenn negative Emotionen freigesetzt und losgelassen werden.

In dieser langen Zeitspanne habe ich Schritt für Schritt erkannt, dass im Bereich des Herzens offensichtlich nicht nur ein, sondern zwei Energiezentren existieren. Und nicht nur das. Auf welches dieser beiden Zentren wir uns konzentrieren, hat Auswirkungen auf unser gesamtes Leben.

Um hier in Kürze zu sagen, was ich in ganzen Büchern erforscht habe: Das emotionale Herz kann als Sitz unserer primären Emotionen gelten, während das spirituelle Herz der körperliche Brennpunkt unserer spirituellen Empfindungen ist. Wir alle sind als genetische Tiere programmiert, ausgestattet mit einem vollkommenen Spektrum an Emotionen – Freude, Angst, Hass, Ekel, Aufregung, Feindseligkeit, Neugier und so weiter. Diese Gefühle gehören von Geburt an zu unserem Verhaltensrepertoire und dienen uns (manchmal ziemlich dürftig) als Reaktionen auf verschiedene Lebenssituationen. Vor allem bewirken sie Veränderungen unseres hormonellen Zustands, so dass wir der jeweiligen Situation entsprechend handeln können.

Wir sehen eine Schlange, reagieren mit Angst und fliehen. Wir begegnen einem Menschen, der uns sexuell anzieht, und sind dadurch motiviert, sexuelle Erfüllung zu suchen. Jemand dringt in unseren Raum ein oder bedroht die Menschen, die wir lieben, und wir reagieren mit Wut und Angriff. Etwas in unserer Umgebung erregt unsere Neugier, und wir richten unsere Aufmerksamkeit und unser Interesse darauf. Jemand schenkt uns Liebe und Aufmerksamkeit, so dass wir uns gut in unserem Herzen fühlen, und wir sehnen uns danach, mit diesem Menschen eine Bindung einzugehen und ihm nahe zu sein. Wir empfinden etwas als ungesund, reagieren mit Ekel und schrecken zurück. Das alles sind instinktive emotionale Regungen im Körper, und viele Tiere sind ähnlich programmiert. Schließlich wäre es ungerecht zu behaupten, dass ein Mensch mehr Liebe in seinem Herzen empfinden kann, als ein Hund sie seinem Herrchen oder Frauchen entgegenbringt. Und sicherlich sind Hunde Meister, was Emotionen wie Aggression und Angst betrifft.

Diese emotionalen Reaktionen, die physiologische Veränderungen in unserem Körper auslösen, bilden die Grundlage für die »Gefühlsaktivität« des emotionalen Herzens. Auf dieser Ebene wurzeln unsere Gefühle überwiegend in dem Bestreben, unser individuelles Überleben und Wohlbefinden zu sichern. Sie beruhen auf dem Bemühen, die Bedürfnisse unseres Egos zu erfüllen. Und gleichzeitig sind sie die Basis für die Achterbahnfahrten unserer Hochs und Tiefs, die von wilder Erregung bis zu tiefer Depression, von leidenschaftlicher Lust bis zu zähneknirschendem Hass führen können. Die meisten von uns sind fast immer in dem einen oder anderen dieser zahlreichen verschiedenen emotionalen Zustände befangen, die uns und unser Leben oft beherrschen. Hin und wieder kann es auch sein, dass wir kurze Atempausen von diesen emotionalen Stürmen erleben, in denen wir zufrieden, entspannt und erfüllt sind.

Das spirituelle Herz als erfahrbares Energiezentrum befindet sich direkt über dem emotionalen Herzen im Brustkorb. Wir alle bewegen uns im Laufe unseres Tages ständig zwischen dem emotionalen und dem spirituellen Herzen hin und her, auch wenn die meisten von uns überwiegend im emotionalen Herzen befangen sind. Unsere tierischen Instinkte halten uns hier ebenso gefangen wie unsere auf dem Ego gründende Identität, was theoretisch »zu unserem eigenen Wohle« geschieht.

In diesem Kapitel möchte ich Ihnen zeigen, wie Sie den Fokus Ihrer Aufmerksamkeit durch einen täglichen Willensakt bewusst vom emotionalen Herzen zum spirituellen Herzen lenken können. Warum wir die Fähigkeit zu diesem bewussten Wechsel lernen, ist klar: Durch diese Verlagerung öffnen wir unsere energetischen Kanäle für den Anschluss unseres persönlichen Systems an die spirituelle Dimension. Mit diesem »Umschwenkungstrick« (wobei ich dieses Wort durchaus respektvoll benutze) begeben wir uns auf direktem Weg von einem emotional traumatischen Zustand in einen spirituellen Seinszustand, ganz gleich, wo wir uns gerade befinden oder was wir gerade tun.

Die Beziehung zu Ihrem Herzen

In der sprachlichen Tradition des Altgriechischen, die von den christlichen Verfassern des Alten Testaments übernommen wurde, wird klar zwischen dem emotionalen Herzen und seiner Form von Liebe (Eros genannt) und dem spirituellen Herzen und seiner subtileren Liebesqualität (Agape) unterschieden. Ich stieß zum ersten Mal auf diesen Unterschied, als ich in einem protestantischen Priesterseminar vergleichende Religionswissenschaften studierte. In der gleichen Zeit vertiefte ich mich auch in das Studium der Sanskrit-Tradition des Kriya Yoga und fand hier eine ausführliche, 3000 Jahre alte Formulierung des Unterschieds zwischen spirituellem und emotionalem Herzen. Diese Unterscheidung ist also nichts Neues. Sobald wir uns nach innen wenden, machen wir alle die Erfahrung, dass diese beiden unterschiedlichen »Gefühlszentren« im Bereich unseres Herzens existieren.

Das menschliche Gefühl der romantischen Liebe beinhaltet eindeutig zwei Arten von Liebe. Erstens die abhängige Liebe des emotionalen Herzens, bei der unser Ego sich an das Objekt seiner Zuneigung klammert und die andere Person besitzen will. Dies ist die schmerzliche Liebe, die den anderen zum Gefangenen unserer Zuneigung macht, so dass die Liebe sich oft in Abneigung verwandelt.

Die Liebe des spirituellen Herzens, sei sie sexuell oder platonisch, sieht völlig anders aus, weil das spirituelle Herz keinen Sinn für Abhängigkeit und Besitz hat. Die spirituelle Liebe lässt den geliebten Menschen völlig frei und legt ihm keinerlei Fesseln an. In diesem Zustand von Verstand und Herz ist unser Herz auf der spirituellen Ebene mit dem Herzen des anderen verbunden, so dass wir uns gegenseitig nähren statt zu behindern.

Wir alle kennen beide Formen von Liebe, die des spirituellen und die des emotionalen Herzens. Es geht hier aber nicht um ein Entweder-oder, und ich schlage keineswegs vor, dass wir uns von unseren heftigen Gefühlsregungen verabschieden sollen. Manchmal ist es völlig angemessen, sich den Empfindungen des emotionalen Herzens zu überlassen. Ich empfehle lediglich, dass wir lernen, bewusst zu entscheiden, welche Herzensebene uns in der jeweiligen Situation bessere Dienste leistet, und bewusst von der einen zur anderen überwechseln zu können.

Die Grundvoraussetzung dafür ist natürlich, dass wir uns auf unseren Herzbereich konzentrieren können, ohne dass wir uns dabei unbehaglich fühlen. Der Schlüssel für diesen Prozess liegt darin, unsere Aufmerksamkeit bewusst und direkt auf die Herzregion zu lenken, und mir ist durchaus klar, dass das den meisten von uns schwer fällt und sie sich nur widerstrebend auf das eigene Herz und seine Gefühle konzentrieren. Wir alle haben zumindest einmal erlebt, dass uns das Herz gebrochen ist und dieser Schmerz so verheerend war, dass wir uns dagegen panzern, solche tiefen, leidvollen Gefühle jemals wieder empfinden zu müssen. Wir blenden das Negative psychologisch aus und damit leider auch viel Positives.

Wenn ich Ihnen also vorschlage, den Fokus Ihrer Aufmerksamkeit immer wieder auf den Herzbereich zu richten, weiß ich, dass das manchmal schwierig sein kann. Ich werde Sie durch einen Heilungsprozess leiten, der Sie von den früheren emotionalen Traumen des Herzens befreit, so dass Sie sich mühelos und bereitwillig, ja sogar eifrig auf Ihr Herz konzentrieren und sich diese grundlegende Ausrichtung den ganzen Tag lang bewahren können. Das ist hier unser Ziel.

In der traditionellen Psychotherapie hat es sich als fast unmöglich erwiesen, den Verteidigungspanzer des Herzens »wegzutherapieren«. Nur wenn wir unser Behandlungskonzept erweitern um die Möglichkeit, spirituelle Heilungsenergie in den Herzbereich fließen zu lassen, kann ein verletztes Herz wirklich gesunden. Und diese Befreiung kann dadurch beschleunigt werden, dass wir unsere Aufmerksamkeit auf lebendige Weise vom emotionalen Herzen zum spirituellen Herzen verlagern.

Entspannen Sie sich also, wenn Sie es zunächst als beängstigend, bedrohlich oder schwierig empfinden, sich auf Ihr Herz zu konzentrieren. Die Übungen, die ich Ihnen vermittle, einschließlich der im ersten Kapitel, zielen alle darauf ab, Ihnen zu einer innigeren, positiven Beziehung zu Ihrem Herzen zu verhelfen. Lassen Sie sich also Zeit, mindestens ein paar Wochen, vielleicht auch Monate, um sich mit diesen Übungen gründlich vertraut zu machen und sie sich allmählich anzueignen.

Ich möchte hier noch eine weitere Anmerkung zur Aktivität des emotionalen Herzens machen. Mir ist im Laufe der Jahre aufgefallen, dass Menschen, die in die mittleren Jahre kommen, die Tendenz haben, sich nicht mehr so stark auf die Stürme des emotionalen Herzens zu fixieren. Es zehrt einfach an unseren Kräften, wenn wir ständig in dem einen oder anderen emotionalen Trauma festhängen. Wir möchten eine gewisse Unabhängigkeit von dem ständigen Wirbel gewinnen, der durch tausenderlei verschiedene Konflikte im Herzen ausgelöst wird und der in den egozentrischen Verteidigungsgewohnheiten unserer biologischen Persönlichkeit wurzelt. Unser Ego hat die natürliche Tendenz, sich in eine spirituelle Richtung zu bewegen.

Und doch erleben die meisten von uns fast täglich, dass sie spontan vom emotionalen zum spirituellen Herzen wechseln, was wie ein Geschenk der Götter empfunden wird. Wir erledigen eine Routinearbeit, und plötzlich bemerken wir, dass der Druck aus unserem Kopf gewichen ist und wir inneren Frieden empfinden. Unser Atem weitet den ganzen Brustkorb und schenkt uns ein köstliches Gefühl von gesegneter Freude. Dieses Umschwenken zum spirituellen Herzen ist ein ganz natürlicher Vorgang, der immer dann geschieht, wenn sich nur die geringste Gelegenheit dazu bietet.

Ähnliches gilt für weitere Empfindungen, die dem spirituellen Herzen entspringen und die sich einstellen, wenn wir uns verlieben oder einen wunderbaren Sonnenaufgang, eine Rose oder ein anderes Naturwunder dieser Erde betrachten. Und wieder gleiten wir plötzlich in einen Zustand tiefer Freude, in dem unser Herz spürbar »größer« wird, während unser ganzes Wesen, zumindest vorübergehend, von spirituellem Frieden durchströmt wird.

Beachten Sie bitte, dass die Erfahrung von innerem Frieden nicht als Emotion gilt. Dieser Friede entsteht nur dann, wenn wir vom emotionalen Herzen zum spirituellen Herzen überwechseln und unsere emotionalen Fixierungen hinter uns lassen. Deswegen ist diese Form von Frieden ein so außergewöhnlicher menschlicher Zustand. Für kurze Zeit sind wir von all den zahlreichen verschiedenen biochemischen Reaktionen auf unsere Umwelt entlastet. Wir sind wirklich frei. Es überrascht nicht, dass das Wort »Frieden« und der entsprechende innere Zustand für die Lehren spiritueller Leitfiguren wie Jesus, Buddha, Laotse und Mohammed von zentraler Wichtigkeit waren.

Dieser »Friede, der über alles Verstehen hinausgeht«, ist mit Sicherheit eine transzendente Qualität von Bewusstheit, bei der unser Fokus nicht auf Emotionen oder Gedanken gerichtet ist, sondern auf den Ort des spirituellen Herzens im Brustkorb, wo wir das Reich innerer Stille betreten, jene innere Ruhe, die, wie wir gesehen haben, uns den Zugang zur spirituellen Dimension ermöglicht. Und wenn wir uns in diesem Zustand befinden, wohnt in den tiefen Regionen des Seins wahre spirituelle Liebe.

Der Kapitalist mit dem spirituellen Herzen

Ich möchte diese allgemeine Diskussion über die Qualitäten des spirituellen Herzens jetzt direkt auf die Arbeitswelt beziehen. Wir alle wünschen uns, dieses grundlegende Gefühl von spiritueller Bewusstheit in unserem Herzen zu empfinden, vor allem im Kontakt mit geliebten Menschen. Aber welche Gründe könnte es dafür geben, dass wir lernen wollen, uns bei der Arbeit in diesen speziellen Bewustseinszustand zu begeben, in dem wir uns auf das spirituelle Herz konzentrieren? Ich möchte die positiven Punkte hier ganz klar formulieren:

1. Wenn wir den Fokus unserer Aufmerksamkeit bewusst auf den Bereich im Körper richten, wo das spirituelle Herz sitzt, ist das ein sicherer Weg, uns direkt an die lebendige spirituelle Dimension anzuschließen und unsere persönliche Präsenz durch spirituelle Kräfte zu unterstützen. Das ist der Trick weiser Geschäftsleute, um ihr Gefühl von persönlicher Wirkungskraft schnell auf eine höhere Ebene zu bringen und so zu verstärken, dass ihre Ausstrahlung und ihr Führungspotential im geschäftlichen Rahmen ein Höchstmaß erlangen.

2. Mit dieser Ausrichtung auf das Herz schließen Sie sich auch an die lebendige Macht des Mitgefühls an, so dass Sie in all Ihren geschäftlichen Verhandlungen, Teamsitzungen und vor allem bei der Betreuung Ihrer Kunden, wo echter Herzenskontakt ausschlaggebend für Erfolg oder Misserfolg sein kann, mit Liebe und Verständnis handeln können.

3. Wenn Sie sich auf die Ebene des spirituellen Herzens begeben und sich dadurch von der emotionalen Last befreien, die Sie mit sich herumschleppen, können Sie sich bei anstehenden geschäftlichen Fragen direkt an transpersonale Einsicht und intuitive Erkenntnis anschließen. Chronische emotionale Zustände, ganz gleich welcher Art, vernebeln und verwirren unser Denken. Für die Übungen jedoch, mit denen wir uns Zugang zur Intuition verschaffen und die wir in späteren Kapiteln lernen werden, brauchen wir einen klaren und ruhigen Kopf.

4. Wenn Sie vom emotionalen Herzen zum spirituellen Herzen übergehen, fallen vor allem Angst und damit auch unterschwellige Besorgnisse und Befürchtungen weg. Und nur wenn sich die Anspannung der Angst auflöst, die uns behindert, gewinnen wir in der Geschäftswelt Zugang zu unseren

höheren Fähigkeiten. Ein Mensch, der sich die meiste Zeit in innerem Frieden befindet, ist fast immer (und mit Sicherheit langfristig) der Person überlegen, die in Sorgen und Befürchtungen verstrickt ist.

5. Wenn Sie den Fokus Ihrer Aufmerksamkeit regelmäßig auf Ihr spirituelles Herz richten, sind Sie bei der Arbeit Ihr eigener bester Freund, weil sich Ihr ganzes Wesen entspannt. Sie beenden die andauernden ängstlichen inneren Kämpfe und gelangen zu einem Gefühl von Sicherheit, Klarheit, Macht und beständiger tiefer Freude, so dass die Arbeit für Sie ebenso tief erfüllend wird wie jeder andere Bereich Ihres Lebens auch. Chronischer Stress, der auf dem Aufruhr des emotionalen Herzens beruht, begünstigt außerdem Herzanfälle, während ein friedliches Herz auch ein gesundes Herz ist. Auch wenn das nicht Hauptanliegen dieses Buches ist, sollten wir die positiven Folgen nicht unterschätzen, die ein Leben mit sich bringt, das aus dem spirituellen Herzen heraus gelebt wird.

Das spirituelle Herz in Aktion

1. Sie befinden sich in einer wichtigen Besprechung, und plötzlich greift einer der Anwesenden Sie an. Sie fühlen sich bedroht. Sie haben Angst, Ihre Position zu verlieren, und sind zugleich ärgerlich und bereit zum Gegenangriff. Sie sind emotional völlig aufgewühlt, Ihr Kiefer verspannt sich, Ihr Magen rumort, die wildesten Gedanken und Impulse schießen durch Ihren Kopf. Mit einem Wort, Sie werden sofort zum Nervenbündel und sind in Gefahr, etwas zu tun oder zu sagen, das Ihrer Stellung in der Gruppe schadet. Höchste Zeit, vom emotionalen Herzen zum spirituellen Herzen überzugehen, wo Sie den Impuls zur Verteidigung sowie Ihre

aggressiven Gefühle gegen den Angreifer loslassen können. Sie begeben sich in einen Zustand von Mitgefühl, Frieden und Einsicht und können sich, von neuen Kräften beflügelt, ruhig mit der Situation auseinander setzen und Ihre wahren Führungsqualitäten zeigen.

2. Sie versuchen, einem neuen Praktikanten einen simplen Arbeitsgang beizubringen, doch die Person ist schüchtern, verwirrt, hat Angst, es nicht richtig zu machen, und arbeitet entsprechend schlecht. Dazu kommt, dass Ihre reizbare Ungeduld, Ihre Ablehnung und Ihre kaum verhüllte Aggression dem Praktikanten noch mehr Stress machen und seine Aufgabe ihm noch weniger gelingt. Höchste Zeit, vom emotionalen Herzen ins spirituelle Herz zu kommen, sich zu entspannen und Ihren emotionalen Druck loszulassen, Ihr Herz für diesen Menschen zu öffnen und ihm wirklich zu helfen, indem Sie eine emotionale Atmosphäre schaffen, die von Frieden, Akzeptanz und Mitgefühl geprägt ist. Sollten Sie der Praktikant sein, können Sie ebenfalls beschließen, nicht mit Anspannung zu reagieren, sondern sich die Ruhe Ihres spirituellen Herzens zu bewahren und zu einer optimalen inneren Verfassung zu gelangen, in der Ihnen Ihre neue Aufgabe gelingt.

3. Sie befinden sich bei der Arbeit in einer Situation, die von totaler Konkurrenz geprägt ist, jeder der Anwesenden kämpft darum, die Oberhand zu gewinnen. Sie werden von Panik ergriffen, weil Sie befürchten, dass Ihnen die Sache aus der Hand gleitet und Ihnen ein plötzlicher Misserfolg bevorsteht. Die Folge dieser Angstgedanken ist, dass Ihre Hormone verrückt spielen, weil Ihr Körper sich auf Angriff oder Flucht vorbereitet. In Ihrem Kopf herrscht ein einziges Chaos. Sie können keinen klaren Gedanken fassen und sind nicht imstande, das ganze Bild auf einmal zu sehen, um in

dieser Situation aus einer höheren Warte heraus zu handeln. Sie sind überhaupt nicht in der Lage zu funktionieren. Höchste Zeit, sich auf Ihr spirituelles Herz einzustimmen und sich innerlich von den emotionalen Hindernissen zu befreien, die Panik in Kopf und Körper zum Stillstand zu bringen, sich zu entspannen und darauf zu vertrauen, dass Sie Teil einer höheren Ordnung sind. Höchste Zeit, tief einzuatmen, Ihren ganzen Körper bewusst wahrzunehmen und sich auf Ihr spirituelles Herz einzustimmen, wo Sie in Einklang mit transpersonaler Information und Weisheit sind, das ganze Bild auf einmal sehen und aus der Tiefe Ihres Wesens heraus intuitiv erkennen, was Sie als Nächstes zu tun haben.

Diese Beispiele machen deutlich, dass der Dreh- und Angelpunkt für Erfolg die Fähigkeit ist, Ihren mentalen und emotionalen Zustand willentlich steuern zu können. Wir sind Narren, wenn uns die Werkzeuge für dieses Umschwenken in die Hand gegeben sind, ohne dass wir sie nutzen. Ich möchte damit jedoch nicht sagen, dass es »falsch« oder unbedingt immer zu unserem Nachteil sein muss, wenn wir uns dem geistigen und körperlichen Zustand des emotionalen Herzens überlassen. Wir alle genießen gelegentlich diesen aufregenden Adrenalinstoß, der mitten in der Hitze eines Gefechtes in uns ausgelöst wird. Manchmal gefallen uns die Aufregung, die Herausforderung, das Risiko und der Aufruhr an Emotionen, der entsteht, wenn wir uns voll auf das kapitalistische Spiel von Angriff und Gegenangriff einlassen, das sich auf der Ebene des emotionalen Herzens abspielt. Dieser Zustand, in dem wir unsere Aufmerksamkeit auf die instinktiven Emotionen des Körpers richten, ist eine äußerst menschliche Erfahrung, die manchmal zutiefst befriedigend sein kann. Wir sind in direktem Kontakt mit dem Primaten in uns, und das macht nicht nur Spaß, sondern ist auch gesund.

Aber wir sollten auch bedenken, dass wir immer einen gewissen Preis zahlen, wenn wir in dem heftigen Sturm ständig wechselnder menschlicher Emotionen befangen bleiben. An erster Stelle gilt, dass dieser Zustand in unserem physischen System Stress auslöst, und chronischer Stress ist tödlich. Zweitens trübt die Fixierung auf das emotionale Herz, wie wir gerade gesehen haben, unseren geschäftlichen Scharfsinn. Und, fast am wichtigsten, wenn diese emotionalen und hormonellen Stürme toben, sind wir in der Regel nicht offen für spirituelle Eingebungen. Nur wenn wir die Fixierung auf unsere egozentrischen Emotionen aufgeben und unseren Fokus auf die transpersonale Ebene des spirituellen Herzens richten, können wir uns für spirituelle Einsicht und Ermächtigung öffnen. Ich rede hier natürlich nicht von einem unumstößlichen Gesetz, sondern zeige lediglich allgemeine Richtungen auf, die wir beachten sollten.

Der Beweis liegt jedoch in der Praxis, daher will ich es bei diesen theoretischen Ausführungen belassen. Erlauben Sie mir jetzt, Ihnen die einzelnen Schritte beizubringen, mit denen Sie Ihren Fokus willentlich »vom emotionalen Herzen auf das spirituelle Herz« verlagern können. Dann können Sie in den nächsten Wochen und Monaten mit diesen Übungen experimentieren, Ihre eigenen Schlussfolgerungen ziehen und sich an den Ergebnissen freuen.

Zum spirituellen Herzen übergehen

Wir werden jetzt sämtliche Übungen, die Sie sich bereits angeeignet haben, mit neuen Schritten kombinieren und gelangen damit zu einer idealen Methode für das Umschwenken auf das spirituelle Herz, die Sie – hoffentlich – Ihr ganzes restliches Leben anwenden können. Und wieder versuchen wir hier, eine neue Wahrnehmungsgewohnheit zu entwickeln: Wir lernen, unsere innere Aufmerksamkeit ganz unabhängig von unserer augenblicklichen Tätigkeit willentlich zu steuern (zum Bereich des spirituellen Herzens).

Zunächst einmal wollen wir uns noch einmal der Meditation auf den ganzen Körper zuwenden, die ich Ihnen in früheren Kapiteln vorgestellt habe und die Ihnen inzwischen sicherlich geläufig ist. Nicht zufällig ist die klare Ausrichtung auf den Herzbereich Kern dieses Prozesses zur Bewusstseinserweiterung. Ich habe bislang nicht zwischen dem »spirituellen« und dem »emotionalen« Herzen unterschieden, weil wir natürlich Schritt für Schritt vorgehen müssen. Und bei den bislang gegebenen Anweisungen, ... *richten Sie Ihre Aufmerksamkeit auf Ihren Atem ... und jetzt dehnen Sie sie auf Ihren Herzschlag oder Puls aus ...*, geht es bei der Einstimmung auf Ihr Herz gar nicht darum, die Wahrnehmung bewusst zu verlagern. Sie richten Ihre Aufmerksamkeit einfach auf Ihr Herz und auf alles, was Sie dort spüren, und achten darauf, ob Sie im Augenblick eher im emotionalen oder spirituellen Herzen sind.

Bei dieser Übung werden Sie erleben, dass sich Ihr Fokus spontan nach oben verlagert, sobald Sie Ihre Aufmerksamkeit auf Ihr Herz richten. Je häufiger Sie auf Ihr Herz meditieren und dabei die klare Absicht haben, Ihre Aufmerksamkeit nach oben zu lenken, umso automatischer verläuft dieser Prozess, und jedes Mal, wenn Sie sich Ihren Herzensgefühlen zuwenden, wird er aktiviert. Der Grund dafür ist ganz einfach: Diese Ausrichtung Ihrer Aufmerksamkeit fühlt sich gut an, und wir neigen dazu, wiederholen zu wollen, was wir als angenehm erleben. Das gesamte Übungsprogramm, das Sie in diesem Buch lernen, basiert auf dieser positiven Rückverstärkung.

Wenn Sie die Schritte zum Erwecken des ganzen Körpers einmal durchgehen, ... *Atem ... Herzschlag ... Gleichgewicht ... bewusste Wahrnehmung des ganzen Körpers ...*, sind Sie bereit, Ihre Aufmerksamkeit wie folgt auf Ihr spirituelles Herz zu verlagern:

- Nehmen Sie zunächst einmal wahr, welche Emotionen im Augenblick Ihr Herz bewegen. Urteilen Sie nicht, schauen Sie einfach hin: Sind Ihr Brustkorb und Ihr Herz verspannt? Ruhen Sie entspannt in der Mitte Ihres Wesens? Sind Sie ängstlich oder besorgt, oder fühlen Sie sich sicher und ruhig? Sind Sie voller Ärger und Aggression, oder sind Sie mit der Welt in Frieden? Empfinden Sie Abwehr gegen äußere oder innere Ereignisse, oder fühlen Sie sich in Harmonie mit allem, was in Ihnen und um Sie herum geschieht? Welche Gefühle regen sich in Ihrer Brust?

- Während Sie Ihre Herzensgefühle wahrnehmen, sagen Sie zu sich: »*Ich empfinde in meinem Herzen in diesem Augenblick* ____________________________________.«

- Wenn Sie bei diesen Gefühlen bleiben möchten, ist das in Ordnung, Sie haben immer die Wahl. Möchten Sie sich jedoch von dieser emotionalen Fixierung lösen und einen Schritt weitergehen, tun Sie Folgendes:

- Machen Sie Ihre Absicht deutlich, so dass sie in Ihrem ganzen Wesen widerschwingt, und sagen Sie zu sich: »*Ich möchte diese Schwere im Herzen loslassen und mich auf die Bewusstseinsebene des spirituellen Herzens begeben.*«

- Jetzt konzentrieren Sie Ihre Aufmerksamkeit, wie wir gleich noch im Detail lernen werden, auf die Gefühle Ihres emotionalen Herzens. Sagen Sie zu sich: »*Spirituelles Herz!*« Dabei lassen Sie den Fokus Ihrer Aufmerksamkeit mühelos und zielgerichtet vom emotionalen Herzen im unteren Brustkorb nach oben zum spirituellen Herzen wandern.

Das feinstoffliche Herzoval

Nun möchte ich Ihnen eine spezielle Technik zur Fokussierung zeigen, durch die dieser Prozess des Umschwenkens auf das spirituelle Herz fließender, präziser und müheloser wird. Ich möchte Sie bitten, sich vorzustellen, dass der *Bereich Ihres Herzens im Brustkorb die Form eines aufrecht stehenden Eis oder einer anderen ovalen Form mit einer unteren und einer oberen Sektion hat.*

Sowohl aus wissenschaftlichen Untersuchungen als auch aus Forschungen im Bereich der Meditation scheint klar hervorzugehen, dass außer der grobstofflichen, physischen Dimension des menschlichen Körpers noch ein subtilerer Energiekörper existiert. Das Oval, das Sie in Ihrem Brustkorb visualisieren, ist nicht nur ein Vorstellungsbild; es ist das energetische Herzzentrum Ihres Körpers. Für mich ist es ein ganz natürliches Phänomen, dass das Herz viele Dimensionen hat, von der physischen bis zur elektromagnetischen, von der energetischen zur spirituellen. Ich verlange nicht, dass Sie mir das blind glauben, sondern schlage lediglich vor, dass Sie Ihre Aufmerksamkeit immer wieder auf Ihr Herz richten und selbst die verschiedenen Ebenen entdecken, die sich unserer Wahrnehmung Schritt für Schritt erschließen, wenn wir die Wahrheit unseres tieferen Seins erkunden.

Wenn Sie möchten, richten Sie also Ihre Aufmerksamkeit jetzt nach innen auf Ihr Herz und schauen, ob diese ovale Form existiert. Überprüfen Sie, ob Sie die universelle Erfahrung dieses »Sehens«, die in sämtlichen Kulturen der Welt immer wieder bestätigt wurde, ebenfalls machen, oder ob Sie vielleicht etwas völlig Neues entdecken!

Ganz wichtig: Dieses subtile Herzoval ist nicht flach, es ist kein ideelles, zweidimensionales Konstrukt, sondern hat Volumen! Es ist drei- oder mehrdimensional, und Sie können es direkt spüren, indem Sie Ihre Aufmerksamkeit auf den Bereich Ihres

Brustkorbs richten, wo Ihr physisches Herz sitzt. Versuchen Sie es – richten Sie Ihre Aufmerksamkeit auf Ihr Herz, und schauen Sie, ob Sie sich die Sphäre Ihres subtilen Herzens bewusst machen können ...

Ich maße mir nicht an, die wissenschaftliche Dynamik der Herzsphäre, mit der wir alle beim Meditieren auf das Herz in Kontakt kommen, zu verstehen, aber wenn wir unsere Aufmerksamkeit auf unser Herz lenken, sind wir mit dieser Realität konfrontiert. Versuchen Sie es noch einmal, wenn Sie möchten: *... Seien Sie sich Ihres Atems bewusst ... Ihres Herzschlags ... Ihres gesamten Körpers hier in diesem Augenblick ... und jetzt richten Sie Ihre Aufmerksamkeit auf Ihr Herz und schauen, ob Sie diese mehrdimensionale Herzsphäre mitten im Zentrum Ihres erlebenden Wesens spüren können ...*

Wichtig ist hier zu erkennen, dass in der Sphäre Ihres Herzens immer ein Gefühl existiert. Und dieses Gefühl ist der Dreh- und Angelpunkt für unsere spirituelle Suche im Leben, denn durch dieses Gefühl sind wir mit der spirituellen Dimension verbunden. Und auch hier möchte ich Sie bitten, mich nicht beim Wort zu nehmen, denn jeder von uns entdeckt diese Wahrheit durch die persönlichen Erfahrungen, die er auf seinem eigenen Weg macht. Meine Rolle besteht lediglich darin, Ihre Aufmerksamkeit in eine fruchtbare Richtung zu lenken. Ab dann liegt es ganz bei Ihnen, was Sie entdecken, wenn Sie in diese Richtung schauen. Sicher sind wir alle ähnlich. Aber jeder von uns hat seine eigene einzigartige Beziehung zum Spirituellen, und ich tue mein Bestes, um Sie nicht zu beeinflussen, damit Sie Ihre eigenen Entdeckungen machen können, wenn Sie Ihr Schicksal selbst in die Hand nehmen und Richtungen einschlagen, auf die wir (das heißt unser Ego) normalerweise nicht programmiert sind.

Der Schlüssel liegt in den Worten Jesu: *»Wisset die Wahrheit, und die Wahrheit wird euch befreien.«* Wenn wir die Wahrheit suchen, gelangen wir zur Spiritualität. So einfach ist das. Und für uns alle scheint wahr zu sein, dass es diese feinstoffliche Herzsphäre in unserem Körper gibt, und in dieser Sphäre des Herzens existiert immer ein Gefühl. Und die Qualität dieses Gefühls entscheidet, ob unser feinstoffliches energetisches System an die spirituelle Dimension angeschlossen ist oder nicht.

Ein Gespür für das Spirituelle entwickeln

Wo auch immer Ihre Aufmerksamkeit im Oval Ihres Herzens konzentriert und das subtile Herzensgefühl im Augenblick angesiedelt sein mag, Sie wollen dieses Gefühl nach oben in die höheren Regionen Ihres Herzens lenken. Wie aber bringen Sie das Gefühlszentrum Ihres Herzens nach oben? Ihre Aufmerksamkeit ist das Werkzeug, um das Gefühl in Ihrem Herzen zu verlagern. Konzentrieren Sie sich auf das Gefühl, verbinden Sie Ihre Aufmerksamkeit damit und richten Sie sie dann schnell und mühelos nach oben, wobei Sie das Gefühl mitnehmen, bis sich der Fokus Ihrer Aufmerksamkeit und das Gefühl in Ihrem Herzen im oberen Herzbereich befinden.

Dieser Prozess verläuft schnell, einfach und mühelos. Und trotzdem passiert er nicht, wenn wir die dazu nötigen Schritte nicht kennen. Das Werkzeug für diese Wandlung war immer vorhanden, aber wir wussten einfach nicht, wie wir es anwenden sollten, welchem Zweck es überhaupt diente oder dass es überhaupt etwas zu tun gibt.

Die Leserinnen und Leser, die mit Meditation Erfahrung haben, wissen, dass es in der religiösen Tradition nicht üblich ist, dem Ego Anweisungen zu geben (»Ich beschließe, mein Bewusstsein für spirituelle Zustände zu öffnen«), um zu höheren spirituellen Bewusstseinszuständen zu gelangen. Hier muss der Mensch »auf Gott warten«, um »von oben« transformiert zu werden. Und das geschieht auch sicherlich – irgendwann.

Meine Methode ist, die neu entwickelten Techniken der Lernpsychologie mit den uralten Meditationstechniken zu kombinieren, um die üblichen inneren Fixierungen, bei denen unsere Aufmerksamkeit starr auf das emotionale Herz gerichtet ist, schnell zu überwinden. Wie ich bereits sagte, »drängt sich die spirituelle Dimension dem Ego nicht auf«. Solange das Ego darauf beharrt, an Emotionen festzuhalten, setzen sich spirituelle Kräfte über diese Programmierung nicht hinweg.

Wir müssen uns entscheiden. Wir müssen handeln. So verstehe ich es und habe nicht das Gefühl, damit gegen grundlegende religiöse Gebote zu verstoßen. Für mich liegt eine essentielle Weisheit in dem protestantischen Sprichwort: *»Hilf dir selbst, dann hilft dir Gott.«*

Uns ist diese grundlegende Macht gegeben – die Macht der Aufmerksamkeit. Und der Leitsatz des New Age, *»Die Energie folgt unserer Aufmerksamkeit«*, ist nicht nur wahr, sondern von zentraler Bedeutung. Das, worauf wir uns konzentrieren, geschieht. Wenn wir uns auf negative Dinge konzentrieren, erleben wir in unserem Leben ständig Negatives. Richten wir unsere Aufmerksamkeit auf die Lösung eines Problems, werden wir es mit ziemlicher Sicherheit bewältigen. Konzentrieren wir uns auf unser spirituelles Herz, verändert sich unser Bewusstsein entsprechend. Diese Logik lässt sich nicht leugnen.

Ich gebe Ihnen also folgende Aufgabe, damit Sie einen Plan für das Erlernen dieser Methode zur Verlagerung der Aufmerksamkeit vom emotionalen zum spirituellen Herzen haben: *Machen Sie in den nächsten zwei Wochen im Wachzustand (und vielleicht auch in Ihren Träumen) zumindest einmal stündlich so lange Pause, dass Sie sich das Gefühl in Ihrem Herzen anschauen und die Macht Ihrer Aufmerksamkeit bewusst einsetzen können, um dieses Gefühl nach oben in Ihr spirituelles Herz zu verlagern.*

Versuchen Sie nicht, etwas Bestimmtes zu erreichen, und schon gar nicht, das Gefühl in Ihrem Herzen zu verändern. Die Veränderung geschieht automatisch, wenn das Gefühl aus der emotionalen Sphäre des Herzens nach oben in das spirituelle Herz verlagert wird.

Erfahrungen mit dem spirituellen Herzen

Erlauben Sie mir, Ihnen meine eigenen Erfahrungen zu beschreiben, so dass Sie sie beim Lernen schrittweise mit Ihren Erlebnissen vergleichen können. Wenn ich mich meinem Herzen zuwende und das Gefühl habe, niedergeschlagen, bedrückt, hart, verschlossen, ärgerlich oder deprimiert zu sein, sage ich zu mir: »Ich möchte umschwenken auf die Gefühle des spirituellen Herzens.« Und während ich das sage, verbinde ich die Kraft meiner Aufmerksamkeit mit dem augenblicklich existierenden Gefühl. Dabei sage ich zu mir: »Spirituelles Herz!« und lenke meine Aufmerksamkeit bewusst nach oben, wobei ich das Herzensgefühl mitnehme, bis sich der Fokus meiner Aufmerksamkeit und das Gefühl, auf das sie sich richtet, im oberen Bereich meines Brustkorbs befinden.

Während ich meine Aufmerksamkeit und das wahrgenommene Gefühl nach oben lenke, erlebe ich etwas Ähnliches wie der Pilot eines Sportflugzeugs, das in ein Gewitter geraten ist und aufsteigt, bis es durch die Wolken bricht und plötzlich in die ruhige Luft vorstößt, wo die Turbulenzen aufhören und nur noch der wunderbar blaue Himmel und ein alles durchdringender Friede existieren.

Leichtigkeit erfüllt meinen Körper, mein Atem geht tiefer und scheint den ganzen oberen Bereich meines Brustkorbs auszufüllen. Die emotionale Verspannung löst sich, mein Denken wird klarer und ich habe dieses absolut köstliche Empfinden im oberen Brustkorb, während spirituelle Kräfte über den »Gefühlspunkt« deutlich wahrnehmbar in den Bereich meines Herzens fließen, bis die gesamte Sphäre meines feinstofflichen Herzens von der spirituellen Dimension erfüllt ist. Ganz gleich, welche

Emotionen mich geplagt haben, sie werden von einem feinen weißen Licht gereinigt, das durch den Gefühlspunkt im oberen Bereich meines Herzens fließt.

Ist dieser Zustand erst einmal eingetreten und mein Herz von Licht, tiefer Freude, Kraft und Einsicht erfüllt, wird die äußere Membran meiner Herzsphäre durchlässig und die spirituelle Aufladung strömt in sämtliche Zellen meines Körpers ...

Kein Wunder, dass ich so viel Zeit damit verbringe, anderen diesen Prozess zu vermitteln, nachdem ich ihn auf der simplen und rein psychologischen Ebene der Aktivierung verstehen gelernt habe. In diesem Zustand bin ich am lebendigsten, am vitalsten. Hier kommen mir die meisten Einsichten, hier bin ich voller Liebe. Und es ist für mich eine große Freude, Ihnen diese Techniken zu vermitteln, mit deren Hilfe Sie sich an den unendlichen Strom spiritueller Kräfte in Ihr persönliches Sein anschließen können, wie immer sich dieser Prozess für Sie auch gestalten mag.

4 Die Technologie der Intuition

Wir wissen, dass wir uns bei geschäftlichen Entscheidungen im Idealfall zunächst einmal zusammensetzen und uns einen gründlichen Überblick über sämtliche Aspekte der anstehenden Entscheidung verschaffen sollten, um dann – und nur dann – entsprechende Entschlüsse zu fassen und auf deren Grundlage zu handeln. Nichts kommt diesem Gefühl tiefer Zuversicht gleich, das auf dem Wissen beruht, wirklich gerüstet zu sein, weil wir den perfekten Spielplan ausgearbeitet haben, der auf einem Gesamtüberlick beruht.

In Wirklichkeit läuft es natürlich fast nie so ab. Die Technologie, mit deren Hilfe statistische Datenerhebungen möglich sind, hat sich in den letzten Jahrzehnten rasant weiterentwickelt. Meistens werden die Daten mittlerweile schneller gesammelt, als wir sie mit unseren analytischen Methoden erfassen können.

Der Normalfall sieht im Geschäftsleben so aus, dass wir tun, was wir können, um unter Zeitdruck so viele Daten wie möglich zu sammeln und zu analysieren und uns mit Hilfe deduktiver Techniken ein möglichst genaues Bild zu machen. Und dann verlassen wir uns auf den mentalen Prozess der induktiven Überlegungen, um die Gesamtsituation einigermaßen vernünftig zu erfassen, auch wenn deren Darstellung auf den zugegebenermaßen unvollständigen Daten beruht, die wir zur Hand haben.

Das schwache Glied bei dieser Entscheidungsfindung ist offensichtlich nicht die statistische, deduktive Dimension. Wir geben Millionen von Mark für immer raffiniertere Systeme der Informationssammlung und das Analysieren von Daten aus. Das schwache Kettenglied ist die Technologie der induktiven Überlegungen oder intuitiven Einsicht. Und genau diese Technologie möchte ich in diesem Kapitel weiterentwickeln.

Wenn Menschen mich den wissenschaftlichen Begriff *Technologie* für das herkömmlicherweise eher esoterische Phänomen der *Intuition* benutzen hören, heben sie oft ungläubig ihre Augenbrauen. Lassen Sie mich genauer erklären, warum wir in der Intuitionsforschung den Punkt erreicht haben, wo wir das induktive Denken zu Recht als Technologie bezeichnen. Anschließend werden wir das übliche Verständnis von dieser Technologie hinter uns lassen und uns Methoden zuwenden, mit denen wir »uns bei der Arbeit wirkungsvoller intuitiv ausrichten« können.

Im Lexikon wird *Technologie* definiert als *»Anwendung wissenschaftlicher Erkenntnisse,* vor allem in der Industrie und der Geschäftswelt ...« und als »Methoden und Materialien der angewandten Wissenschaft«. Betreiben wir tatsächlich *»angewandte Wissenschaft«*, wenn wir uns mit Hilfe bestimmter Techniken Zugang zur intuitiven Ebene des Denkens verschaffen? Nun, *Wissenschaft* wird konkret definiert als »Studium und theoretische Erläuterung natürlicher Phänomene ...« und als »Wissen, vor allem durch Erfahrung erworbenes«. Intuition ist mit Sicherheit ein »natürliches Phänomen«, und das beträchtliche »Wissen«, das wir über intuitive Prozesse gesammelt haben, wurde durch direkte »Erfahrung« erworben.

Intuition wird nun definiert als »die Fähigkeit, ohne Anwendung rationaler Prozesse oder auf rationalem Wege erworbener Erkenntnisse zu wissen«. Diese Definition aus dem Lexikon bestätigt, dass Wissen tatsächlich jenseits der Grenzen vernünftigen Denkens erworben werden kann; dass wir die »Fähigkeit« besitzen, jenseits der Dimension der Vernunft zu wissen. Korrekt wird *Vernunft* in diesem Rahmen als Fähigkeit definiert, »logisch zu denken oder zu sprechen«, und *Logik* ist die »wissenschaftliche Erforschung deduktiven Denkens«.

Der Begriff *deduktiv* ist ein Schlüssel für unser Verständnis von Intuition, denn das rationale Denken ist insofern deduktiv, als es von einer Information zur nächsten geht, bis sämtliche Teile berücksichtigt sind. Das intuitive Denken hingegen ist induktiv, das heißt, hier werden »Schlussfolgerungen auf der Grundlage bestimmter Ereignisse oder Tatsachen gezogen«, statt sämtliche Teile eines Ganzen einzubeziehen.

Mit anderen Worten, beim *deduktiven Denken* müssen wir sämtliche Aspekte oder Teile dessen, was wir untersuchen, berücksichtigen und ziehen aus dieser gründlichen Betrachtung unsere Schlussfolgerungen. Deduktion heißt, sich linear auf ein Segment nach dem anderen zu konzentrieren, bis wir sämtliche Teile angeschaut haben und auf dieser Grundlage zu einem logischen Ergebnis oder Verständnis gelangen.

Beim *induktiven Denken* hingegen schauen wir uns nur einen bestimmten Ausschnitt an und leiten davon mit Hilfe eines immer noch mysteriösen integrativen Denkprozesses die Wahrheit des Ganzen ab oder »wissen irgendwie« sofort, um was es geht.

Das deduktive Denken kann nur mit dem arbeiten, was die fünf Sinne direkt erfassen. Wenn Sie aus dem Fenster schauen und den Schwanz einer Katze sehen, kann die deduktive Logik lediglich sagen: »Das ist der Schwanz einer Katze«, ist aber nicht imstande, vom Schwanz auf die ganze Katze zu schließen. Um über die verfügbaren Daten hinauszugehen und die ganze Katze intuitiv zu erfassen, brauchen wir die induktive Logik.

Ich denke, wir können zu Recht sagen, dass in den vergangenen Jahrzehnten in der Unternehmenswelt von der Hilfskraft bis zum unteren und mittleren Management jeder verbissen darauf aus war, rein deduktiv vorzugehen. Niemand wollte dabei erwischt werden, dass er »Vermutungen« anstellte und sich auf »bestimmte Ahnungen« verließ, die sich am Ende als falsch erweisen könnten. Man spielte seine geschäftliche Rolle ganz konservativ, ging kaum Risiken ein und zog niemals »spontane Schlüsse« oder folgte »intuitiven Ahnungen«. Wie Michael Hammer in seinem Buch *Das prozeßorientierte Unternehmen. Die Arbeitswelt nach dem Reengineering* schreibt, bestand »das primäre Ziel darin, keine Fehler zu machen. Und die höchsten Werte waren Planung, Kontrolle und Disziplin.«

Natürlich gab es im Laufe der letzten Jahrzehnte in den erfolgreicheren Unternehmen immer auch Menschen, die sich innovativ verhielten. Sie gingen Risiken ein und wagten es, auf der Grundlage bloßer intuitiver Einsichten spontan und mutig zu handeln. Das galt natürlich vor allem für die Unternehmer, aber auch für die wahren Führungskräfte in den oberen Etagen erfolgreicher Firmen, ausgesprochene Individuen, die die Macht und den Willen sowie das Ja und das Vertrauen in ihre eigenen Visionen besaßen, um zu handeln, noch bevor sie sämtliche Daten zusammenhatten und die Konkurrenz sich in Bewegung setzte.

In den neunziger Jahren hat sich das jedoch schnell verändert. Vom Pförtner aufwärts wird heute von jedem erwartet, dass er sich – um Hammers Worte noch einmal aufzugreifen – »wie der Besitzer der Firma verhält. Verlangt werden Vorstellungskraft, Flexibilität und die Verpflichtung auf Ergebnisse.« Der überall existierende absolute Zeitdruck verlangt von uns, dass wir die uns zugänglichen Aspekte einer Situation schnell einschätzen, diese Daten mit unserem deduktiven Verstand nach bestem Vermögen durchgehen und dann den auf der intuitiven Funktion unseres Verstandes beruhenden Vertrauenssprung wagen, um zu einer Sicht des Ganzen zu gelangen, noch bevor wir es vor Augen haben, und auf dieser Grundlage kreativ, mutig und einsichtig handeln.

Und genau dafür brauchen wir, realistisch betrachtet, eine solide Technologie induktiver Verfahrensweisen, eine Reihe von klar definierten mentalen Techniken, die jeder sich aneignen und beherrschen kann und die uns zuverlässig höhere intuitive Ebenen erschließen, wenn der richtige Zeitpunkt für Beschlüsse gekommen ist. Deduktive und induktive Verfahren müssen ein enges Team bilden, statt gegeneinander zu arbeiten. Wir wissen nicht genau, wie die intuitive Funktion des Verstandes arbeitet, aber wir müssen zugeben, dass wir gezwungen sind, diese Funktion immer häufiger zu benutzen und mehr Vertrauen in unsere intuitiven Ahnungen zu setzen als in den vergangenen Jahren. Ebenso wie bei der Elektrizität, die wir benutzen, ohne das Phänomen wirklich zu verstehen, können wir auch intuitive Techniken anwenden und zu Ergebnissen gelangen, ohne zu wissen, was Intuition eigentlich ist.

Sicherlich ist Ihnen bekannt, dass man bislang nur wenig darüber weiß, wie die intuitive Funktion bewusst aktiviert werden kann. Die Technologie für das Anwenden induktiven Denkens in der Unternehmenswelt ist nur dürftig entwickelt. Es gibt eine ganze Reihe eher oberflächlicher Bücher zu diesem Thema, und manche Trainer vermitteln ziemlich seichte Techniken der »sanften Psychologie«. Aber bis jetzt gibt es keine ausgereifte Technologie der Intuition. Ich hoffe, dass dieses Buch die Grundlagen für diese angewandte Wirtschaftstechnologie legt.

Die Entwicklung der Technologie der Intuition ist meiner Meinung nach in den letzten hundert Jahren durch den strikt materialistischen Standpunkt der Psychologie behindert worden. Wenn Sie versuchen, die spirituellen Dimensionen intuitiver Einsicht auszublenden, blockieren Sie im Grunde den ganzen Prozess. Deswegen habe ich mich in diesem Buch von Anfang an beharrlich immer wieder dieser spirituellen Dimension gewidmet, die für sämtliche Übungen zentral ist; denn wenn wir Resultate erzielen wollen, müssen wir uns an die höheren Dimensionen des Bewusstseins anschließen, ohne ständig weiter deduktiv zu erforschen, wie unser Verstand arbeitet. Kurz gesagt, wir müssen die intuitive Funktion unseres Verstandes benutzen, um zu begreifen, wie sie arbeitet. Und nur wenn wir bei unserem Versuch, intuitive Vorgänge zu verstehen, auch Ebenen einbeziehen, die von der Psychologie noch nicht ergründet wurden, betreten wir das wahre Spielfeld der Intuition.

Transpersonale Intelligenz

Folgende nahe liegende Frage in Bezug auf die menschliche Fähigkeit, die wir gewöhnlich als »intuitive Einsicht« bezeichnen, stellt sich hier immer wieder: Ist diese Fähigkeit eine strikte Funktion der zugegebenermaßen ziemlich komplexen inneren Abläufe im Gehirn des Menschen, oder schließen wir uns beim intuitiven Denken (zumindest manchmal) an eine Intelligenz höheren Ranges an, die ihrem Wesen nach transpersonal ist? Beschränken wir uns auf die Fähigkeiten unseres eigenen Verstandes, wenn wir, wie bei der Holographie, wo das Ganze durch ein Teilchen erzeugt wird, die Wahrheit einer Gesamtsituation durch das Aufnehmen einer begrenzten Anzahl von Daten erfassen? Oder gibt es eine höhere Funktion des menschlichen Verstandes, über die dieser sich mit den überall abrufbaren Datenbanken des gesamten Universums verbindet und ein Gefühl für das Ganze empfängt, das Ehrfurcht gebietend und absolut vertrauenswürdig ist?

Das ist die Schlüsselfrage, denn wenn wir uns lediglich mit der intuitiven Fähigkeit unseres persönlichen Denkens beschäftigen, sind wir, was Daten betrifft, immer noch auf unsere eigene Sinneswahrnehmung begrenzt; sollte aber eine transpersonale

Intelligenz existieren, hätten wir Zugang zu Daten und Informationen, Weisheiten und Einsichten, die weit über unseren persönlichen Bio-Computer hinausreichen.

Sie wissen natürlich bereits, in welche Richtung ich tendiere. Meine professionellen Forschungen und persönlichen Erfahrungen weisen deutlich darauf hin, dass wir uns tatsächlich an ein Bewusstsein anschließen können, das zumindest seinem Umfang nach global ist, und das manchmal sogar über die planetarische Ebene der Intelligenz hinausgeht und sich mit einer unbegrenzten Intelligenz, Weisheit, Liebe, Integrität und Macht in Einklang bringt, denen wir beim Treffen unserer Entscheidungen absolut vertrauen können.

Aber wie können wir konkret vorgehen, um diesen Anschluss herzustellen? Auf welcher Ebene, mit der wir uns mühelos verbinden können, passiert er? Wie kann, wissenschaftlich begründet, eine Ebene der Realität existieren, auf der unser persönlicher Organismus von einer höher gelagerten transpersonalen Intelligenz mental *direkt beeinflusst* wird?

Bedenken Sie zunächst einmal Folgendes: Es liegt auf der Hand, wird aber oft übersehen, dass wir nur beeinflusst werden können, wenn wir »offen« sind, »um zu empfangen«. Wie Sherwin Nuland in seinem äußerst lesenswerten Buch über unsere physiologische Natur, *The Wisdom of the Body*, schreibt, ist Empfänglichkeit der Schlüssel, um antworten zu können. Zuerst müssen wir offen für Eingebungen sein, und erst dann können wir darauf eingehen und sie verarbeiten.

Und hier eine zentrale Erkenntnis: *Wir sind selektiv empfänglich.* Die Art und Weise, wie wir unsere Umgebung aufnehmen und auf sie antworten, beruht auf unseren mentalen und genetischen Programmierungen und auf der Durchlässigkeit unseres Ego-Kokons.

Die Gehirnforschung hat die Tatsache gründlich belegt, dass unser Zwischenhirn als Filter agiert, der bestimmte sinnliche Eindrücke durch seine Filtermembran ins Bewusstsein aufnimmt (so wie eine Zellmembran ausgewählten chemischen Stoffen und Zellen Zugang in ihre Blase gewährt), während es anderen Eindrücken den Zugang zum Bewusstsein auf vorprogrammierte Weise verweigert. Zum Beispiel hören wir alle, was wir hören wollen, und blenden aus unserem Bewusstsein aus, was wir nicht hören wollen. Wenn wir eine belebte Straße entlanggehen, filtert unser Zwischenhirn den Lärm schnell. Die meiste Zeit stürmt ein großes Spektrum an sinnlichen Eindrücken auf uns ein, aus welcher Quelle auch immer sie stammen mögen, aber die meisten erreichen uns auf der bewussten Ebene nicht, weil unsere mentale Membran sie nicht durchlässt.

Die Folgen, die sich daraus ergeben, sind klar: Wir können, wie ich immer wieder betone, umgeben sein von reichen energetischen Quellen an Einsicht und Ermächtigung, aber wenn wir nicht auf »intuitiven Empfang« schalten, wissen wir noch nicht einmal, dass diese Informationen existieren. Vielleicht lassen wir unseren Schutzwall hin und wieder unwissentlich fallen, begeben uns in einen inneren Zustand, in dem wir für den transpersonalen Zufluss offen sind, und plötzlich kommt uns ein genialer Einfall oder wir haben einen intuitiven Durchbruch. Aber meistens schalten wir auf »Sendung« und sind nicht offen für Eingebungen, auf die unser Zwischenhirnwächter nicht programmiert ist und denen er deswegen den Zugang zu unserer persönlichen Empfangsstation verweigert.

In der gesamten Unternehmenswelt ist das Management auf sämtlichen Ebenen meistens ständig auf seinen privaten Bio-Computer beschränkt, ohne an die intuitive Zentraleinheit angeschlossen zu sein. Wir gleichen einem PC ohne Modem für den Anschluss an das Internet. Wir spazieren mit geschlossenen Augen umher, rennen ständig in Dinge hinein und machen die Außenwelt dafür verantwortlich, dass wir uns stoßen.

Ich wage zu behaupten, dass diese Verschlossenheit gegenüber intuitiven Eingebungen nicht nur ein Unglück, sondern, was die Unternehmenswelt betrifft, geradezu beängstigend ist. Und diese ganze unglückselige Situation wird durch eine Einstellung gestützt, die sich die meisten von uns mit der Muttermilch einverleibt haben: *die materialistische Haltung, dass unser individuelles Ego-Zentrum die höchste Ebene von Intelligenz in diesem Universum ist.*

Solange diese verbreitete Einstellung in Kraft ist, muss die Idee der transpersonalen Intelligenz den meisten Geschäftsleuten als rundherum fremd erscheinen, auch wenn wir alle immer wieder »aus dem Nichts heraus« intuitive Einfälle haben und in unserem tiefsten Inneren wissen, dass diese Einsichten aus »anderen Bereichen« zu uns kommen. Was hier geschieht, ist Folgendes: Weil unsere Vorstellung von uns selbst in der uralten Illusion befangen ist, jeder von uns sei eine absolut getrennte, isolierte Ego-Einheit, blenden wir sämtliche Daten, die diese Überzeugung erschüttern würden, sofort aus unserem Bewusstsein aus.

In der Statistik jedoch, die ich am Anfang dieses Buches zitierte, heißt es, dass die überwiegende Mehrheit von uns spirituelle Neigungen hat und an Gott glaubt. Doch glauben wir offensichtlich nur in den religiösen Abteilungen unseres Verstandes an Gott. In den wissenschaftlichen und auch in den wirtschaftlichen Abteilungen sind wir meistens absolute Materialisten. In unserem Innersten jedoch streben wir eine Begegnung und Vereinigung dieser beiden historisch getrennten Teile unserer Psyche an, die beiden Seiten gut tut.

Unsere traditionellen Religionen verstärken diese Dualität von Geist und Materie, weil wir Gott meistens als unendlich fernen Schöpfer betrachten, der unsere Gebete manchmal erhört und kleinere Wunder geschehen lässt, auf der Bildfläche aber nicht auftaucht, so dass wir nicht in Berührung mit ihm sind. Weil man uns vorenthalten hat, dass im Universum sehr wohl zahlreiche verschiedene Ebenen von Bewusstsein existieren könnten, gehen wir davon aus, dass es lediglich zwei Ebenen der Realität gibt: die menschliche Ebene, also wir, die in unserem winzigen individuellen Kokon menschlicher Bewusstheit existieren, und dann, einen unendlichen Sprung entfernt, die nächste Ebene der Intelligenz in diesem Universum – Gott, der weit weg oben im Himmel oder sonst wo residiert.

Was ich sagen möchte, ist, dass Bewusstsein, wie alles andere auch, in Schichten existiert, in zahlreichen verschiedenen Dimensionen: Schicht um Schicht organisatorischer Macht, integrativer Intelligenz, vereinender Weisheit und nährender Liebe. Genau das lehren uns auch die Biologen über das Leben auf diesem Planeten: Vom Subatomaren zum Atomaren, von der Zelle zum lebendigen Organismus, vom individuellen Mitglied einer Kultur zur gesamten sozialen Organisation, vom Mikrokosmos zum Makrokosmos und letzten Endes zur Ganzheit des Planeten als eines lebendigen Gesamtorganismus existieren all diese zahlreichen verschiedenen Dimensionen ineinander geschichtet und erhalten zusammen das Leben auf diesem Planeten. Heuzutage sprechen viele Biologen der individuellen Zelle ein Bewusstsein zu, weil sie sonst einfach nicht funktionieren könnte. Und so muss auch jedes menschliche Wesen bewusst sein, weil die Gesellschaft als ganze sonst nicht funktionieren könnte.

Aus dieser erweiterten gedanklichen Perspektive würde ich Intuition oder Einsicht gern als vorübergehende Verbindung des Bewusstseins unseres Gehirns mit der nächsten unmittelbaren Schicht des Bewusstseins definieren, die über unsere persönliche Ebene hinausreicht. Diese nächste Schicht der ›Bewusstseinszwiebel‹ ist das energetische Medium, in dem wir leben. Sie birgt sämtliche Daten unserer unmittelbaren Umgebung und weitet sich Schritt für Schritt aus zu einer planetarischen Ebene von Informationen, Weisheit, organisatorischer Macht und Intelligenz. Wenn wir also unseren persönlichen biologischen Computer an diesen planetarischen bioenergetischen Computer anschließen, »wissen« wir sofort um die Wahrheit einer Situation, ohne das ganze Bild zu kennen. Und wir »wissen« auch, was wir als Nächstes zu tun haben, weil wir unsere individuelle Position im umfassenderen Licht der Gesamtsituation wahrgenommen haben. Mit einem Wort, wir sind zu transpersonaler Intelligenz gelangt.

Intuitive Eingebungen empfangen

Ich habe bei unserer Diskussion immer wieder offen davon gesprochen, dass wir spirituelle Eingebungen auf einer materiell-sinnlichen Ebene des Empfangens *wahrnehmen.* Gewöhnlich wird das Empfangen plötzlicher Geistesblitze als ein völlig ungewöhnliches, nicht sinnliches oder außersinnliches Phänomen betrachtet. Dieser Annahme möchte ich widersprechen, weil sie einen simplen Ablauf übertrieben komplex und esoterisch erscheinen lässt. Wir können den Prozess spiritueller Eingebungen welcher Art auch immer tatsächlich auf der Grundlage eines ebenso klaren Modells der Realität begreifen, wie auch die Biochemie und die Quantenphysik es entwerfen.

Unser menschlicher Körper ist hochsensibel für bestimmte Dimensionen unserer Umgebung. Unsere Augen sind darauf eingestellt, ein bestimmtes Spektrum an Lichtfrequenzen zu empfangen, unsere Ohren können eine Vielfalt an Klangvibrationen aufnehmen, unser Tastsinn macht uns empfänglich für unterschiedlich starken Druck und ähnlich nuanciert sind auch unser Geschmacks- und Geruchssinn.

Die traditionelle Psychologie geht gewöhnlich davon aus, dass wir ausschließlich durch diese sinnlichen Eindrücke aus unserer Umgebung beeinflusst werden. Wir sehen etwas, hören etwas, berühren etwas, schmecken oder riechen etwas und gehen dann entsprechend unseres persönlichen Geschmacks und unserer individuellen Neigungen darauf ein. Lächelt uns zum Beispiel auf dem Weg zur Arbeit jemand freundlich an, lassen wir uns davon (wenn wir offen sind) positiv beeinflussen. Durch einen freundlichen Blick kann eine ganze Flut an Reaktionen in Gang gesetzt werden, so dass unsere Körperchemie sich tatsächlich verändert.

Hier zeigt sich der weit reichende Einfluss der biochemischen Vorgänge im Körper, die durch die Andeutung eines Lächelns in Gang gebracht werden.

Ähnliches gilt für die anderen Sinne. So sagt zum Beispiel jemand etwas Ärgerliches, Unangenehmes oder Beängstigendes, und wir lassen uns davon sofort beeinflussen und geraten in eine entsprechende Stimmung. Oder jemand berührt uns auf bestimmte Weise, und wir fühlen uns körperlich und emotional sofort anders.

So weit, so gut. Das ist die Sicht der üblichen materialistischen Wissenschaft, mit der wir alle übereinstimmen, weil das Modell durch Experimente leicht verifiziert werden kann. Tatsächlich sagt uns die so genannte Wissenschaft der Psychologie, dass wir nichts anderes sind als materielle Wesen, deren gesamtes Spektrum an möglichen Reaktionen und deren Geschichte ausschließlich durch die physiologischen Abläufe im physischen Körper und die Umwelt bestimmt werden. Für die Psychologie existiert »im wirklichen Leben« keine spirituelle Dimension, die mit unserer physischen, irdischen Bewusstheit im Austausch steht.

Medizinische Biologen (beispielsweise Sherwin Nuland in seinem Buch *Wisdom of the Body*) stimmen damit grundsätzlich überein. Für Nuland ist »Geist« etwas ausschließlich biologisch Begründetes, der höhere Ausdruck des menschlichen Organismus, mehr nicht. In seinen eher persönlich gehaltenen Schlussworten zu diesem Buch bestätigt er, dass »eine Göttlichkeit existiert, nach der der menschliche Geist geformt ist«. Aber nirgendwo in seinem Buch gibt es einen Hinweis darauf, dass der menschliche Körper mehr ist als die großartige Summe seiner biochemischen Teile.

Nuland verweist auf jüngste Untersuchungen, die zeigen, dass der menschliche Körper von einer komplexen, sich ständig verändernden elektromagnetischen Aura umgeben ist, die eher energetisch als materiell beschaffen ist. Danach besitzt jeder von uns seine eigene, deutlich unterschiedene Aurapersönlichkeit, die aus unserem individuellen Spektrum an Strahlungen von elektromagnetischer Energie besteht. Diese Ausstrahlung wirkt sich natürlich auch auf unsere Arbeitsumgebung aus. Menschen, die uns nahe kommen, werden auf einer grundlegenden, physisch realen Ebene von der Strahlung unserer energetischen Essenz beeinflusst.

Diese Strahlung hat einen beträchtlichen äußeren Umfang und füllt mit Sicherheit den Raum, in dem wir uns befinden. So werden wir ständig von der elektromagnetischen Strahlung unserer Mitarbeiterinnen und Mitarbeiter bombardiert und verbreiten in unserer Arbeitsumgebung kontinuierlich unsere eigenen energetischen Sendungen. Bislang weiß man nur sehr wenig über dieses Phänomen, aber wir können wissenschaftlich nachweisen, dass es existiert und in unserer Arbeitswelt eine aktive Variable darstellt. Wir können also durchaus sagen, dass jeder von uns eine biologische Sendestation ist und deswegen auch Verantwortung für die Qualität seiner energetischen Ausstrahlung übernehmen sollte.

Intuition als sinnliche Eingabe

Ich habe im Zusammenhang mit der energetischen Dynamik der Kundalini sehr viel über das Thema der bioenergetischen Sendung geschrieben, vor allem in meinem Buch *Das Erwachen der Kundalini*. In den uralten Traditionen des Yoga und Tantra Indiens und Tibets ist die energetische und materielle Dynamik des menschlichen Körpers über Jahrhunderte hinweg von Tausenden von hoch entwickelten Individuen durch innere Experimente bemerkenswert detailliert erforscht worden. Bei meiner Suche nach Einsichten in das transpersonale Wesen menschlichen Lebens habe ich mich natürlich eingehend mit diesen Traditionen beschäftigt und hier sehr viel Hilfe für ein vertieftes Verständnis der subtileren Dimensionen unserer energetischen Präsenz gefunden.

Wenn dieser Energiekörper, wie wir wissen, als eine Dimension existiert, die eine Stufe höher ansetzt als unser physischer Körper, und es über diesen energetischen Körper hinaus ein transpersonales energetisches Bewusstsein gibt, das unser irdisches Leben durchdringt – dann macht es für mich absolut Sinn, intuitive Einsicht als Phänomen zu betrachten, bei dem unser persönliches energetisches System durchlässig wird für das energetische System der Erde selbst und damit für die nächsthöhere Ebene des Bewusstseins.

Wenn sich die energetische Membran unseres subtilen Körpers öffnet und durchlässig wird, schwingt unser individuelles Gehirn im Einklang mit der umfassenderen Intelligenz planetarischer Weisheit und Information, und wir sehen sofort »das Ganze«. Und nicht nur das, wir wissen auch um »die Wahrheit der Dinge« und können auf der Grundlage unserer erweiterten Sicht der anstehenden Situation mit vollem Einsatz handeln.

Diese Resonanz einer transpersonalen Weisheit und Einsicht wirkt sich manchmal auf unsere visuelle Dimension aus und vor unserem inneren Auge tauchen plötzlich Bilder auf, die uns Erkenntnisse vermitteln. Manchmal scheinen wir mit unserem inneren Ohr Worte und Ideen zu hören, die uns ein neues Verständnis erschließen. Manchmal wissen wir mit innerer Gewissheit, dass etwas richtig ist. Ein intuitives Empfinden, das sämtliche Zellen unseres Körpers durchströmt, erschließt uns durch diese Tiefe des Gefühls die Wahrheit der Dinge. Und manchmal vibriert eine Einsicht in unserem ganzen Sein und aktiviert sämtliche Sinne auf einmal.

Aber beachten Sie bitte, dass wir die Eingebungen transpersonaler Schwingungen durch unsere Sinne empfangen. Intuition bleibt ein Sinnesphänomen, kein außersinnliches. Ich verleugne die außersinnlichen Realitäten nicht. Aber als Pragmatiker muss ich darauf bestehen, für jedes existierende Phänomen die simpelste Erklärung zu finden, und da die sinnliche Ebene hier eine wunderbare Erklärung liefert, sollten wir uns diese auch voll zunutze machen.

Ich bin fest davon überzeugt und beobachte auch immer wieder, dass erfolgreiche Geschäftsleute kontinuierlich Zugang zu diesem erweiterten transpersonalen Bewusstsein haben. Dadurch sind sie nicht nur in der Lage, sich ein umfassendes Bild ihrer geschäftlichen Situation zu verschaffen, sondern können auch mit Herz, Verstand und Seele handeln, weil ihre Sicht im Einklang mit der größeren wirtschaftlichen Realität des Planeten als ganzem schwingt. Und hier liegt das Geheimnis geschäftlichen Erfolges – in dieser Resonanz unserer persönlichen Realität auf die umfassendere planetarische Wirklichkeit.

Beachten Sie, dass ich das Wort »Resonanz« hier ganz sorgfältig und präzise verwende, weil es in wissenschaftlicher Terminologie am besten beschreibt, wie die subtileren Dimensionen der Realität (ob wir sie nun als spirituell oder energetisch bezeichnen) die gröberen Formen materieller Wirklichkeit beeinflussen. Auf den subatomaren Ebenen, wo, wie bereits erwähnt, unendliche Möglichkeiten mit einer unendlichen Kreativität und Macht, ganz zu schweigen von unendlicher Weisheit und umfassendem Mitgefühl, verschmelzen, sind das Spirituelle, das Materielle und das Energetische tatsächlich eins. Das wird auch von vielen Wissenschaftlern der Quantenmechanik immer wieder betont. Und genau hier spielt sich der primäre Einfluss ab. Genau hier wird unser eigener physischer Körper von der Resonanz des Universums erfasst.

Diese spirituelle/energetische Resonanz von Wahrheit, integrativer Weisheit, Mitgefühl, Ermächtigung und so weiter ist im ganzen Universum ständig präsent. Aus der erweiterten Sicht der neuen Wissenschaftler kann sich ein subatomares Teilchen in unserem individuellen Körper gleichzeitig auf halbem Wege durch die Galaxie befinden. Dies ist die Ebene, auf der Geist und Materie eins sind.

Dann beginnen wir natürlich mit der dimensionalen Verlagerung nach außen zum Atomaren, Molekularen, Physischen und Zellularen. Und dann erreichen wir die mentale, begriffliche, bewusste Dimension, wo wir entweder für den Einfluss der spirituellen Resonanz offen sind oder auch nicht. Das Wunderbare am menschlichen Bewusstsein ist, wie bereits erwähnt, dass wir uns entscheiden können. Die Trägödie aus persönlicher und wirtschaftlicher Sicht besteht darin, dass wir meistens beschließen, nicht auf Empfang zu gehen.

Genug der einleitenden Worte. Lassen Sie uns den nächsten grundlegenden Schritt tun, um konkret zu lernen, wie wir uns bei der Arbeit für intuitive Einsichten öffnen können.

Zugang zur Intuition gewinnen

Damit Sie Ihre Erinnerung auffrischen und überprüfen können, welche Schritte für den Zugang zur Intuition Sie bereits gelernt haben, möchte ich kurz auf die Fallstudie zurückkommen, die ich Ihnen am Anfang dieses Buches vorgestellt habe. Ein Mensch, der am Arbeitsplatz eintrifft, muss sich schnell an intuitive Einsichten anschließen und benutzt dabei die grundlegenden Schritte, die ich Ihnen zu diesem Zweck beibringe. Lassen Sie uns überprüfen, wie weit Sie diese Schritte bereits beherrschen, um uns dann den neuen Aspekten dieses Prozesses zuzuwenden.

Sie erscheinen eines Morgens bei der Arbeit und haben gedanklich bereits auf Problemlösung geschaltet. Ihr Denken kreist unablässig um eine knifflige Angelegenheit, die Sie bis zehn Uhr gelöst haben müssen. Sie sind die ganze Situation im Kopf bestimmt schon zehnmal durchgegangen und haben Ihre scharfen, deduktiven Verstandeskräfte benutzt, um eine Lösung zu finden, stecken aber immer noch total in der Sackgasse. Ihr Kopf ist ganz leer vor lauter Anstrengung, Sie fühlen sich körperlich angespannt und überdreht, Ihr Herz zieht sich zusammen, Sie sind frustriert und könnten losschreien, reißen sich aber aus guten Gründen zusammen. Kurz gesagt, Sie haben alles getan, was Ihr logischer, analytischer, deduktiver Verstand leisten kann, ohne zu einer Einsicht zu gelangen. Inzwischen sind Sie ein Nervenbündel und in einer scheußlichen Verfassung für den anstehenden Arbeitstag. Hier folgen die Schritte, die Sie unternehmen können, um sofort Hilfe zu schaffen:

1. *Gönnen Sie sich zunächst einmal nur einen einzigen Augenblick, um Ihre überspannte gedankliche Verbissenheit in Bezug auf Ihr Problem völlig loszulassen.* Bestehen Sie auf Ihrem menschlichen Recht, den gegenwärtigen Augenblick ganz unabhängig von Ihren Arbeitsanforderungen zu genießen. Geben Sie sich selbst die prinzipielle Erlaubnis, sich zu entspannen und hier in diesem Augenblick ein ganzes menschliches Wesen zu sein. Und, am wichtigsten, machen Sie sich klar, dass Sie mehr Weitblick entwickeln und zu einem spirituell inspirierten inneren Zustand übergehen müssen, um von hier aus Ihr geschäftliches Problem zu lösen.

2. Damit Sie diesen Wechsel schnell und mühelos vollziehen können, *benutzen Sie Techniken, die den chronischen Fluss problemlösender Gedanken, die Ihren Verstand beherrschen, in ruhigere Bahnen lenken helfen.* Dazu verlagern Sie den Fokus Ihrer Aufmerksamkeit von der Aktivität des Denkens direkt auf die primären Empfindungen in Ihrem Körper und konzentrieren sich vor allem auf Ihre nächsten Atemzüge. Spüren Sie, wie die Luft in Ihre Nase strömt und wieder hinausfließt ... Dehnen Sie jetzt Ihre Wahrnehmung auch auf die Bewegungen in Ihrem Brustkorb und Ihrem Bauch beim Einatmen und beim Ausatmen aus. Atmen Sie entspannt, blasen Sie die Spannung weg, seufzen Sie ...

3. Um Ihren denkenden Verstand noch weiter zu beruhigen, bleiben Sie wach für Ihr augenblickliches Atemerleben und *dehnen Sie gleichzeitig Ihre Aufmerksamkeit auf die Empfindungen Ihres Herzschlages oder Pulses aus* ... Konzentrieren

Sie sich direkt auf Ihr physisches Zentrum des Mitgefühls und die lebendigen menschlichen Gefühle in Ihrem Brustkorb ... *Ihr Verstand kann nicht völlig wach für Ihren Atem und Ihren Herzschlag sein und gleichzeitig den Fluss logischer Gedanken verfolgen.* Wenn Sie sich also auf den Atem und den Herzschlag konzentrieren, erleben Sie plötzlich, wie Ihr Verstand still wird. Ein innerer Frieden setzt ein, der Ihnen ermöglicht, sich direkt an Ihre höheren geistigen Kräfte anzuschließen – intuitive und spirituelle.

4. Und um auf einer höheren Ebene einen letzten Schritt zur Beruhigung zu tun und sich zu vergewissern, ob der Wechsel vom Kognitiven zum Intuitiven vollzogen wurde, *dehnen Sie Ihre Wahrnehmung auf Ihr Gefühl von physischer Balance im Feld der Schwerkraft der Erde aus ...* – und plötzlich sind Sie hier! Sie haben Ihr grundlegendes menschliches Gleichgewicht zurückgewonnen, Ihre Verankerung in einer höheren Bewusstheit als der Ihres kognitiven, analytischen Verstandes.

5. Jetzt sind Sie in einer perfekten Ausgangsposition, um ganz auf die intuitive Ebene umzuschalten, auf der Ihr Verstand Ihr geschäftliches Problem völlig anders angehen kann. Mit Hilfe eines weiteren schnellen Wechsels Ihrer Perspektive können Sie die gesamte Situation auf einmal betrachten, wobei Ihr Verstand eher integrativ als Stück für Stück vorgeht. Tun Sie einfach Folgendes: *Bleiben Sie wach für Ihren Atem, Ihren Herzschlag, die angenehme Präsenz Ihres ganzen Körpers im gegenwärtigen Augenblick – und sagen Sie zu sich gleichzeitig die wirkungsvollen Worte: »Ich bin offen zu empfangen ... «* Wenn Sie in diese spirituelle Absichtserklärung hineinatmen, ist es, als würden Sie sich an das himmlische Internet anschließen. Sie bekommen Zugang zu Informationen und Blickwinkeln, die über Ihren persönlichen Ego-Computer hinausgehen.

Wenn Sie sich erst einmal in diesem empfänglichen Zustand befinden, besteht der letzte Arbeitsschritt darin, den Fokus Ihrer Aufmerksamkeit auf das anstehende geschäftliche Problem auszudehnen ... *»atmen Sie in« das Problem hinein,* mit dem Sie gerade noch gekämpft haben, richten Sie den allmächtigen Fokus Ihrer Aufmerksamkeit direkt und mühelos auf die gesamte Realität der Aufgabe, die Sie zu lösen versuchen, während Sie weiter auf die intuitive Ebene und den ganzen Körper ausgerichtet bleiben ...

Das ist der grundlegende Ablauf. Aber zu diesem Prozess der Aktivierung der Intuition gehört noch ein weiterer konkreter Schritt, der am Anfang dieses Buches noch nicht anstand, auf den Sie jetzt aber ganz vorbereitet sind.

Und wieder geht es hier um eine spezielle Wahrnehmungsverlagerung, die auf den Grundsätzen der Wahrnehmungspsychologie beruht, aber über die herkömmliche Anwendung dieser Grundsätze einen Schritt hinausgeht. Wir machen einen Quantensprung direkt auf die intuitive Ebene des Bewusstseins. Dieser Schritt heißt *alles auf einmal sehen*. Auf eine ganz irdische Weise betrachten wir alles auf einmal und erwecken damit die rezeptive Fähigkeit des Verstandes. Kombiniert mit der erweiterten Wahrnehmung des Raumes, in dem Sie sich befinden, ist diese Ebene des »Alles-auf-einmal-Sehens« die perfekte Ausgangsposition, um Zugang zur nächsten Dimension von transpersonaler Intelligenz und Einsicht zu gewinnen.

Alles auf einmal sehen

Die Wahrnehmungspsychologie lehrt uns, dass das menschliche Gehirn über die Augen auf dreierlei Weise Informationen sammelt. Es gibt also drei verschiedene Arten des Sehens. Die erste besteht darin, *Bewegung* zu erfassen. Die primitivsten Augen in der Tierwelt nehmen in dieser Form wahr, und unser erster Blickreflex ist damit vergleichbar. Wir registrieren Gefahr im ersten Anlauf meistens als Bewegung! Bei dieser Art des Sehens konzentrieren wir uns darauf, mit unserem Blick alles auf einmal zu erfassen, weil wir nicht wissen, wo die Bewegung ihren Ursprung nimmt.

Die zweite Art des Sehens besteht darin, dass wir *Formen* unterscheiden. Wir sehen, welche Form ein Objekt hat, damit wir es identifizieren können. Die Augen haben die natürliche Tendenz, dem Chaos einen Sinn abzugewinnen, und sind auf der Suche nach Mustern, die den genetischen oder erlernten Bildern im Gehirn entsprechen. Beachten Sie, dass wir uns bei dieser primären symbolischen Form des Sehens auf die Oberfläche unserer Umgebung konzentrieren müssen, um bestimmte Punkte im Raum auszumachen. Dabei gehen wir die Objekte, die wir betrachten, nacheinander schnell durch, statt alles auf einmal zu erfassen.

Die dritte Art des Sehens ist die *Farbwahrnehmung*, eine verfeinerte Funktion des Systems von Augen und Gehirn, mit der wir die verschiedenen Lichtfrequenzen unterscheiden, die unsere Augen erreichen. Oft »treten wir weg«, wenn wir Farben betrachten. Und genau damit machen wir einen Schritt in die Richtung, alles auf einmal zu sehen.

Nach meiner Kenntnis existiert für die Wahrnehmungspsychologie keine weitere Form menschlichen Sehens. Wenn Sie einen Moment nachdenken, wird Ihnen auffallen, dass unsere moderne Unternehmenswelt vor allem die zweite Form des Sehens fördert, bei der wir Formen unterscheiden sowie Sinn und symbolische Inhalte ausmachen. Zu dieser Ebene gehören zum Beispiel auch Worte. Diese Form des Denkens wurzelt in der linearen, deduktiven Funktion des Verstandes. Hier ist kein Raum für Einsicht, sondern wir beschränken uns auf eine Verarbeitung von Daten, die an Vergangenheit und Zukunft orientiert ist. Solange Sie an der Gewohnheit festhalten, die Welt auf dieser gedanklichen Ebene wahrzunehmen, bleibt Ihnen die integrative

Wahrnehmung der intuitiven Ebene verschlossen und Sie können nicht entsprechend »sehen«.

Intuitives Sehen ist nur möglich, wenn wir zu einer vierten, ganz speziellen Ebene des Sehens übergehen. Auch wenn zahlreiche Bücher das Gegenteil behaupten, es existiert tatsächlich eine entscheidende vierte Funktion des menschlichen Mechanismus des Sehens, die uns ermöglicht, das Ganze und damit »alles auf einmal zu sehen«. Im Sanskrit gibt es mehrere, viertausend Jahre alte Texte, die diese Sicht ausführlich erläutern. Und auch in so genannten primitiven Gesellschaften wie der der Yaqui-Indianer in Nordmexiko wird die Macht dieses ganzheitlichen Sehens diskutiert und praktisch genutzt. Dabei wird Raum als unmittelbares Ganzes wahrgenommen statt als Aneinanderreihung einzelner Gegenstände, die wir nacheinander betrachten.

Aber da diese visuelle/mentale Funktion »ganzheitlichen Sehens« in unserer heutigen Zeit für das Überleben nicht von Wert zu sein scheint (und wahrscheinlich auch, weil die Verfasser psychologischer Bücher die Welt nur selten aus dieser Perspektive betrachten), wird diese vierte Art des Sehens auf der *intuitiven/spirituellen, visuellen Ebene* in unserer Gesellschaft meistens nicht erwähnt.

Die Macht der Tiefenwahrnehmung

Meine unerwartete Initiation in diese vierte Art des Sehens geschah im Rahmen eines Hypnoseexperiments über Tiefenwahrnehmung, an dem ich teilnahm. Hier erkannte ich Schritt für Schritt, dass es zwischen Tiefenwahrnehmung und erweiterten Bewusstseinszuständen einen ganz wesentlichen Zusammenhang gibt.

Direkt nach meinem Abschluss in Psychologie nahm ich eine Stelle beim *National Institute of Health* an, die sich als ziemlich ungewöhnlich erwies. Es ging um Hypnoseforschung und die Frage der Beziehung zwischen Wahrnehmungserfahrung und geistiger Gesundheit. In einem von der Regierung geförderten Forschungszentrum in New Jersey hatte eine Gruppe junger Hypnoseforscher ein einzigartiges Experiment entwickelt. Dabei wurden nicht informierte Versuchspersonen in eine tiefe Trance und einen hypnotischen Zustand versetzt, der ihr Wahrnehmungserleben vorübergehend veränderte, um sie in diesem anderen Bewusstseinszustand zu wecken und die Veränderungen ihrer Persönlichkeit zu untersuchen. Anschließend wurden sie erneut in Trance versetzt, damit sie zum Normalzustand zurückkehren konnten.

Als eifrig forschender junger Wissenschaftler mit mystischen Neigungen ließ ich mich darauf ein, selbst einmal Versuchsperson zu spielen, weil ich gehört hatte, dass durch Hypnose bestimmte mystische Zustände ausgelöst werden. Und das erwies sich auch als völlig richtig. Gab man der Versuchsperson die Anweisung: »Wenn Sie aufwachen, wird alles sein wie immer, nur dass sich Ihr Sinn für Tiefenwahrnehmung verstärkt hat«, geriet sie in einen mystischen Zustand, der von tiefer Freude, Mitgefühl und Ekstase geprägt war.

Ähnlich wichtig waren die Folgen, die durch die gegenteiligen Anweisungen hervorgerufen wurden: »Wenn Sie aufwachen, hat Ihre Fähigkeit zur Tiefenwahrnehmung beträchtlich abgenommen.« In diesem Fall wachte die Person in einem qualvollen schizophrenen Zustand auf, in dem sie alles gedämpft wahrnahm, deprimiert war und keinerlei Mitgefühl oder Herzenskontakt mit der Außenwelt hatte.

Nachdem ich das am eigenen Leibe erfahren hatte, wurde ich selbst zum Hypnoseforscher dieses Zentrums und begleitete zahlreiche Versuchspersonen durch solche Experimente, wobei ich Schritt für Schritt sämtliche Wahrnehmungsvariablen änderte, um »zu sehen, was geschehen würde«. Und wir stellten tatsächlich fest, dass die Wahrnehmungsfunktion unseres Körpers einen direkten Einfluss auf unser psychisches und spirituelles Erleben hat. Das war eine wichtige Entdeckung, deren tief greifende Implikationen von der konventionellen Psychologie nur langsam verarbeitet wurden.

Am verblüffendsten war für mich in diesen drei Jahren, in denen ich den Zusammenhang zwischen Verstandesebene und spiritueller Ebene erforschte, dass wir in einem Wahrnehmungszustand, in dem wir uns der Dreidimensionalität unserer Umgebung nicht bewusst sind, kein spirituelles Bewusstsein entwickeln können. Diese Untersuchungen machten deutlich, dass die spirituelle Dimension innerhalb des Kontextes unserer menschlichen Wahrnehmung von Raum und Zeit erfahren wird.

Um diese Entdeckungen noch weiter zu verfolgen, ging ich direkt im Anschluss an diese Forschungen zu einer dreijährigen, intensiven akademischen Vergleichsstudie der verschiedensten Traditionen von Meditation über. Dabei fand ich heraus, dass die großen spirituellen Lehrerinnen und Lehrer sämtlicher Religionen ihre mystischen Erfahrungen immer im Umfeld ihrer eigenen körperlich bedingten Gefühle, Emotionen und Wahrnehmungen angesiedelt haben. Mit anderen Worten, ihre Begegnung mit spirituellen Kräften war immer in ihrer irdischen Präsenz verwurzelt. Wo sonst hätten sich solche Erfahrungen auch »abspielen« sollen?

Die logische Schlussfolgerung lautet, dass wir, wenn wir spirituelle Erfahrungen »jenseits« unserer fünf Sinne suchen, überhaupt keinen Zugang zu spirituellen Kräften bekommen, denn Spiritualität manifestiert sich durch unsere sterbliche Präsenz und nicht außerhalb von dieser. Und das heißt auch, wenn wir unsere spirituellen Kräfte in unserer Welt zum Ausdruck bringen wollen, ist das Medium für diese Manifestation der Raum, der uns umgibt, dieser Ozean von Luft, in dem wir leben, die Atmosphäre der Erde selbst, das dreidimensionale Volumen.

Für unsere Wahrnehmung gilt die grundlegende Tatsache, dass wir nur dann alles auf einmal sehen können, wenn wir uns von der Fixierung auf die einzelnen Gegenstände in unserer Umgebung lösen und unseren Blick auf das Volumen der Luft verlagern, die uns umgibt. Dieser Schritt ist erforderlich, damit wir Tiefe, Volumen und Raum wahrnehmen können. Nur dann sind wir imstande, auf eine andere, nicht visuelle Art und Weise das Ganze auf einmal zu erfassen und auf subtileren mentalen Ebenen zu transpersonalen Einsichten zu gelangen.

Einsicht bei der Arbeit

Wir stellen immer wieder fest, dass ein Mensch, der bewusst einen Schritt zurücktreten und »das Ganze betrachten« kann, der die ständige Fixierung auf Details und bestimmte Punkte loslässt und das gesamte Bild im Auge hat, mit ziemlicher Sicherheit auf einer ganz pragmatischen geschäftlichen Ebene wertvolle Erfolge erzielt. Ich habe hunderte von Geschäftsleuten mit hoch entwickelten intuitiven Fähigkeiten interviewt, um herauszufinden, ob sie bestimmte Verhaltensweisen und Gewohnheiten gemeinsam haben. Und eine allgemein verbreitete Eigenschaft bestand eindeutig in der Fähigkeit, willentlich von der Punktfixierung zur Raumwahrnehmung übergehen zu können.

Michael Hammer spricht hier von der »holistischen Perspektive« und betont, dass erfolgreiche Angestellte lernen müssen, »das Unternehmen ganzheitlich zu verstehen«. Leider gibt er keine konkreten Ratschläge, wie die Mitglieder eines Unternehmens zu dieser grundlegenden Wahrnehmungsveränderung gelangen können. Bis jetzt sind nur die wenigen Glücklichen, die zufällig auf die richtigen Teilchen des Wahrnehmungspuzzles gestoßen sind, imstande, bewusst zur »Betrachtung des Ganzen« überzugehen. Lassen Sie uns untersuchen, welche Techniken, mit deren Hilfe wir bei der Arbeit »alles auf einmal sehen« können, am effektivsten sind.

Nehmen wir an, Sie befinden sich an Ihrem Arbeitsplatz, allein oder in Gesellschaft von Mitarbeiterinnen und Mitarbeitern. Sie möchten mehr in den Augenblick kommen, möchten sich für die spirituelle Ebene öffnen und die Einsichten und Kräfte empfangen, die Sie im Moment brauchen. Sie möchten Ihre spirituelle Präsenz, bei der Sie tiefer im Herzen verankert sind, im beruflichen Rahmen spüren und in Ihre Umgebung ausstrahlen. Wie gehen Sie praktisch vor, um Ihr persönliches inneres spirituelles Erleben so auszuweiten, dass Innen und Außen eins werden? Wie können Sie Ihre Arbeitsumgebung durch intuitive Anstöße in eine spirituelle Richtung beeinflussen? Ganz gleich, was Sie gerade tun oder mit wem Sie zusammen sind, die entscheidenden Schritte, die zu einer aktiven Verbindung mit der intuitiven Dimension der Arbeitswelt führen, sehen wie folgt aus:

- *Erster Schritt:* Machen Sie Ihre Absicht deutlich, »Intuition zu aktivieren«. Praktizieren Sie dann die Meditation der vier Atemzüge auf den »ganzen Körper«, die Ihnen bereits vertraut ist. Nehmen Sie mit innerer Wachheit Ihr ganzes Wesen auf einmal wahr.

- *Zweiter Schritt:* Sagen Sie jetzt zu sich: *»Spirituelles Herz!«* und lenken Sie Ihre Aufmerksamkeit vom emotionalen Herzen in den oberen Bereich Ihres Brustkorbs, so dass Sie über diesen »Gefühlspunkt« offen für spirituelle Eingebungen sind. Atmen Sie ein paar Mal in diese innere Empfänglichkeit hinein ...

- *Dritter Schritt:* Während Sie mit Ihrer Aufmerksamkeit beim spirituellen Herzen und bei Ihrem Atem bleiben, dehnen Sie sie auf das visuelle Erleben Ihrer Umgebung aus ... Und hier der entscheidende Hinweis: Statt sich auf Gegenstände und andere Äußerlichkeiten zu konzentrieren, richten Sie Ihre Wahrnehmung auf den Raum zwischen sich und den Dingen und Menschen im Zimmer. Versuchen Sie, das *Volumen* des Raumes zu betrachten, so dass Sie *alles auf einmal sehen* ... Ein Anfängertrick besteht darin, leicht zu schielen, so dass Sie Ihren Blick tatsächlich auf den Raum vor den Gegenständen statt auf diese selbst richten. Versuchen Sie nicht, überhaupt irgendetwas zu sehen. Starren Sie stattdessen in den Raum, während Sie Ihre Aufmerksamkeit weiterhin primär auf Ihr inneres Erleben richten. Beachten Sie: Nur wenn Sie sich Ihre innere Präsenz bewahren, können Sie »alles auf einmal sehen«. Sollte Ihnen dieser innere Fokus verloren gehen, beginnen Sie einfach noch einmal von vorne mit der Meditation auf den ganzen Körper.

⊡ *Vierter Schritt:* Wenn Sie Ihre Aufmerksamkeit erst einmal auf das spirituelle Herz und den ganzen Körper verlagert haben und »alles auf einmal sehen«, sagen Sie zu sich: *»Ich bin offen und empfänglich für Einsichten.«* Während Sie weiter auf Ihren Atem, Ihr Herz und das Volumen des Raumes achten, lenken Sie jetzt Ihren Fokus auf das anstehende Thema und erlauben Sie sich, sanft und mühelos sämtliche Gedanken fließen zu lassen, die Ihnen dazu kommen.

Wichtig ist hier, dass Sie bei der erweiterten Wahrnehmung Ihres eigenen Inneren und des Sie umgebenden Raumes bleiben, um sich den intuitiven Wahrnehmungszustand zu bewahren, während Sie Ihren denkenden Verstand wieder aktivieren. Ziel hierbei ist, für blitzartige integrative Erkenntnisse offen zu sein, während Sie das gesamte Bild Ihres anstehenden geschäftlichen Problems vor Augen haben.

Diese Einsichten entspringen, wie ich bereits sagte, der Tiefe Ihres Seins, denn Ihr persönliches Bewusstsein wird von höheren transpersonalen Ebenen des Bewusstseins durchdrungen. Solange Sie für Ihre inneren Gefühle wach bleiben, besonders für die Ihres spirituellen Herzens, ist Ihr »Empfangskanal« offen. Und solange Sie Ihre Aufmerksamkeit auf das äußere Volumen des dreidimensionalen Raumes gerichtet lassen, sind Sie mit Ihren Sinnen an die nächste Dimension angeschlossen, an die Intelligenz der Zentraleinheit. Sie haben Ihren Stromkreis geöffnet, und es gibt jetzt nichts weiter zu tun, als sich Ihres Atems, Ihres Herzens, Ihres ganzen Körpers und damit Ihrer Präsenz im Reich der energetischen Atmosphäre des Planeten bewusst zu bleiben.

Ich habe diesen Prozess für den Zugang zur Intuition im Lauf der Jahre ganz bewusst auf die wesentlichen Schritte reduziert und von sämtlichem Ballast befreit. Vielleicht erscheint er Ihnen anfangs fast zu simpel, aber ich kann Ihnen versichern, dass er, wenn Sie die einzelnen Schritte erst einmal beherrschen, äußerst wirkungsvoll ist.

Die primären Faktoren der Intuition

Zusammenfassend führe ich noch einmal die Punkte auf, die Sie, wenn Sie sich bewusst Zugang zur intuitiven Ebene verschaffen wollen, immer wieder einen nach dem anderen durchgehen, bis sie schließlich als Ganzes zusammenwirken:

1. Intuitive Einsicht kann nur fließen, wenn Sie sich von den Ego-Fixierungen und Gefühlen des emotionalen Herzens auf die Ebene des Friedens und der Offenheit des spirituellen Herzens begeben.

2. Damit Ihr Körper auf tiefen Sinnesebenen empfänglich ist für die intuitiven Eingebungen, die in die energetische Struktur Ihres Systems fließen, ist die kontinuierliche, bewusste Wahrnehmung der Präsenz Ihres ganzen Körpers von wesentlicher Bedeutung.

3. Einsichten werden durch Ihren Atem in Ihr Denken »gesogen«. Dabei wirkt der Einatem wie eine Pumpe, die spirituelle Klarheit und Erkenntnis in Ihr persönliches Bewusstsein »pumpt«.

4. Für die Steuerung der Aufmerksamkeit Ihres Verstandes in die von Ihnen beabsichtigte Richtung sind verbale Stichworte besonders wirkungsvoll.

5. Der kognitive Verstand muss ruhig und empfänglich sein, damit Einsichten transpersonaler Natur bewusst werden können.

Damit stehen Ihnen die grundlegenden Schritte für den bewussten Zugang zu intuitiven Einsichten und die Aktivierung deduktiven Denkens zur Verfügung. Denken Sie daran, dass Übung den Meister macht und Sie bei jedem Durchgang eine neue Erfahrung machen werden. Bleiben Sie immer offen für das Neue, und es wird reichlich und aus einer absolut vertrauenswürdigen Quelle zu Ihnen zukommen.

5
Spontane Harmonie bei der Arbeit

Wir haben uns bislang hauptsächlich auf innere Aspekte unseres Arbeitslebens konzentriert, bei denen es um uns und unsere Beziehung zu spirituellen Ebenen ging. In diesem Kapitel werden wir uns ganz der Frage des Teamgeistes bei der Arbeit zuwenden und uns dabei anschauen, wie wir unsere ständig wachsenden inneren Kräfte und unsere spirituelle Ausstrahlung speziell dafür einsetzen können, die Qualität unserer Arbeitssituation zu verbessern.

Vielleicht ist in Bezug auf die wichtige Dynamik *geschäftlicher Teamarbeit* in den letzten Jahren zu viel Wind gemacht worden bei dem Versuch, die Fülle von Problemen, auf die sämtliche Unternehmen überall auf der Welt in diesem Bereich immer wieder stoßen, erfolgreich in Angriff zu nehmen. Natürlich sind die meisten wirtschaftlichen Unternehmungen Teamleistungen, und damit gewinnt die Frage, wie wir für unseren geschäftlichen Erfolg über unsere individuelle Identität hinaus als Team gut zusammenarbeiten können, entscheidende Bedeutung.

Wir sind heute mit diesem Thema so weit gelangt, dass Bücher wie *Why Teams Don't Work*, die die Desillusionierung von Millionen von Geschäftsleuten in Bezug auf die übertriebene Euphorie über die Magie des idealen Arbeitsteams dokumentierten, Aufmerksamkeit erregen. Und ich stimme Autoren wie Harvey Robbins und Michael Finley generell zu, wenn sie sagen, dass Menschen selbst nach vielen gezielten Trainings als Team oft »nicht gut zusammenarbeiten. Teams sind verwirrt, werden falsch angeleitet, sind ignorant und oft ziemlich verärgert. Führungskräften gelingt es nicht, sie effektiv zu leiten. Die Organisationen selbst, Pyramiden aus schwachen Teams gleichend, sind wie zerbrechliche Schalen. Das ›Traumteam‹ ist nirgendwo in Sicht. Unsere Zusammenarbeit mit Menschen ist von jener wie geschmiert arbeitenden Maschine, vollkommen und effektiv, Lichtjahre entfernt. Zehn Jahre, nachdem ›Das Team‹ zum Aushängeschild der Unternehmenswelt wurde, würden Tausende von Firmen diese Vorstellung liebend gern wieder aufgeben – wenn sie könnten.«

Natürlich sind Robbins und Finley nicht der Ansicht, dass wir die Teamarbeit ganz aufgeben sollten. Wir kommen nicht an der Tatsache vorbei, dass fast alles, was in Betrieben geschieht, auf Teamanstrengungen beruht, das liegt nun einmal in der Natur des menschlichen Lebens. Wir sind immer noch ständig mit der Herausforderung konfrontiert, unsere Teams zu einer erfolgreichen Zusammenarbeit zu bewegen und jeden Tag aufs Neue für echten Teamgeist zu sorgen. Aber was macht wahren Teamgeist eigentlich aus? Was versetzt uns als Individuen in die Lage, die Fixierung auf unseren eigenen Ego-Kokon aufzugeben, um unser individuelles Selbst mit einem Team von Individuen, das tatsächlich größer ist als die Summe seiner Teile, verschmelzen zu lassen?

Wir brauchen nur einen einzigen Menschen

Auch wenn ein gewisses Maß an Konflikten für Teams natürlich und gesund ist, wünschen wir uns bei der Arbeit selbstverständlich überwiegend Harmonie. Es zeigt sich immer wieder, dass Teams nur dann erfolgreich sind, wenn zwischen sämtlichen Mitgliedern eine tiefe positive Resonanz existiert. Es gibt bereits ziemlich viele Bücher, die Firmen darin unterstützen wollen, eine harmonischere Arbeitsatmosphäre zu schaffen. Sicher können wir alle versuchen, freundlich miteinander umzugehen; bei Konflikten Gerechtigkeit walten zu lassen; ein kollegiales Gefühl für die anderen Teammitglieder zu entwickeln; bewusst Selbstachtung auszustrahlen und anderes mehr. Aber wie ich bereits erwähnt habe, beruht wahre Gruppenharmonie auf einer tiefer reichenden spirituellen inneren Einstellung, die wir nicht per Beschluss als exemplarische Qualität unseres Egos manifestieren können.

Ich hoffe, inzwischen ist klar geworden, dass es aus der Sicht dieses Buches nur einen Weg gibt, um echte Harmonie bei der Arbeit zu schaffen: Mindestens eine Person muss die Verantwortung dafür übernehmen, indem sie sich regelmäßig für die spirituelle Dimension öffnet und am Arbeitsplatz kontinuierlich und entspannt eine entsprechende Ausstrahlung verbreitet. Wenn mehr als ein Teammitglied diese innere Ausrichtung aktiv verfolgt, verstärken sich die zwischenmenschliche Harmonie und das Gefühl für Teamgeist natürlich beträchtlich. Und wenn die regelmäßige Einstimmung auf spirituelle Ebenen zur akzeptierten Firmenpolitik wird, legt ein Unternehmen eine optimale Grundlage für den langfristigen finanziellen Erfolg und auch für eine tiefer gehende, sämtliche Ebenen einschließende Erfüllung aller Beteiligten.

Wie viele Menschen sind erforderlich, um ein Unternehmen von einer niedrigen auf eine hohe Schwingungsebene zu bringen? Wenn wir uns fragen, wie der Einzelne die Arbeitsatmosphäre grundlegend verbessern kann, wird die Idee von der kritischen Masse wichtig.

In einem rein wissenschaftlichen Sinn bezeichnen wir als kritische Masse »die geringste Menge eines spaltbaren Materials, die eine nukleare Kettenreaktion einleiten kann«. Das Gleiche gilt auch für zwischenmenschliche Dynamiken: Wir brauchen in einem Team lediglich einen einzigen Menschen, der sein Herz für die spirituelle Dimension öffnet, damit sich die ursprünglich egozentrische und materiell geprägte Atmosphäre zu transpersonaler Offenheit und höheren Ebenen einer in Spiritualität verwurzelten Gruppenaktivität verändern kann.

Einfach ausgedrückt, wir müssen uns am Arbeitsplatz oder während eines Meetings zunächst einmal damit zufrieden geben, geduldig unseren eigenen individuellen Beitrag zur subtilen spirituellen Aufladung unserer Umgebung zu leisten, und die Pumpe sozusagen in Gang bringen. Dann kann die spirituelle Energetik des Raumes den kritischen Punkt erreichen, wo unsere persönliche spirituelle Masse eine Kettenreaktion auslöst, bei der die anderen Personen in der Gruppe nach und nach ebenfalls ihr verschlossenes Herz und ihre zugeschnürte Kehle öffnen und Mitgefühl entwickeln. Und schließlich kann das gesamte Team eine explosive Stoßkraft entwickeln, die auf der gemeinsamen Erfahrung beruht, dass das Herz, der Verstand, die Intention und die Manifestation der Einzelnen sich zu einem größeren Ganzen erweitern.

Als Teenager erlebte ich dieses Phänomen der kritischen Masse einmal, ohne es zu kennen. Damals schickte mich mein Vater, der Musikinstrumente entwickelte, eines Sommers in die Mosrite-Gitarrenfabrik in Bakersfield, Kalifornien, um die Produktion einer seiner neu entworfenen Gitarren zu überwachen. Vom College kommend, verbrachte ich jetzt die Tage mit etwa sechzig hart arbeitenden Angestellten, die in einem riesigen Lagerhaus elektrische Gitarren am Fließband herstellten. Und vom ersten Augenblick an, in dem ich das Gebäude betrat, fühlte ich mich umgeben von einer ganz speziellen Atmosphäre von Harmonie, Frieden, Kameradschaft und Akzeptanz, die ausstrahlte von ... nun, sie schien in der Luft zu liegen, die ich in diesen Räumen atmete.

Es dauerte jedoch nur kurze Zeit, bis mir klar wurde, dass diese Atmosphäre von einer bestimmten Person ausging, einer Frau in mittleren Jahren mit platinblonden Haaren, die etwas ordinär wirkte und wie alle anderen auch eine einfache Arbeit am Fließband verrichtete. Aber diese Frau strahlte eine besondere Präsenz aus, eine echte, unorthodoxe Spiritualität. Dieser Mensch war von einer Ungezwungenheit, die die ganze Stimmung prägte. Bereits nach wenigen Stunden in der Fabrik, in denen ich beobachtete, wie die Anwesenden miteinander umgingen, wurde für mich ganz deutlich, dass alle der positiven Führung dieser Frau folgten. Jeder war sich ihrer Gegenwart bewusst, und auch sie nahm jede Person im Raum wahr, obgleich ihre Führung auf einer völlig unbewussten Ebene geschah.

Nachdem zwei Wochen meines Sommerpraktikums verstrichen waren, blieb diese Frau plötzlich weg. Familiäre Schwierigkeiten hatten sie gezwungen, ihre Stelle zu kündigen, niemand wusste Näheres. Aber die Auswirkungen ihrer Abwesenheit waren – besonders für mich in meinem jugendlichen Alter – geradezu beängstigend. Ohne diese stille Friedenswächterin und ihre spirituelle Präsenz ging die Stimmung in der Fabrik innerhalb weniger Tage bergab. Man redete hinter dem Rücken über andere, tratschte und machte sich gegenseitig herunter, zwischen den Angestellten entzündeten sich alle möglichen Konflikte, und der Leiter der Fabrik, ein Mann, den ich nicht mochte, gewann die Oberhand und begann einige subtile sadistische Züge an den Tag zu legen. Die Folge war, dass die Produktion immer fehlerhafter wurde. Die sieben Lackschichten für das Holz der Gitarre wurden nur noch nachlässig aufgetragen, die Gitarrenhälse zeigten Kerben und Risse, die handgearbeiteten Tonabnehmer verloren an Brillanz, weil der Leiter der Firma an Kupferdraht sparte.

Ich hatte gerade beschlossen, meinen Vater anzurufen und um Hilfe zu bitten, weil die Produktion zusammenzubrechen drohte, als die Frau eines Morgens wiederkam. Ich war zufällig anwesend, als sie auf den Leiter der Firma zuging und ihn bat, sie wieder einzustellen. Zunächst zögerte er, machte Ausflüchte und wollte sie wegschicken. Doch das Murmeln im ganzen Raum verwandelte sich in einen gedämpften Aufruhr, und der Manager hatte keine Wahl, er musste ihr den Hilfsjob wieder geben.

Da ich in der Fabrik eine Beobachterrolle hatte, bemerkte ich genau, welche Veränderung mit der Rückkehr dieser Frau vor sich ging. Sie ging an ihren Platz, lächelte jeden auf ihre freundliche Weise an, verbreitete ihr Strahlen in der Atmosphäre des riesigen Lagerhauses und nahm ihre Arbeit still wieder auf. Fast augenblicklich verbesserte sich die Stimmung im Raum. Sie sagte kein Wort, sie war keine große Rednerin. Sie verbreitete einfach diese klare, herzliche Akzeptanz, die mit Mitgefühl und Weisheit einherging. Und sie schien für ihre spirituelle Haltung bei der Arbeit gar nichts Besonderes zu *tun*. Ich fand nie heraus, ob sie einer bestimmten religiösen Richtung angehörte, aber sie war der absolut lebendige Beweis dafür, dass bestimmte Menschen im Geschäftsleben gelegentlich eine ansteckende spirituelle Harmonie verbreiten. Sie, eine von sechzig Anwesenden, war es, die eine Kettenreaktion in Gang setzte, durch die sich die Atmosphäre in der gesamten Firma entscheidend verbesserte.

Seit ich zum ersten Mal beobachtet habe, wie viel Einfluss eine einzige spirituell eingestellte Person auf viele andere Menschen ausüben kann, sind mir immer wieder ähnliche Fälle begegnet, in denen ein Mensch durch seine bloße Anwesenheit die gesamte Arbeitsatmosphäre prägte. Und ich muss sagen, das ist für mich die beste Definition für eine wahre Führungskraft: jemand, der ohne ein einziges Wort zu sagen alle in seiner Umgebung zu spiritueller Empfänglichkeit bewegt. Und wenn diese Entwicklung erst einmal in Gang gebracht wurde, ist die Anwesenheit einer Führungskraft im üblichen Sinne überhaupt nicht mehr erforderlich, weil ein Teambewusstsein entsteht, das bemerkenswert gut funktioniert, wie wir am Ende dieses Kapitels noch genauer sehen werden.

Ich weiß aber auch, dass uns unsere Arbeitsumgebung manchmal einfach hoffnungslos vorkommt. Was könnte ein einzelner Mensch tun, um die negative Ausstrahlung so vieler hartherziger und egozentrischer Teammitglieder positiv zu beeinflussen? Jedes Unternehmen hat seine eigene Arbeitsatmosphäre, die durch Verhärtungen, schwierige Stimmungen, eingebaute Ungerechtigkeiten, Konflikte, Autoritätsspiele und das Gefühl von überwältigender emotionaler Erstarrung geprägt ist. Aber wir dürfen niemals unterschätzen, wie unendlich einflussreich ein einziges menschliches Herz sein kann, das sich in einem Team vieler Menschen für die spirituelle Ebene öffnet. Wenn Ego und Spiritualität sich im Herzen eines Individuums zusammenschließen, kommt es zu einer energetischen Explosion von Macht und Mitgefühl, Weisheit und Einsicht. Lassen Sie mich ohne Umschweife sagen, dass jeder von uns sich als diese kritische spirituelle Masse betrachten kann, die erforderlich ist, um eine Kettenreaktion in Gang zu setzen, durch die das spirituelle Bewusstsein sämtlicher Menschen in seiner näheren und ferneren Arbeitsumgebung aktiviert werden kann. Wir können einfach losgehen, und unser kleines Licht unbekümmert hell scheinen lassen; und uns dann entspannen, auf diese Ebene eingestimmt bleiben, unserer täglichen Arbeit nachgehen und den Rest spirituellen Kräften überlassen.

Der Raum, der Team-Mitglieder verbindet

Lassen Sie mich Ihnen in einem weiteren Schritt erklären, wie Sie vorgehen können, um Ihre innere spirituelle Ausrichtung nach außen hin so zu verbreiten, dass sie sich auch auf die Atmosphäre an Ihrem Arbeitsplatz erstreckt. Im vorigen Kapitel haben wir angefangen zu begreifen, wie grundlegend wichtig die bewusste Wahrnehmung der Qualität von Raum, von Volumen, von dreidimensionaler Realität für den Prozess des spirituellen

Erwachens in unserem sterblichen Leben ist. Wir wenden uns dieser primären Tatsache im Hintergrund jetzt direkt zu: Unsere sämtlichen Beziehungen zu den Menschen in unserer beruflichen Umgebung spielen sich in der physischen Atmosphäre des Raumes ab, in dem wir uns befinden.

Die Hypnoseforschungen, die ich erwähnte, haben gezeigt, dass unser Bewusstsein auf die Ebene der zweidimensionalen Wahrnehmung sinkt, wo uns das Spielfeld des »spirituellen Einflusses und der Teamarbeit« völlig verloren geht, wenn wir für die Dimension des Raumes und damit für unsere Tiefenwahrnehmung nicht aufmerksam sind. Wenn wir unsere Wahrnehmung für Raum, Tiefe und das dreidimensionale Volumen verlieren, sind wir im wahrsten Sinne der Worte »nicht da«; und dieses »Da-sein« ist letzten Endes das Bindegewebe für unsere zwischenmenschlichen Beziehungen. Ohne den Raum, den wir miteinander teilen, kann es überhaupt kein Teilen geben.

Als ich noch das College besuchte und mir überlegte, welche berufliche Laufbahn ich einschlagen wollte, fuhr ich mit Schulfreunden oft nach New York, Philadelphia oder Boston, um deren Väter bei der Arbeit zu besuchen. Einige Unternehmen und kleinere Geschäfte gefielen mir auf Anhieb, weil die Arbeitsatmosphäre hier locker, kreativ, herzlich und sogar spirituell anregend war. Aber häufiger kam es vor, dass ich ein Büro betrat, in dem die emotional aufgeladene negative Gruppenatmosphäre, in der es einem schwer fiel zu atmen, mich wie ein Schlag ins Gesicht traf. Hier beherrschten Spannungen, Sorgen, Stress, Aggression und Depression die Stimmung in sämtlichen Räumen. Überraschenderweise schien niemand von der Belegschaft des Unternehmens auch nur im Geringsten wahrzunehmen, wie bedrückend die Arbeitsatmosphäre tatsächlich war.

Nach jahrelangen psychologischen Untersuchungen und Überlegungen zu der Frage, wie die Atmosphäre eines Unternehmens spirituell dermaßen unlebendig sein kann, bin ich jetzt imstande, folgende endgültige Aussage zu machen: Wenn die entscheidende Dimension menschlicher Tiefenwahrnehmung verloren geht, weil Geschäftsleute ihr Bewusstsein immer nur auf die zweidimensionale, kognitive »Problemlösungs«-Mentalität reduzieren, wird der Zufluss spiritueller Kräfte fast völlig blockiert. Die Folge ist, dass die Arbeitsatmosphäre völlig herzlos ist, ohne Liebe, ohne Freude, ohne Mysterium, ohne Hoffnung. Der Betrieb bleibt im mentalen Manipulationsgang stecken, wo Emotionen, die als »unwesentlich« gelten, blockiert sind und das geschäftliche Milieu sämtliche Anzeichen einer totalen spirituellen Verödung zeigt.

Ich hoffe, Ihre Arbeitssituation ist nicht so extrem. Aber wie auch immer sie aussehen mag, hier wollen wir Wege erforschen, diese Blase herzloser Leere bei der Arbeit zum Platzen zu bringen, so dass spirituelle Kräfte in das Vakuum fließen können und wir emotional frische Luft bekommen, die wir begierig einatmen.

Wenn wir den Teamgeist und die Arbeitsatmosphäre generell verbessern wollen, müssen wir – wie Sie sicher schon erraten haben – unsere Aufmerksamkeit zunächst einmal direkt auf die Wahrnehmung des Raumes zwischen uns und unseren Kolleginnen und Kollegen richten. Solange wir uns nicht auf diesen dreidimensionalen Aspekt von Beziehungen einstimmen, reduzieren wir unsere Mitarbeiterinnen und Mitarbeiter ständig auf herzlose, zweidimensionale Existenzen und damit auf gedankliche Konstrukte. Wir nehmen ihnen ihre primäre physische Präsenz und ihre energetische Ausstrahlung.

Spüren, wo wir uns befinden

Die wichtigsten Einsichten kommen uns häufig ziemlich unerwartet und früh im Leben. Hier muss ich an eine weitere lebhafte Erinnerung aus meiner Collegezeit denken, die mich nachhaltig beeinflusst hat. Heute kann ich sehen, wie dieser Mensch, dem ich damals begegnete, mir die Augen für die tief greifendsten Dynamiken des Teamgeistes geöffnet hat. Als ich 1964 mein Studium an der Princeton University begann, gehörte das bemerkenswerte Basketballgenie Bill Bradley hier zu den älteren Studenten. Ich besuchte auf dem Campus ziemlich häufig eine Gruppe »junger Christen«, die er leitete, und mehrmals taute er regelrecht auf und versuchte uns zu vermitteln, was seiner Meinung nach die tieferen Gründe für seine großartigen Erfolge als Basketballspieler waren.

Natürlich betonte er zunächst, wie wichtig Konzentration und Übung seien. Aber er erzählte auch, wie entscheidend es im Leben sei, in jedem Augenblick ein Gefühl dafür zu haben, wo wir uns im physischen Raum befinden, und zu wissen, dass wir an einem Volumen von Luft partizipieren, das uns sowohl mit unseren Teamgenossen als auch mit dem gegnerischen Team eng verbindet. John McPhee erläutert in seinem Buch über Bradley mit dem Titel *A Sense Of Where You are* Bills dreidimensionale Sicht noch ausführlicher und weist darauf hin, dass er offensichtlich imstande war, auf dem Spielfeld »alles auf einmal wahrzunehmen«.

Das Gleiche gilt, wenn wir einen Konferenzraum betreten, im Flur einen Kunden treffen oder anderen geschäftlichen Aktivitäten nachgehen, bei denen wir menschlichen Wesen begegnen: Wir müssen uns zunächst einmal auf die primäre verbindende Realität des Raumes einstimmen, den wir mit anderen teilen, damit wir wirklich »gemeinsam im Raum sind« und uns erfolgreich austauschen können. Stellen Sie sich einmal vor, Bradley würde ein Basketballspiel beginnen, ohne sich auf den Raum einzustimmen, der sein ganzes Team vereint und zusammenhält – und jetzt malen Sie sich aus, dass er diesen Raum bewusst wahrnimmt und ein Gespür für seine räumliche Beziehung zu den Menschen entwickelt, mit denen er spielen wird. Genau das müssen auch wir tun, wenn wir uns Teamaktivitäten welcher Art auch immer zuwenden. Wir müssen ein Gefühl dafür entwickeln, wo wir uns befinden, und die energetische dreidimensionale Realität erfassen, in der wir handeln werden.

Unsichtbar, aber wesentlich

So wie ein Fisch im flüssigen Element des Ozeans lebt, leben auch wir Menschen im Ozean der Luft. Und so wie der Fisch seine flüssige Umgebung für selbstverständlich hält, nehmen auch wir die Luft, die uns umgibt, für selbstverständlich. Obwohl wir wissen, dass sie Gewicht, Masse und molekulare Konsistenz besitzt (was deutlich wird, wenn ein starker Wind aufkommt), neigen wir dazu, die Luft, in der wir leben, aus unserer Wahrnehmung auszublenden.

Aber ohne den Raum, der uns umgibt, würden wir überhaupt nicht existieren. Wir benötigen die dritte Dimension des Raumes, um den Zusammenhang von Raum und Zeit zu bewahren. Lassen Sie mich einen kurzen Überblick geben: Die erste Dimension unserer irdischen Realität ist ein isolierter Punkt. Die zweite Dimension kommt ins Spiel, wenn dieser Punkt auf einer linearen Oberfläche zu einer Linie verlängert wird. Die dritte Dimension beginnt sichtbar zu werden, wenn diese Linie nach oben erweitert wird, um Raum oder Volumen zu schaffen. Und die vierte Dimension kommt dazu, wenn dieses dreidimensionale Volumen innerhalb der Bewegung der linearen Zeit wahrgenommen wird. So sieht die Realität des Raum-Zeit-Zusammenhangs aus, der dem gesamten physischen Universum zugrunde liegt.

Seit Bill Bradley und andere Eindrücke und Ereignisse mir die Augen dafür geöffnet haben, wie wichtig die räumliche Wahrnehmung für Beziehungen ist, schaue ich mir immer wieder Folgendes an: Wir besitzen als denkende Wesen die Macht, unsere Wahrnehmung von der dreidimensionalen Ebene (der Tiefenwahrnehmung) auf die zweidimensionale (kognitive) Ebene schrumpfen zu lassen. Wenn wir in dem linearen Fluss von Gedanken und Worten in unserem Kopf befangen sind, begeben wir uns automatisch von der dreidimensionalen auf die zweidimensionale Ebene; denn Gedanken besitzen diese dritte Dimension nicht, sie sind eine lineare Funktion des Verstandes und haben kein Volumen.

Und darum habe ich zu Beginn dieses Buches ganz deutlich gemacht, dass wir, um Zugang zur spirituellen Dimension zu finden, den denkenden Verstand zunächst einmal für einige Augenblicke ruhig stellen und uns auf das Gefühl für unseren ganzen Körper im dreidimensionalen Raum einstimmen müssen. Auf diese Weise erschließt sich uns die erweiterte Tiefenwahrnehmung und wir erleben den Raum, in dem wir für spirituelle Ebenen offen sind. Wir müssen in unserer sterblichen Bewusstheit Platz schaffen, um spirituelle Kräfte empfangen zu können – so einfach ist das.

Beginnen Sie einmal selbst in unterschiedlichen Situationen auf diese Tatsache zu achten. Schauen Sie auf die allgemeine Stimmung im Raum. Sind die Menschen in Ihrer Umgebung gedankenverloren und in der zweidimensionalen Wahrnehmung befangen, oder haben sie ein Bewusstsein für die eigene Präsenz im dreidimensionalen Raum? Wenn die anderen sich ausschließlich auf der kognitiven Ebene befinden, wird Ihnen auffallen, dass Sie als reale Person gar nicht richtig wahrgenommen werden. Die anderen nehmen Sie nicht in der Tiefe wahr, sondern lediglich als einen weiteren zweidimensionalen Eindruck des gedanklichen Bildes, das sie sich vom gegenwärtigen Augenblick machen. Und wenn die anderen Sie so wahrnehmen, können sie Sie auch nicht wirklich in ihr Herz und ihren Verstand »einlassen«. Es entsteht keine Herzensverbindung, kein gemeinsames und umfassenderes Gruppendenken und kein Gemeinschaftsgeist.

Wenn Sie erst einmal einen Blick dafür bekommen, wie Menschen bei der Arbeit fast ständig in das leidvolle Gefängnis ihres eigenen Denkens eingesperrt sind, können Sie sie ermutigen, ihre Wahrnehmung um einen entscheidenden Schritt zu erweitern und die dreidimensionale Realität einzubeziehen; denn hier erfreuen wir uns an dem großen sinnlichen Segen, lebendige, atmende Geschöpfe zu sein, die Gefühle haben und beweglich sind und echte Freude und Erfüllung empfinden können.

Beachten Sie, dass wir den Kontakt zu unserem eigenen Herzen völlig verlieren, wenn wir auf der kognitiven Ebene befangen sind. Das ist die eigentliche Gefahr, wenn Menschen bei der Arbeit die entscheidende dritte Dimension verloren geht; sie handeln und entscheiden herzlos. Statt ihr Denken auch nur im Geringsten von spirituellen Eingebungen beeinflussen zu lassen, treffen sie Entscheidungen, die ausschließlich auf der äußerst begrenzten Funktion ihrer Problemlösungsmentalität beruhen, die immer auf Vergangenheit und Zukunft ausgerichtet ist. Solche Entscheidungen sind in einem spirituellen Vakuum angesiedelt und sind absolut nicht vertrauenswürdig, weil sie mit der äußeren realen Welt des dreidimensionalen Bereichs nicht im Einklang stehen.

Ich hoffe, dass immer mehr Führungskräfte in der Unternehmenswelt diese primäre Gefahr erkennen und durch ihr Handeln verhindern, dass die Mitglieder ihres Firmenteams Entscheidungen auf der rein kognitiven Ebene treffen. Geschäftliche Begegnungen und Entscheidungen ohne Herz und spirituelle Grundlage sind für ein Unternehmen (und natürlich auch für kleinere Betriebe) mit Sicherheit die größte Gefahr.

Aber, um die Frage noch einmal zu stellen: Wie gehen wir von unserer eingefleischten mentalen Gewohnheit, uns auf unseren denkenden Verstand zu beschränken, aktiv zu der erweiterten dreidimensionalen Ebene über, auf der sämtliche erfolgreichen Teamaktivitäten stattfinden? Wie werden wir in unserem Arbeitsteam zu einem Bill Bradley und machen uns all das, was geschieht, auf einmal bewusst, um von ganzem Sein auf die Gesamtsituation einzugehen? Und wie können wir die Mitglieder unseres Teams ermutigen, das Gleiche zu tun?

Das Team aktivieren

Ich möchte Ihnen einige grundlegende Richtlinien für die Arbeit in Gruppen geben, dabei werde ich versuchen, mich bei diesen Anweisungen auf das Grundlegende zu beschränken, so dass sie auf sämtliche Teamsituationen anwendbar sind, die Ihnen begegnen:

Werden Sie selbst präsent

Wenn Sie sich in einen Sitzungsraum begeben, empfehle ich Ihnen, noch bevor Sie sich hinsetzen, Folgendes zu tun: *Atmen Sie langsam und bewusst die Luft im Raum ein ... werden Sie durch die Empfindung von einströmender Luft durch Ihre Nase wach für Ihre eigene innere Präsenz ... halten Sie den Atem einen Augenblick ... und atmen Sie dann bewusst aus ...* Und beim Ausatmen lassen Sie zu, dass Ihre innere spirituelle Präsenz mit Ihrem Atem nach außen in den Raum fließt, so dass Sie engen Kontakt mit dem Raum machen, den Sie in Kürze mit anderen Sitzungsteilnehmern oder Teammitgliedern teilen werden.

Mit diesem »Einatmen – den Atem anhalten – Ausatmen« werden Sie zu einem »spirituellen Luftreiniger« und wandeln die Atmosphäre in jedem Raum, in dem Sie sich befinden, positiv um. Sie atmen die Luft ein, halten sie einen Augenblick im Körper, konzentrieren sich dabei auf Ihr spirituelles Herz, so dass die eingeatmete Luft gereinigt wird, und geben die gereinigte Luft dann mit dem Ausatem zurück in den Raum. Das mag ziemlich esoterisch klingen, aber Sie werden feststellen, es funktioniert, und das ist alles, was zählt. Durch dieses Vorgehen machen Sie über Ihre Atmung deutlich, dass Sie mit Ihrer eigenen Präsenz eine klare spirituelle Atmosphäre im Raum schaffen wollen.

Mit dieser »Luftreinigung« erzielen Sie natürlich erst dann optimale Erfolge, wenn es Ihnen gut gelingt, für Ihr spirituelles

Herz innerlich präsent zu bleiben. Aber Sie können diese neuen Schritte sofort anwenden, ganz gleich, wie weit Sie inzwischen mit der Meditation auf das spirituelle Herz gekommen sind. Wichtig ist, sich von Anfang an klarzumachen, dass Sie in jeder Gruppensituation die Wahl haben, sich der vorherrschenden Atmosphäre anzupassen oder von innen nach außen zu handeln, um die Gruppenatmosphäre durch Ihre eigene spirituelle Ausrichtung und ein entsprechendes Handeln auf eine höhere spirituelle Ebene zu bringen.

Begeben Sie sich auf die dreidimensionale Ebene

Denken Sie daran, während Sie sich hinsetzen und sich im Zimmer umschauen, sofort bewusst ein Gefühl für Raum und Volumen zu entwickeln. Wie gehen Sie dabei vor? Als Erstes konzentrieren Sie sich auf Ihren nächsten Einatem. Machen Sie sich dabei bewusst, dass Sie die Atmosphäre des Raumes einatmen. Als Nächstes nehmen Sie beim Ausatmen die Luft im Zimmer wahr, die durch den Raum zwischen Ihnen und den Gegenständen verkörpert wird. Richten Sie Ihren Blick nicht auf irgendwelche Dinge oder Gegenstände, sondern auf den Raum *zwischen* sich und den Objekten im Zimmer. Spüren Sie das gesamte Volumen des Raumes auf einmal, wie wir es bei der Übung »Alles auf einmal Sehen« praktiziert haben. Um sich in dieser Wahrnehmung zu unterstützen, sagen Sie zu sich: *»Ich bin mir der Luft, die mich in diesem Zimmer umgibt, bewusst.«*

Achten Sie beim nächsten Einatem darauf, sich auch Ihres inneren Raumes kontinuierlich bewusst zu bleiben ... und beim nächsten Ausatmen vergewissern Sie sich, dass Sie auch für den äußeren Raum bewusst bleiben ... und so weiter. Auf diese Weise bringen Sie Ihre inneren Tiefen mit den äußeren Tiefen der Realität in Einklang. Und denken Sie daran, wenn Sie Ihren Atem auf dem Höhepunkt des Einatmens eine Weile halten, erfahren Sie eine ganz bestimmte Qualität von Raum und dreidimensionaler Präsenz, bei der inneres und äußeres Gewahrsein eins werden. Und genau das ist das Ziel!

Bleiben Sie in Ihrem spirituellen Herzen

Wenn Sie sich des inneren und des äußeren Raumes erst einmal bewusst sind und Innen und Außen als einheitliche dreidimensionale Realität erleben, besteht der nächste Schritt darin, sich auf Ihr Herz einzustimmen. Zu diesem Zweck machen Sie die Übung »Das spirituelle Herz« und lenken Ihre Wahrnehmung vom Wirrwarr der Gefühle, in denen Sie in diesem Augenblick befangen sind, zum Bewusstsein des spirituellen Herzens, so dass Sie sich von der emotionalen Atmosphäre im Zimmer freimachen können.

Während Sie Ihre Aufmerksamkeit nach oben zum spirituellen Herzen lenken, lassen Sie die Gedanken in Ihrem Kopf ganz zur Ruhe kommen. Seien Sie, bevor Sie aktiv den Teamgang einlegen, zumindest für einige Momente im Zimmer, ohne zu denken oder zu tun. Werden Sie ganz zum fühlenden Wesen, indem Sie sich sowohl Ihres inneren Selbst als auch des Raumes im Zimmer und der anderen Menschen um Sie herum bewusst sind.

Werden Sie in diesem Zustand bewusst zu einem Strahl an ruhiger, positiver Aufmerksamkeit, und nehmen Sie sich vor, sich Ihren angenehmen, strahlenden Zustand zu bewahren, ganz gleich, welcher Arbeit das Team sich zuwenden will. Machen Sie Ihren eigenen Körper zu einem Heiligtum, dessen Grenzen geschützt sind. Nehmen Sie Ihr Recht in Anspruch, während der gesamten Sitzung mit der spirituellen Dimension verbunden zu bleiben.

Teilen Sie den Raum mit Ihren Teamgenossen

Jetzt kommen wir zum letzten sozialen Schritt, bei dem es darum geht, sich auf die Präsenz der Personen, die sich mit Ihnen im

Zimmer befinden, einzustimmen. Der Schlüssel ist hier, weiterhin bewusst wahrzunehmen, wie die Luft durch Ihre Nase oder Ihren Mund kontinuierlich einströmt, während Sie gleichzeitig die Menschen in Ihrer Umgebung visuell erfassen. *Wenn Sie sich die primäre Empfindung bewahren können, wie der Atem durch Ihre Nase ein- und ausströmt, bleiben Sie auf Ihre spirituelle Präsenz eingestimmt und Sie können sich den Menschen im Zimmer zuwenden, ohne dadurch aus Ihrer spirituellen Mitte gebracht zu werden.*

Bleiben Sie also mit Ihrer Aufmerksamkeit beim Atem, bei Ihrem spirituellen Herzen, bei Ihrem ganzen Sein, während Sie langsam für die Sitzung aktiv werden. Nehmen Sie weiterhin bewusst wahr, wie Ihre Füße auf dem Boden stehen und Ihr Kopf in den Himmel reicht, achten Sie auf Ihre Verwurzelung im Energiefeld der Schwerkraft. In diesem Zustand wenden Sie sich jetzt, von Ihrem spirituellen Herzen kommend, der Gruppe zu, ohne sich von anderen dominierenden Persönlichkeiten überwältigen zu lassen und dabei unbewusst zu werden. Spüren Sie, wie es sich anfühlt, bei Ihren täglichen Teamaktivitäten ein Zentrum an spiritueller Wachheit zu sein.

Denken Sie transpersonal

Wir kommen jetzt zu einem Thema, über das ich in diesem Buch ab jetzt immer wieder sprechen werde: dem Prozess der Verlagerung vom individuellen begrifflichen Denken zum transpersonalen intuitiven Denken. Vielleicht klingt das ziemlich abgehoben und schwierig, aber wenn Sie die oben beschriebenen vier Schritte erst einmal vollzogen haben, ergibt sich der fünfte Schritt, der Übergang zum transpersonalen Denken, ganz leicht aus den ersten vier Schritten.

Wir haben bereits gesehen, dass Intuition mehr ist als ein isoliertes Phänomen in einem individuellen Gehirn. Wir denken dann intuitiv, wenn wir uns von der Fixierung auf die Abläufe unseres eigenen Gehirns lösen und unsere Wahrnehmung dahin gehend erweitern, dass wir uns unserer Beteiligung an dem, was Peter Russell als »das globale Gehirn« bezeichnet hat, bewusst werden. Wenn zwei oder mehr Menschen plötzlich über ihre Ego-Fixierungen hinausgehen und sich auf die größere Macht und das umfassendere Bewusstsein einer transpersonalen Realität einstimmen, entsteht wahrer Teamgeist.

Diese Erfahrung erschließt sich uns erst dann, wenn wir die grundlegenden vier Schritte getan haben, sei es spontan, wie es oft in Gruppen geschieht, oder bewusst wie im Augenblick:

1. Werden Sie präsent ...
2. Begeben Sie sich auf die dreidimensionale Ebene ...
3. Lenken Sie Ihre Aufmerksamkeit nach oben zum spirituellen Herzen ...
4. Teilen Sie den Raum mit Ihren Teamkollegen ...

In dem daraus resultierenden erweiterten Bewusstseinszustand stehen Ihnen intuitive Klarheit und Einsicht spontan zur Verfügung, und wenn Sie sich diesen Zustand bewahren, ist die Chance groß, dass Sie damit zunächst einen und dann immer weitere Sitzungsteilnehmerinnen und -teilnehmer anstecken und auf die transpersonale Ebene bringen. Dieser Prozess ist kein seltenes magisches Phänomen, sondern passiert jedes Mal, wenn ein Team sich für eine Idee begeistert und dadurch in »Hochstimmung« gerät, so dass Einsichten wie aus einer anderen Welt jenseits der Grenzen des normalen individuellen Bewusstseins in der Gruppe nur so hervorsprudeln.

Ganz gleich, was geschehen mag, denken Sie einfach daran, sich Ihrer Herzensverbindung zu den Menschen, mit denen Sie zusammenarbeiten, bewusst zu bleiben. Beziehen Sie sich auf die Menschlichkeit, auf die spirituelle Verwurzelung der anderen, statt sich aus dem Gleichgewicht bringen zu lassen, wenn sie zu stolpern beginnen und ihr Gefühl dafür verlieren, wo sie sich befinden. Seien Sie die Person, die die Gruppe an ihre höhere Aufgabe und ihre höhere Kraftquelle erinnert. Sorgen Sie dafür, dass die Gruppe sich kontinuierlich auf den gemeinsamen Raum, das gemeinsame Herz und die gemeinsame Weisheit der spirituellen Dimension ausrichtet, und Sie werden feststellen, dass sich Ihr Team Schritt für Schritt zu einer wirklich bewussten unternehmerischen Einheit entwickelt.

Die optimale Teamsituation

Das Bild, das ich hier von der optimalen Teamsituation präsentiere, mag auf den ersten Blick nicht zur üblichen Unternehmenswelt passen. Manager oder Angestellte führen normalerweise nicht Worte wie »Bewusstseinserweiterung« oder »bewusst sein« im Munde. Und sicherlich kommt Ihnen die Vorstellung etwas esoterisch vor, dass ein Führungsteam eine wichtige Sitzung mit den oben ausgeführten vier Schritten beginnt, um dann zu dem fünften Schritt überzugehen und der Gruppe höhere Ebenen der Kreativität und intuitiven Einsicht zu erschließen.

Aber nach meinem Verständnis der Geschichte des Kapitalismus hat das, was ich weiter oben als idealen Hintergrund für geschäftliche Teams beschrieben habe, seine Wurzeln direkt im Kern des Frühkapitalismus. Und es kann durchaus nützlich sein, einen kurzen Blick zurück auf die Ursprünge der englischen Industriellen Revolution zu werfen, die etwa um 1650 begann. Damals brachte ein Visionär namens George Fox der britischen Welt eine simple spirituelle Botschaft, die die Aufhebung der Trennung zwischen geschäftlichen Aktivitäten und Spiritualität im menschlichen Zusammenleben betraf und radikale Auswirkungen hatte.

George Fox lehrte, dass menschliche Wesen die höchste Autorität nicht Priestern, Politikern und noch nicht einmal den

Worten der Bibel zuschreiben sollten. Er vertrat den Standpunkt, dass die höchste Autorität in der spirituellen Dimension anzusiedeln sei und jedes Individuum sich auf dieser Ebene Anleitung suchen sollte. Außerdem war er der Ansicht, dass spirituelle Selbstverwirklichung nur im Rahmen einer Gruppe stattfinden könne, und gründete deswegen die Organisation der Quäker (auch Gesellschaft der Freunde genannt), die auf der Grundlage gruppendynamischer Prinzipien beruhte.

Historisch betrachtet entwickelten die Quäker zunächst im britischen und dann im weltweiten Wirtschaftsleben große Macht, obwohl sie nicht mehr als ein Prozent der englischen Bevölkerung ausmachten. Und darüber hinaus erwies sich die Dynamik einer klassischen Sitzung der Quäker von enormem Wert für erfolgreiche, innovative geschäftliche Unternehmungen.

Wie David Hurst in seinem Buch *Crisis and Renewal: Meeting the Challenge of Organizational Change* ausführt, machten die Quäker keinerlei Unterschied zwischen geschäftlichen und religiösen Sitzungen. Sie trafen sich als Gruppe, saßen eine Weile still zusammen und stimmten sich auf die Gegenwart der Gruppe und das Gefühl für spirituelle Kräfte ein, so dass die anstehenden Tagesordnungspunkte Teil des Gruppenerlebens waren und gemeinsam durchgegangen wurden.

Tatsächlich ist der Ablauf, den ich weiter oben als ideales Verfahren für geschäftliche Vorhaben beschrieben habe, der Art und Weise verblüffend ähnlich, wie die Begründer der kapitalistischen Revolution ihre Sitzungen geleitet haben. Damals ging man von der Gleichheit zwischen Männern und Frauen sowie sämtlichen Mitgliedern der Gruppe aus, ganz unabhängig von ihrer individuellen wirtschaftlichen und sonstigen Position. Und es gab keine formale Leitung, sondern diese ging an wechselnde Personen, je nachdem, wer sich »spirituell berufen fühlte«, die Führung zu übernehmen. Das erforderte eine Gruppenidentität, die von Aufrichtigkeit, Gleichheit, Einfachheit und Friedfertigkeit geprägt war. Und man beschäftigte sich durchgängig mit den intuitiven Einsichten aus spirituellen Dimensionen, für die die Gruppe als ganze empfänglich war. Es gab bei den Quäkern keine Abstimmungen oder Mehrheitsregelungen. Man handelte in Übereinstimmung, ausgehend davon, dass in einer Gruppe, die im Geist eins war, sämtliche Anwesenden die Situation ähnlich empfanden.

Wichtig ist hier nicht nur, dass diese Gruppendynamik in Spiritualität wurzelte, sondern auch, dass sie für die Menschen, die sie praktizierten, absolut gut funktionierte. Ein kurzer Überblick über die englische Wirtschaftsgeschichte zeigt uns, dass die Mitglieder der Quäker-Gesellschaft in der britischen Wirtschaft schließlich eine ziemlich feste Führungsrolle übernahmen, obgleich sie nur eine winzige Minderheit darstellten. »Ausgehend von ihren einfachen Anfängen als Händler«, führt Hurst aus, »entwickelten die Quäker-Familien sich zu den führenden Unternehmern für Produkte wie Baumwolle, Wolle, Kohle, Messing, Bier, Eisen, Stahl, Lebensmittel, Geschirr und chemische Erzeugnisse. Durch das, was sie ihr ›Atlantisches Bündnis‹ nannten, wurden die Quäker zu aktiven Händlern zwischen England und Amerika und spielten eine bedeutende Rolle in der Unternehmenswelt der Vereinigten Staaten, sowohl in der Industrie als auch in der Bankwirtschaft. Die Quäker waren die Begründer vieler Management-Praktiken, die noch heute Anwendung finden. Sie waren überall dabei, wo es um neue Erfindungen und Entdeckungen ging. Ihre Wertschätzung von Praxis und Experiment stand zusammen mit der individuellen Suche nach der Wahrheit im perfekten Einvernehmen mit dem neuen wissenschaftlichen Geist dieser Zeit.«

Wir haben es hier also wahrscheinlich mit der bis heute erfolgreichsten kapitalistischen Bewegung zu tun. Gemessen am prozentualen Anteil an der Gesamtbevölkerung, gelang es einem Prozent der Menschen, hunderte von Jahren die gesamte Wirtschaft friedlich zu beherrschen, und in dieser Zeit Veränderungen einzuführen, die die gesamte Struktur der zukünftigen Unternehmenswelt prägen sollten.

Aber etwas ging schief. Die Bewegung selbst begann an Lebendigkeit zu verlieren. Während sie zu einer etablierten Institution wurden, begannen die Quäker sich statt auf die Zukunft immer mehr auf die Vergangenheit auszurichten, und neue Generationen traten in den Vordergrund, denen der spirituelle Eifer ihrer Vorgänger fehlte. Sie wurden immer intellektueller, statt sich ihre Spontaneität zu erhalten, und konzentrierten sich mehr auf das Materielle als auf das Spirituelle, so lautet jedenfalls die allgemeine historische Interpretation.

Inzwischen sind ihre innovativen kapitalistischen Geschäftspraktiken weiterentwickelt und zur etablierten Praxis der Unternehmensführung geworden. Hurst schreibt in seiner prägnanten historischen Analyse: »Bei den Geschäftssitzungen der Quäker kann beobachtet werden, dass sie ihre Werte direkt zum Ausdruck bringen, vor allem den der gegenseitigen Abhängigkeit. Die Außenseiter, die sich auf diesen Prozess gestützt haben, haben wahrscheinlich das moderne wirtschaftliche Führungssystem unserer westlichen Welt begründet. Doch sind in vielen, wenn nicht in den meisten heutigen Unternehmen die Werte, auf denen dieser Prozess beruhte, offensichtlich verloren gegangen.«

Damit möchte ich zum Ausdruck bringen, dass wir gut daran tun, uns bei den nächsten radikalen Verbesserungen unserer wirtschaftlichen Struktur den Begründern der kapitalistischen Bewegung zuzuwenden und den Gruppenprozess, den sie einführten, wieder mit dem tieferen spirituellen Inhalt zu verbinden. Die Grundlage der kreativen Einsichten der Quäker-Bewegung für neue wirtschaftliche Schritte bestand offensichtlich darin, als Gruppe zusammenzukommen, still zu werden, sich für spirituelle Kräfte zu öffnen und gemeinsam zu den intuitiven Erkenntnissen zu gelangen, die sie so überaus erfolgreich machten. Ich schlage vor, dass wir, unserem zeitgenössischen Rahmen entsprechend, ähnlich vorgehen.

Stellen Sie sich vor, wie viel Macht, Freude und Fortschritt Unternehmen jeglicher Größe erleben könnten, wenn jedes Mitglied der Organisation mit den Grundlagen vertraut wäre, die wir in diesem Buch besprechen. Wenn die einzelnen Mitglieder der Firma imstande wären, sich individuell für transpersonale Einsichten und Kräfte zu öffnen, um dann wie die Quäker als Gruppe oder als Team zusammenzukommen und sich für spirituelle Anweisungen und kreative Erkenntnisse zu öffnen. Was spricht eigentlich dagegen?

Bewusste Kapitalisten

Es wird Zeit, dass wir uns einmal genauer fragen, was es eigentlich heißt, *bewusst* zu sein. Das Wörterbuch kann uns hier gute Dienste leisten: Bewusst sein bedeutet, *der eigenen Existenz, den eigenen Empfindungen und der eigenen Umgebung gewahr zu sein.* Und ein erweitertes spirituelles Bewusstsein bedeutet auf diesem Hintergrund, dass wir unsere eigene Existenz oder unsere eigenen Empfindungen sowie den Raum und die Gegenstände, die unsere Umgebung ausmachen, wacher wahrzunehmen beginnen.

Wie können wir uns als Team gegenseitig helfen, bewusster zu werden? Wie ich wiederholt sagte, besteht der Weg darin, unsere Wahrnehmung auf unsere eigene Existenz hier in diesem gegenwärtigen Augenblick zu richten, unsere ständig wechselnden Empfindungen feiner zu spüren und uns gleichzeitig tiefer auf unsere direkte Begegnung mit der uns umgebenden dreidimensionalen Welt einzustimmen. Und genau in diesem Prozess unterstützen uns die Meditationen, die ich Ihnen gezeigt habe. Sie helfen uns, bewusster zu werden.

Und so kann der »bewusste Kapitalist« jetzt ohne weiteres als jemand definiert werden, der erfolgreich danach strebt, die eigene körperliche und emotionale Präsenz wachsam wahrzunehmen; der sich immer wieder daran erinnert, für das Wechselspiel zwischen inneren und äußeren Welten (Eindrücken) aufmerksam zu sein; der sich kontinuierlich und intensiv auf die Wahrnehmung von Tiefe, Raum und Außenwelt einlässt.

Was geschieht, wenn wir die drei Zutaten, die den bewussten Kapitalisten ausmachen, miteinander kombinieren? Wir haben dann einen Menschen vor uns, dem es gelingt, sich den geistigen und körperlichen Zustand zu bewahren, in dem er kontinuierlich an die spirituelle Dimension angeschlossen ist. Und wenn diese Öffnung geschieht, gelangen wir, wie wir bereits aus vielen verschiedenen Blickwinkeln gesehen haben, in einen erweiterten Bewusstseinszustand, in dem transpersonale Wahrnehmung und persönliche Wahrnehmung miteinander verschmelzen und wir von Grund auf wacher sind.

Natürlich sind viele Geschäftsleute in der Vergangenheit überall auf der Welt bei ihren täglichen Verhandlungen im höheren spirituellen Sinne des Wortes immer ziemlich bewusst gewesen und das gilt auch heute noch. Wir haben am Anfang dieses Buches erwähnt, dass die meisten Geschäftsleute die spirituelle Dimension und entsprechende Einflüsse in ihrem Leben anerkennen. Alles, was wir in diesem Buch tun, ist, konkrete Ideen und Schritte zu erforschen, die es uns ermöglichen, im Wirtschaftsleben auf einer reguläreren, vorhersehbareren und wirkungsvolleren Basis spirituelle Inspiration zu empfangen.

Körperschaftsbewusstsein

Die ersten Quäker haben demonstriert, welch enorme Überlebenskraft eine Gruppe hat, die sich auf der Grundlage gemeinsamer Werte und Ziele zusammenfindet und Praktiken benutzt, mit deren Hilfe sich das Gruppenbewusstsein auf einer regulären

Basis für spirituelle Kräfte öffnet. Die Körperschaft beruht auf der Entdeckung der lebendigen Macht, die Individuen entfalten, wenn sie mit einer gemeinsamen geistigen Ausrichtung zusammenkommen, um Geschäfte zu treiben. Der Begriff »Körperschaft« birgt seinen eigenen tieferen Sinn, bedeutet er doch »einen einzigen Körper schaffen«. Und wo es einen Körper gibt, existiert auch ein Bewusstsein, nicht wahr? Ein Körperschaftsbewusstsein.

Einer der wirklich großen Wissenschaftler, Philosophen und Humanisten unserer Zeit, David Peat, schreibt in seinem Buch *Synchronizität: die verborgene Ordnung* sehr tiefgründig über das Phänomen des Körperschaftsbewusstseins: »Ein individueller Verstand kann vom Bewußtsein der Gesellschaft als ganzer nicht absolut getrennt betrachtet werden. Vielmehr entfaltet er sich in einem kontinuierlichen Prozeß aus dem Bewußtsein der gesamten Menschheit und wirkt dann wieder auf dieses zurück. Diese grundlegende Einheit von Individuum und Gruppe können wir als *Körperschaftspersönlichkeit* bezeichnen.«

Und wieder spricht hier einer der erstklassigsten Wissenschaftler unserer Zeit offen von der Idee eines transpersonalen Bewusstseins als Zustand, in dem eine Gruppe von Menschen zu einer gemeinsamen Bewusstheit gelangt, die über die Wahrnehmung des einzelnen Individuums hinausgeht. Die Idee von einem »kollektiven Unbewussten« geht natürlich auf C.G. Jung zurück, aber David Peat (selbst in frühen Jahren begeisterter Anhänger von Jung) macht einen großen Schritt weiter, wenn er von der Existenz eines kollektiven Bewusstseins und damit letzten Endes vom »Bewusstsein der gesamten Menschheit« spricht. Aus Peats progressiver wissenschaftlicher Perspektive ist kein Universum vorstellbar, in dem dieses kollektive Bewusstsein nicht existiert. Auf dem Hintergrund der Einsichten der Quantenmechanik macht es grundsätzlich Sinn, dass das Universum bewusst ist und dass dieses Bewusstsein die gesamte Realität durchdringt.

Hier einige weitere, eindrucksvolle Gedanken von Peat: »Ebenso wie sich das Elementarteilchen aus dem Quantenfeld entwickelt und das Soliton im nichtlinearen Feld erscheint, mag ein individuelles Bewußtsein aus der komplexen Hintergrundsordnung eines Bewußtseins hervorgehen, welches das gesamte Universum durchdringt. Der individuelle Verstand ist daher eine Art Lokalisierung oder Konzentration von Bewußtsein, die sich im Gehirn und Körper des Individuums entfaltet.«

Wenn Sie sich an Ihrem Arbeitsplatz um eine offene Haltung bemühen, indem Sie sich auf Ihr spirituelles Herz konzentrieren, erkennen Sie damit die tiefere Wahrheit an, dass Sie von Ihren Kolleginnen, Kollegen und Ihrer Kundschaft nicht getrennt sind. Sie wissen, dass Sie alle Teil eines gemeinsamen Bewusstseins und der Körperschaftspersönlichkeit sind. Und indem Sie Ihre Aufmerksamkeit kontinuierlich auf die drei Ebenen richten, die Ihnen eine erweiterte Wahrnehmung erschließen (Ihre eigene Präsenz, Ihre Empfindungen und Ihre Einbettung in Ihre Umgebung), bleiben Sie offen für Ihre Arbeitssituation als ganze und damit für die natürliche Zusammengehörigkeit und den Teamgeist, der den gemeinsamen Boden darstellt. Und wo wäre eine solche Haltung angemessener als bei der Arbeit, damit das Team in Bezug auf das wirtschaftliche Überleben und die persönliche Erfüllung auf sämtlichen Ebenen erfolgreich agieren kann?

Wenn wir bei der Arbeit sowohl mit Kolleginnen und Kollegen als auch mit Kundinnen und Kunden in einem gemeinsamen Raum zusammenkommen, geschieht also etwas ganz Wesentliches: Wir bilden eine gemeinsame Körperschaft und entwickeln eine Wahrnehmung, die über unsere individuelle Sicht hinausreicht. Und in dem Maße, wie wir das erkennen und uns für diese Einheit öffnen, werden wir zu einem effektiven, spirituell inspirierten Team.

6

Spirituell inspirierte Verhandlungsfähigkeiten

Auch wenn heutzutage sehr viel Gewicht auf Teamfähigkeit und Teamerfolg gelegt wird, beruht der Großteil der Teamarbeit in der täglichen wirtschaftlichen Realität auf Zweierverhandlungen, bei denen entsprechende kommunikative Fähigkeiten ausschlaggebend sind. In diesem Kapitel möchte ich mich also auf die Frage konzentrieren, wie Sie die Zweierbegegnungen, die wahrscheinlich den Großteil Ihrer Verhandlungstätigkeit ausmachen, erfolgreich gestalten können.

Ich möchte damit beginnen, die übliche Definition des Wortes *Verhandlung* auf die gesamte verbale Kommunikation auszuweiten, bei der zwei oder mehr Menschen hoffen, ein für beide Seiten faires und vorteilhaftes Geschäft abzuschließen. Das Wirtschaftsleben beruht durchgängig auf Handelsbeziehungen. Wir alle haben bei Verkaufsgeschäften immer wieder mit Zweierverhandlungen zu tun. Und die meisten Positionen im Dienstleistungsbetrieb, seien sie auf der oberen oder unteren Ebene angesiedelt, sind subtile Formen des Verkaufs, ganz gleich ob Sie das Image, das Produkt oder den langfristigen Dienstleistungswert der Firma anbieten. Auch der Herstellungsbereich unserer Firmen beruht überwiegend auf Verhandlungen in all den unterschiedlichen Bereichen der Produktionsbeziehungen. Und selbst wenn wir innerhalb der eigenen Firma etwas aushandeln, setzen wir unsere Position oder Meinung gegen die einer Kollegin oder eines Kollegen. Der Verhandlungsprozess prägt also das gesamte Wirtschaftsleben, und die Frage, wie wir diesen Bereich für spirituelle Einflüsse öffnen können, ist entscheidend für das Thema dieses Buches und die beschriebenen Übungen.

Nur allzu oft wird das übliche Verhandeln zwischen zwei Geschäftspartnern als Chance betrachtet, für sich etwas »herauszuschlagen« und die andere Seite durch trickreiche Verhandlungstechniken geschickt über den Tisch zu ziehen. Ich weiß noch, wie in der Zeit meiner Hypnoseforschungen einmal ein Freund aus Collegetagen auf mich zukam, der jetzt Vertreter einer großen Firma ist. Er wusste von meiner Arbeit und versuchte mich dazu zu überreden, die akademische Forschung aufzugeben und für ein hohes Gehalt drei Jahre lang auf Hypnose basierende Verkaufstechniken zu entwickeln, mit deren Hilfe seine Kollegen das Denken ihrer Kunden beeinflussen und auf diesem Wege das Tauschgeschäft zum eigenen Vorteil gestalten konnten. Als ich auf diesen Vorschlag ziemlich aufgebracht reagierte, war er ganz überrascht, denn seiner Meinung nach war die Manipulation des Kunden durch Hypnose ein völlig faires Spiel.

Glücklicherweise haben wirtschaftliche Führungskräfte wie John Whitney (in seinem Buch *Economics of Trust*) bereits laut und deutlich erklärt, dass es schlechtes Geschäftsgebaren ist, Mitglieder der Verkaufskette zu betrügen, seien es die Eingeborenen im Urwald, von denen Sie Ihr Holz beziehen, oder die Kunden, die Ihr Produkt schließlich im Laden kaufen. Und ich möchte hier deutlich betonen, dass wir uns in spiritueller Hinsicht etwas vormachen, wenn wir glauben, wir könnten in bestimmten Situationen betrügen und in anderen Gerechtigkeit walten lassen. Wenn auch nur auf einer Ebene unserer geschäftlichen Aktivitäten Herzen verletzt werden, wird das grundlegende Gruppenbewusstsein vergiftet und die Integrität unseres gesamten wirtschaftlichen Vorhabens geschwächt. Daher möchte ich Ihnen konkrete Wege aufzeigen, wie jedes Mitglied Ihres

Teams lernen kann, in sämtlichen Verhandlungssituationen ehrlich und fair vorzugehen, so dass Ihre Firma an Integrität gewinnt und der Erfolg Ihres Unternehmens auf sämtlichen Ebenen wächst.

Der erste Schritt in diesem Prozess des Neulernens besteht natürlich darin, sich weiter in den Techniken zu üben, die ich Ihnen bereits beigebracht habe und mit deren Hilfe Sie sich bei Ihren Geschäften im Herzen zentrieren und kontinuierlich auf die tieferen Ebenen spiritueller Kraft und Inspiration einstimmen können. Ohne die Verbesserung der inneren Beziehung zu uns selbst können wir auch unsere zwischenmenschlichen Begegnungen nicht positiv vorantreiben.

Während Sie sich darin üben, mehr innere Integrität zu entwickeln, können Sie gleichzeitig beginnen, mit den Techniken für zwischenmenschliche Begegnungen zu arbeiten, die ich Ihnen in diesem Kapitel vorstelle. Diese Techniken zielen immer wieder darauf ab, sich zuerst Ihrem individuellen Bewusstseinskokon zuzuwenden, bevor Sie diesen dann auf die Person ausweiten, mit der Sie in Verhandlung treten. Dieses Vorgehen lässt sich natürlich auf sämtliche zwischenmenschliche Begegnungen anwenden. Wir konzentrieren uns hier aber auf geschäftliche Verhandlungssituationen, die beispielhaft für generelle zwischenmenschliche Begegnungen stehen.

Ihren geschäftlichen Kokon für andere öffnen

Nehmen wir an, Sie betreten einen Raum, in dem eine formale Verhandlungssitzung stattfindet, oder Sie gehen auf einen Kunden zu, der gerade Ihren Laden betritt. Oder Sie setzen sich mit einer Kollegin zusammen, um für ein bestimmtes Projekt einen Kompromiss auszuarbeiten. Die meisten von uns haben bei der Arbeit täglich energetischen und sozialen Kontakt mit anderen Menschen, mit denen wir Situationen besprechen, die eine gemeinsame Grundlage erfordern.

Die Beziehung zwischen Verkäufer und Kunde kann uns als primäres Beispiel dafür dienen, wie wir sprituelle Dynamiken benutzen können, um die Verhandlungssituation lebendig und niveauvoll zu gestalten. (Ich möchte hinzufügen, dass Sie diese Technik auch als Kunde anwenden können. Sie wird Ihnen helfen, die Verhandlungssituation viel gekonnter und befriedigender zu gestalten als bislang.)

- Während Sie sich der anderen Person körperlich nähern und in Sicht- und Hörweite kommen, findet, wie wir bereits gesehen haben, auf der nonverbalen Ebene zwangsläufig ein energetischer Austausch statt, noch bevor Sie überhaupt ein Wort sagen. Sie üben bereits durch Ihre bloße Präsenz Einfluss auf die andere Person aus. Es ist also von wesentlicher Bedeutung, dass Sie sich auf die Präsenz Ihres Körpers und Ihr spirituelles Herz konzentrieren, wenn Sie sich dem Kunden nähern, so dass Sie körperlich und geistig von Anfang an Offenheit, Mitgefühl und Akzeptanz ausstrahlen. Das ist ein wichtiger Schritt, dem wir bereits viel Zeit gewidmet haben. Ihre Aufgabe besteht darin, Ihre Wahrnehmung immer wieder auf Ihr spirituelles Herz und Ihren ganzen Körper zu richten, *bevor* Sie sich in Verhandlungen welcher Art auch immer begeben.

- Es ist wichtig, dass Sie vor jedem Gespräch mit dem anderen Ihre Wahrnehmung erweitern, um den Kunden in Ihren Wahrnehmungskokon einzubeziehen. Dabei gehen Sie von der Punktfixierung dazu über, »alles auf einmal zu sehen«, indem Sie sensibel für den Raum und das Volumen des Zimmers werden, in dem Sie sich beide befinden. Durch diese Wahrnehmungsverlagerung wird die andere Person in ein gemeinsames Raumempfinden einbezogen. Ohne diesen Schritt sind Sie nicht imstande, Herzenskontakt mit dem Kunden aufzunehmen, und bleiben bei Ihren Verhandlungen auf der Ebene der Manipulation stecken, statt sich auf die Ebene der *Beteiligung* zu begeben.

- An diesem Punkt einer geschäftlichen Begegnung wird deutlich, dass das traditionelle Händeschütteln, wenn es mit der richtigen Einstellung geschieht, sehr schön dazu dienen kann, den Abstand zwischen zwei Menschen durch Körperkontakt zu überbrücken. Sicher wissen Sie, dass die Begrüßung per Handschlag früher als körperliche Geste galt, die deutlich machen sollte, dass beide Parteien mit offenen Händen kamen (statt Waffen zu tragen). Das Händeschütteln war symbolisch für ein freundliches Zusammenkommen gegnerischer Kräfte, die sich in einer Konfliktsituation um gemeinsamen Boden bemühten. Auch in der modernen Geschäftswelt gilt der Handschlag als symbolische Äußerung, die, wenn wir es zulassen, über den körperlichen Kontakt unser Gefühl für die menschliche Begegnung mit der anderen Person vertieft.

- Schließlich benutzen Sie Worte, um Kontakt mit der anderen Person aufzunehmen und mit ihr in Verbindung zu treten. Über den verbalen Austausch und seine Dynamik habe ich verschiedene Bücher geschrieben, denn es ist wichtig zu verstehen, dass unsere Stimme eine starke energetische Kraft darstellt, die unseren persönlichen Einfluss und unsere Präsenz in unserer physischen Umgebung verbreitet. Beim Sprechen senden Sie konkrete Energiewellen aus, die in verschlüsselter Form Ihr gesamtes Spektrum an persönlichen Eigenschaften, Emotionen, Einstellungen und auch transpersonalen Kräften zum Ausdruck bringen, auch wenn Sie nur »Hallo!« sagen. Ein Schlüssel für erfolgreiche Verhandlungen jeglicher Art besteht also darin, Ihre Stimme mit Ihrem tieferen spirituellen Selbst zu verbinden, während Sie den gemeinsamen Wahrnehmungskokon mit dem Code Ihrer persönlichen Klangvibration füllen.

Vom Herzen sprechen

Wahrscheinlich ist allgemein bekannt, dass viele europäische Siedler bei den indianischen Ureinwohnern des Landes auf Ablehnung stießen, weil die Kolonialisten »mit gespaltener Zunge« oder »vom Kopf statt vom Herzen sprachen«. Obwohl ein Grundgebot der europäischen Religionen lautet: »Du sollst nicht lügen«, stellten die Indianer fest, dass man sie ständig anlog und dass die eindringenden Siedler aus dem Osten die schockierende Gewohnheit hatten, vom Kopf statt vom Herzen zu sprechen.

Ich möchte natürlich hier kein idealisiertes Bild der amerikanischen Ureinwohner zeichnen. In dem Buch *Return of the Bird Tribes* wird White Buffalo Calf Woman zitiert, die bei der großen Versammlung der Ostküstenstämme lange vor der europäischen Invasion sagte: »Euer Volk hat das vergessen, was kostbarer ist als Wasser. Ihr habt Eure Verbindung zum Großen Geist vergessen.« Es liegt in der menschlichen Natur, dass wir die Gewohnheit haben, immer wieder in eine engherzige Mentalität zu verfallen, und versuchen, die Menschen in unserer Umgebung zu manipulieren, damit sie uns geben, was unser Ego begehrt. Aber wir sind auch imstande, uns unsere manipulativen Spiele bewusst zu machen, uns auf das spirituelle Herz einzustimmen und unsere persönlichen Absichten und isolierten Ego-Kokons mit denen der Menschen in unserer Umgebung verschmelzen zu lassen.

Ich möchte Sie auffordern, in den nächsten Wochen eine simple Beobachtung zu machen: Achten Sie, jedes Mal, wenn jemand in Ihrer Arbeitsumgebung etwas sagt, darauf, ob diese Person vom Kopf oder vom Herzen spricht. Wenn ich sage »vom Kopf«, meine ich eine manipulative, berechnende Art, die darauf abzielt, Sie um des eigenen Vorteils willen in die eine oder andere Richtung zu drängen, statt den Raum mit Ihnen zu teilen und eine mitfühlende Herz-zu-Herz-Verbindung mit Ihnen einzugehen. Sobald Sie anfangen, andere Menschen zu beobachten, werden Ihnen zwei Dinge auffallen: Erstens ist es ziemlich leicht zu unterscheiden, ob jemand vom Herzen oder vom Kopf auf Sie zugeht, und zweitens wird ebenso schnell deutlich, ob Sie selbst in Ihrer Beziehung zu der anderen Person vom Herzen oder vom Kopf kommen!

Und denken Sie daran, ich betreibe hier keine theoretischen oder abstrakten Erwägungen, sondern spreche von etwas ganz Konkretem, das Sie physisch spüren können. Als Erstes wird Ihnen die generelle energetische Ausstrahlung der Person auffallen, die Sie entweder im Kopf oder im Herzen erreicht. Wenn jemand mit Mitgefühl, Integrität und Gerechtigkeit von Herzen auf Sie zukommt, werden Sie das auch im Herzbereich spüren, da Ihr eigenes Herz entsprechend reagiert.

Wenn jedoch jemand vom Kopf kommt und versucht, Sie zu manipulieren, reagiert Ihr ganzer Körper mit Abwehr. Sie spüren, wie Ihr Herz sich panzert, wie Ihr Wahrnehmungskokon sich verengt und Ihre Unterleibsmuskeln sich kampfbereit anspannen. Diese Reaktionen können Ihnen gar nicht entgehen, wenn Sie darauf achten.

Und was ist mit Ihnen? Wenn jemand Ihr Energiefeld betritt, wie nimmt er Sie wahr und wie beeinflussen Sie seine Haltung, noch bevor Sie etwas sagen? Empfängt sein Herz Wärme und Mitgefühl von Ihnen, oder zwingt Ihre bloße Präsenz ihn, auf Abwehr zu gehen?

Das sind grundlegende Fragen, die im Wirtschaftsleben aber nur selten diskutiert werden. Wir sprechen hier von der Essenz zwischenmenschlicher Beziehungen in der Arbeitswelt, und wir alle wissen, dass diese Dynamik existiert. Aber wie gut schulen wir unsere Teams darin, energetisch einen guten Eindruck zu machen, wenn sie im Dienst der Firma in die Welt hinausziehen?

Neben der grundlegenden Energetik der Begegnung auf körperlicher Ebene gibt es auch noch das Phänomen der Schwingungen auf der Klangebene und der visuellen Ebene. Sicherlich erzeugt unsere äußere Erscheinung einen Widerhall im Wesen unseres Kunden. Wenn wir zum Beispiel voller Aggressionen sind, zeigt sich das in unserer Körperhaltung und unserem Gesichtsausdruck, und dieser visuelle Eindruck löst wiederum bei unserem Kunden sofort die Reaktion von Angriff oder Flucht aus.

Ähnlich wirkt auch unsere Stimme. Wenn die Klangwellen unserer gesprochenen Worte zum Ohr und Gehirn unseres Kunden vordringen, lösen wir eine Reaktion aus, die dem entspricht, was unsere Stimme aussendet.

Vor einiger Zeit war ich als Berater für die *Columbia School of Broadcasting* tätig, aber letzten Endes kam es nicht zu einer Zusammenarbeit, denn man verlangte von mir, dass ich Übungen entwickelte, um die Stimmen der Angestellten mitfühlender klingen zu lassen, ohne dass wir uns dem grundlegenden geistigen und körperlichen Zustand der Beteiligten zuwandten. Man glaubte dort, wir könnten die Stimme so manipulieren, dass sie klang, als käme sie vom Herzen, ohne dass der Sprecher sich tatsächlich auf sein Herz einstellte.

Wie wir aus Erfahrung selbst wissen, ist das einfach nicht möglich. Wir spüren es alle, wenn jemand Sympathie heuchelt, denn hier geht es um eine Kommunikation von Herz zu Herz, und wir können das Herz nicht täuschen. Der Verstand kann sich selbst etwas vormachen, indem er sich vorstellt, was er gern hören möchte. Aber wenn wir ehrlich mit uns sind, wissen wir in unserem Innersten, dass unser Herz immer spontan und aufrichtig auf äußere Eindrücke reagiert.

Ihre Stimme auf die Herzensebene bringen

Wie können Sie also vom Herzen sprechen, wenn Sie auf einen Kunden, eine Kollegin oder einen Verhandlungspartner zugehen? Wie können Sie die ganze Zeit über im Herzen bleiben und vom Herzen reden, wenn Sie sich zum Beispiel mit einem neuen Großhändler zusammensetzen, um einen Handel auszumachen, der beiden Seiten gerecht werden soll?

Das ist völlig unmöglich oder ganz einfach; dazwischen gibt es nichts. Entweder Sie richten Ihre Aufmerksamkeit auf Ihr spirituelles Herz, nehmen Ihre körperliche Präsenz wahr und sind sich des gemeinsamen Raumes bewusst – oder eben nicht. Wenn Sie bewusst (oder im Geschäftsleben häufig auch ziemlich spontan) zu dieser spirituell empfänglichen inneren Haltung übergegangen sind, werden Sie jetzt mühelos vom Herzen sprechen können. Sie müssen sich lediglich der Präsenz Ihres ganzen Körpers, Ihres Atems, Ihres Herzens und der Luft um Sie herum, die Sie mit der anderen Person teilen, bewusst sein und, während Sie zu sprechen beginnen, auf Ihr Herz als Zentrum ausgerichtet bleiben.

Als Junge wuchs ich mit dem presbyterianischen Glauben auf. Eine der eindringlichsten Geschichten des Neuen Testaments, die mein Herz und meine Seele ergriff und auch meinen jugendlichen Kampfgeist weckte, war die Szene, in der Jesus seinen Jüngern Anweisungen gibt für den Fall, dass man sie ergreifen und vor den Richter stellen sollte. Statt ihnen zu sagen, sie sollten sich geschickt aus der Sache herausreden und damit vielleicht ihrem Tod entkommen, gab er ihnen folgenden einfachen Rat: »Sorgt euch nicht darum, was ihr sagen werdet, wenn man euch vor den Richter stellt. Stattdessen öffnet euer Herz für den Heiligen Geist und erlaubt ihm, durch euch zu sprechen.«

Ich arbeite gerade an einem Drehbuch, in dem ich beschreibe, was mir widerfuhr, als ich in eine ähnliche Situation geriet und dem Rat Jesu folgte statt dem meines Anwalts. Direkt nach dem College besuchte ich ein presbyterianisches Seminar, um Priester zu werden. Ich hoffte, damit meinen reichen spirituellen Erfahrungen und meinen religiösen Überzeugungen einen formalen Rahmen zu geben, um meinen Lebensunterhalt verdienen und gleichzeitig meinen spirituellen Forschungen nachgehen zu können. Aber ich war von Anfang an im Konflikt. Ich konnte meine spirituellen Erfahrungen einfach nicht in der engen Struktur, den Definitionen und dem Kodex der presbyterianischen Kirche unterbringen. Schließlich wurde ich vor eine Kommission gebracht und drei Tage lang von zwölf Männern in schwarzen Roben verhört, deren Aufgabe es war zu entscheiden, ob ich zum presbyterianischen Priesteramt zugelassen oder aus der Herde vertrieben werden sollte. Das war 1972 in San Francisco, als alle möglichen radikalen Ketzereien in Umlauf waren. Man wollte an mir ein Expempel statuieren, um deutlich zu machen, was die presbyterianische Kirche in diesen heftigen Zeiten glaubensmäßig tolerieren und was sie nicht tolerieren würde.

Ich weiß noch genau, wie ich, bevor ich mich meiner eigenen Mini-Inquisition stellte, in einem kleinen Raum saß und zu Gott um Hilfe betete. Was sollte ich tun? Und die Antwort kam laut und deutlich und hallte in meinem ganzen Wesen wider: »Mache dir keine Sorgen, was du sagen wirst, wenn man dich vor die Autoritäten bringt. Öffne stattdessen dein Herz für den Geist, und erlaube dem Geist, durch dich zu sprechen.«

Genau das tat ich. Und so wurde ich aus den Diensten der presbyterianischen Kirche entlassen, verlor meinen Job und wandte mich anderen Dingen zu. Ich erwähne das nicht, um mich über die presbyterianische Kirche zu beschweren. Sie taten, was sie für ihre Institution für richtig hielten, und ich suchte mir eine Arbeit, die mich mehr erfüllte, und habe ein ausgezeichnetes Verhältnis zu dieser Institution. Mir geht es bei diesem Erlebnis um Folgendes: Wenn Sie vom Herzen sprechen und zulassen, dass Ihre Worte von spiritueller Tiefe statt durch Ihr Ego geprägt sind, gehen Sie tatsächlich ein Risiko ein. Sobald Sie die manipulative Ebene verlassen, legen Sie eine Waffe nieder, mit der Sie den Kampf vielleicht gewonnen hätten.

Aber um welchen Kampf geht es denn, wenn wir uns zusammensetzen, um zu verhandeln? Worin besteht unser höheres Ziel? Im Falle von Selby versus presbyterianische Kirche fand gar kein wirklicher Kampf statt: Wir alle suchten nach der Wahrheit der Dinge und fanden sie auch.

Die Verhandlungswahrheit

Sie werden sich daran erinnern, dass ich in diesem Buch an früherer Stelle einige spirituelle Kernaussagen aus der jüdisch-christlichen Tradition zitierte. Diese Aussagen üben noch immer einen prägenden Einfluss auf die philosophischen Wahrheiten der westlichen Kulturen aus. Wir finden sie in sämtlichen Weltreligionen wieder, in denen die grundlegende Weisheit von Zeitaltern enthalten ist, die im Laufe der Geschichte in das individuelle und kollektive Herz eingegangen ist. Ich möchte in diesem Rahmen auf eine dieser Weisheiten zurückkommen: »Wisset die Wahrheit, und die Wahrheit wird euch befreien.«

Betrachten wir diesen Satz einmal in einem direkten Zusammenhang mit unserer augenblicklichen Revolution auf dem Unternehmenssektor, wo dieses »Wissen um die Wahrheit« zum entscheidenden globalen Faktor für Erfolg geworden ist. Sicherlich ist Ihnen bekannt, dass die internationale Unternehmenswelt derzeit einen radikalen und extrem schnellen Wandel durchmacht. Ein Hauptgrund dafür ist, dass »Information« wertvoller geworden ist als sämtliche anderen Handelsgüter auf dem Markt. Bislang war es so, dass führende Unternehmen die waren, die optimalen Zugang zu Rohstoffen hatten, über das beste Transportsystem verfügten und Ähnliches mehr. Aber durch die Computer-Revolution der letzten zwanzig Jahre ist eine Situation entstanden, in der hauptsächlich die Unternehmen, die am meisten Information zu einem bestimmten Thema gesammelt haben und diese auch zu verarbeiten und zu benutzen wissen, weniger informierten Firmen überlegen sind.

Die andere Seite der Medaille ist jedoch, dass wir beobachten, wie sich unverarbeitete Informationen anhäufen, die in unsere Computer, unser Denken und andere Datenbanken fließen, und dieser potenzierte Informationszuwachs sorgt für ein entsprechend rasantes Tempo bei den Veränderungen, die in der gesamten Weltwirtschaft vor sich gehen. Tatsächlich hat sich dieser

Wandel in der globalen Handelswelt dermaßen beschleunigt, dass sowohl die Datenbanken unserer Computer als auch unser kognitiver Verstand einfach nicht mehr mithalten können.

Wir müssen uns also folgende Frage stellen: *Wenn wir nicht imstande sind, mit dem radikalen Informationszuwachs Schritt zu halten, wohin führt diese Revolution auf dem Sektor der Information dann?* Wenn wir keinen angemessenen, datengespeisten Überblick über die augenblickliche Wirtschaftslage gewinnen können, wie sollen wir dann »die Wahrheit wissen« und entsprechend handeln?

Die Antwort ist ziemlich eindeutig. Wenn wir durch die Daten, die von allen Seiten in die Unternehmenswelt fließen, überfordert sind, müssen wir die Überlast an Information mit Hilfe einer höheren Funktion des Verstandes als der des deduktiven Denkens neu ordnen und handhaben. Natürlich müssen wir unsere Hausarbeiten gut erledigen und von der Flut linearer Daten so viel wie möglich verarbeiten. Aber genauso müssen wir imstande sein, den intuitiven Schongang einzulegen, denn das ist der zweite Schritt auf dem Weg, »die Wahrheit zu wissen«.

Die wahre Revolution

In der Geschäftswelt wird permanent von einer »Revolution« gesprochen, die uns überrollt und auf fast magische Weise in eine etwas beängstigende Zukunft unbekannter Richtung schleudert. Meistens konzentriert man sich dabei auf äußere Veränderungen, die in der unmittelbaren Zukunft angesiedelt oder in diese projiziert werden. Doch sämtliche äußeren Manifestationen dieser wirtschaftlichen Revolution sind lediglich – äußere Manifestationen. Die wirkliche Revolution passiert – wie wir hier sehen – zweifellos in unserem eigenen Gehirn. Ob wir nun von einem radikalen evolutionären Sprung, von einer neural-technischen

Explosion sprechen oder andere Begriffe benutzen, dieser Prozess ist mit Sicherheit im Gange und wir können ihm nicht entkommen. Die vergangenheitsorientierte deduktive Funktion des menschlichen Denkens, mit der wir nur eine Information auf einmal erfassen können, ist einfach nicht schnell genug, wenn es darum geht, sich auf der Grundlage von äußerem Wissen ein gültiges gedankliches Bild davon zu machen, was in der sich rasch wandelnden Weltwirtschaft geschieht. Solange wir fixiert bleiben auf die deduktive, lineare, nicht-intuitive Orientierung unseres analytischen Verstandes, der sich an Vergangenheit und Zukunft orientiert, verlieren wir immer mehr den Kontakt zu der erweiterten, multi-dimensionalen Wirklichkeit, in die wir uns auf der globalen Ebene kopfüber stürzen.

Unsere einzige Hoffnung und positive Möglichkeit besteht darin, dass wir bewusst lernen, auf sämtlichen geschäftlichen Ebenen von der schwerfälligen deduktiven Funkton des Verstandes auf die transpersonale, induktive, nicht-lineare »Aha!«-Funktion umzuschalten.

Und wir müssen uns Folgendes klarmachen: Unser Hauptfeind in dieser Richtung besteht in nichts anderem als bestimmten eingefleischten und überholten kognitiven Einstellungen und Vorurteilen, die unser Denken augenblicklich beherrschen. Die inneren Vorstellungen, die wir aufgrund unserer alten Programmierungen mit uns herumtragen, beschränken uns in unserem Denken und Handeln. Und wenn sich unsere Grundüberzeugungen vom Wesen der Unternehmenswelt nicht ebenso schnell verändern wie diese Welt selbst, werden wir uns selbst funktionsuntüchtig machen. Punkt.

Die Revolution, die uns alle ergreift, findet also innerlich in der denkenden/intuitiv arbeitenden Abteilung unserer individuellen Gehirne statt. Es ist eine – hoffentlich – friedliche Revolution in unserem eigenen Denken, individuell und kollektiv. Eine »Revolution der Intuition«, wenn Sie so wollen, bei der die von Ideen gespeiste deduktive Funktion des menschlichen Gehirns, die sich jahrhundertelang zum höchsten Diktator unserer wechselnden inneren Zustände aufgeschwungen hat, lernt, ihren autoritären Standpunkt aufzugeben und die Macht mit der spirituell inspirierten, intuitiven Funktion des Verstandes zu teilen.

Wir haben in diesem Buch kontinuierlich erforscht, wie wir an den evolutionären Punkt gelangt sind, wo wir um des bloßen Überlebens willen unsere geistigen Funktionen erweitern müssen, um uns für transpersonale, intuitive und spirituelle Anleitung und Einsicht zu öffnen. Und die unverblümte Frage lautet: Wie können wir erwarten, in der Unternehmenswelt zu überleben, wenn wir weiterhin an einem relativ begrenzten geistigen Standpunkt festhalten, während andere Geschäftsleute sich aktiv an die erweiterten mentalen Funktionen anschließen?

Die Wahrheit über das gesprochene Wort

Bislang haben wir uns überwiegend damit beschäftigt, wie wir innere, still ablaufende Gedankenprozesse verstärken können. In diesem Kapitel werden wir unseren Fokus vom Denken zum Sprechen verlagern und dabei erforschen, wie wir die Einsichten und praktischen Techniken dieses Buches auf Verhandlungssituationen anwenden können. Tatsächlich ist die nach außen gerichtete, hörbare, sprechende Funktion unseres Verstandes von entscheidender Bedeutung, nicht nur, weil sie unsere primäre Form der Kommunikation bei Verhandlungen und Sitzungen darstellt, sondern auch, weil der sprechende Verstand sich oft sehr viel leichter und schneller an intuitive Einsichten anschließen kann als das innere Denken.

Es gibt noch einige weitere Faktoren, die wir an diesem Punkt in Bezug auf den aktuellen neuro-linguistischen Prozess des Sprechens klären müssen. Es ist eine psychologische Wahrheit, dass wir jedes Mal, wenn wir unseren Mund aufmachen, um zu sprechen, ein kalkuliertes Risiko eingehen. Es gibt keine Möglichkeit, vorher mit Sicherheit zu wissen, was wir im nächsten Augenblick sagen werden. Natürlich können wir uns entsprechend vorbereiten und auswendig Gelerntes vortragen; aber es gibt im Geschäftsleben keinen Fortschritt, wenn wir uns in dieser Form an alte Ideen und Entscheidungen binden. Wir müssen kreativ und spontan improvisieren, wenn wir bei Verhandlungen mit Kraft und Klarheit vorankommen vollen.

Folgender psychologischer Faktor ist hier am Wirken: Wir können oft beobachten, dass wir allein durch den Prozess, uns für ein bestimmtes Thema zu öffnen und darüber zu sprechen, zu neuen Wahrheiten oder Erkenntnissen gelangen, die uns gerade erst »dämmern« und uns zu tieferen Einsichten führen. Und wenn wir lernen, unserem sprechenden Selbst bewusst freie Bahn zu lassen, stellen wir immer wieder überrascht fest, dass unserem Mund eine Flut von unerwarteten Einsichten entströmt.

Sprechen ist also ein ganz wesentlicher Erkenntnisprozess. Durch den Akt des Redens gewinnen wir Klarheit und zwar vor allem deswegen, weil wir uns durch die psychologische Dynamik des »lauten Aussprechens« oft spontan für tiefere Ebenen von Weisheit und Klarheit öffnen. Warum? Während das innere Denken überwiegend auf einer Gehirnfunktion beruht, ist beim Sprechen meist der ganze Körper beteiligt. Deswegen kommen wir, wenn wir reden, statt nur nachzudenken, oft in engeren Kontakt mit unserem tieferen, intuitiven spirituellen Selbst. In diesem Licht betrachtet sollte die offene Diskussion als primäre Möglichkeit für höhere Einsichten und Erkenntnisse im Geschäftsleben gelten.

Unser spirituelles Herz

Wir alle wissen, wie es ist, eine Verhandlungssitzung welcher Art auch immer vor uns zu haben (sei es mit unserer Ehefrau, unserem Geschäftspartner, unserer Anwältin oder einem Konkurrenten), der wir mit sehr viel Unsicherheit und Besorgnis entgegensehen. Fünf Minuten, eine Stunde oder einen Tag später jedoch schütteln wir unserem Gegenüber die Hand oder umarmen uns sogar, voller Freude über die glänzenden Erkenntnisse, die wir beide gewonnen haben, oder über eine Übereinkunft, die auf einer bemerkenswerten dritten Alternative beruht, die uns bei unseren Verhandlungen »plötzlich einfach kam«. Um diese Erfahrung geht es uns: eine Situation, in der die spirituelle Dimension direkt in eine weltliche Verhandlung hineinreicht und diese beeinflusst, und in der beide Parteien etwas erleben, was uns wirklich Ehrfurcht einflößen kann – eine Begegnung, die uns Erkenntnisse und Wahrheiten erschließt, zu denen wir als einzelnes Individuum nicht gelangen könnten.

Was geschieht in solchen Situationen? Beide Seiten begeben sich spontan oder bewusst auf die transpersonale Ebene, lenken ihre Aufmerksamkeit auf die Schwingung ihres spirituellen Herzens und vereinigen ihre beiden Wahrnehmungskokons zu einem erweiterten Realitätssinn. Indem sie ihr Herz und ihren Verstand für den Fluss unmittelbarer intuitiver Einsichten öffnen, erkennen sie die Wahrheit ihrer Situation, eine Wahrheit, die mit der umfassenderen Wirklichkeit der Welt als ganzer in Einklang steht und über die Grenzen ihrer persönlichen Egos und ihrer individuellen Sicht des Möglichen hinausgeht.

Wie können Sie Ihre Verhandlungskapazitäten auf einer regelmäßigen Basis aktiv auf eine höhere Frequenz von Erfolg und beidseitiger Zufriedenheit bringen? Sie kennen den Kommunikationsprozess des »spirituellen Herzens«, der diesem Umschalten zugrunde liegt, bereits zu großen Teilen. Lassen Sie mich das grundlegende Verfahren für den Anschluss an die spirituelle Ebene für Sie in eine Form bringen, die den spezifischen Erfordernissen einer Verhandlungssituation entspricht, und, wo notwendig, entscheidende neue Aspekte in diesen Prozess einbringen. Sie werden bemerkt haben, dass ich den vollständigen Ablauf dieses Vorgehens in diesem Buch oft wiederhole, denn unser Ziel ist, dass wir uns diese Schritte, mit denen wir uns mit der spirituellen Dimension verbinden, am Ende unserer Diskussion erfolgreich eingeprägt haben. Meine Rolle besteht darin, die Lernmaschine zu spielen und Ihnen die grundlegenden Informationen auch dann immer wieder vorzusetzen, wenn ich neue Schritte hinzufüge, damit Sie den gesamten Ablauf mühelos auswendig lernen können.

Verhandlungsvorbereitungen

In der Regel werden Sie die Schritte, mit denen Sie körperlich ganz ruhig werden und sich an innere Kraftquellen anschließen, vor Verhandlungsbeginn tun wollen. Auch wenn Sie sich kognitiv vorbereiten, sollten Sie dafür sorgen, dass Sie mit der Quelle der Weisheit, die sich Ihnen durch die Wahrnehmung Ihres ganzen Körpers erschließt, in Verbindung bleiben. Richten Sie Ihre Aufmerksamkeit zu Hause, im Büro oder am Arbeitsplatz immer wieder auf die Empfindung der durch Ihre Nase ein- und ausströmenden Luft ... und dehnen Sie Ihre Wahrnehmung auf die Bewegungen in Ihrem Brustkorb und Ihrem Unterleib beim Ein- und Ausatmen aus ... Gehen Sie dann noch einen Schritt weiter, um auch Ihren Herzschlag oder Ihren Puls in Ihre Wahrnehmung einzubeziehen ... Und jetzt nehmen Sie auch den Sog der Schwerkraft an Ihrem Körper und die Reaktion Ihrer Muskeln auf diesen Sog, die Sie im Gleichgewicht halten, in Ihre Wahrnehmung mit hinein ... und während Sie sich auf Ihre innere Präsenz einstimmen, sagen Sie zu sich: *»Ich bin mir meines ganzen Körpers hier in diesem gegenwärtigen Augenblick bewusst ...«*

Intuitiv werden

Wenn Sie in Vorbereitung auf Ihre Verhandlungssitzung die entsprechenden Informationen durchgehen, werden Sie irgendwann vor Verhandlungsbeginn Ihre deduktive mentale Arbeit beenden und zu der Ebene transpersonaler Einsicht übergehen wollen, wie Sie es bereits gelernt haben. Hier eine Kurzfassung der grundlegenden Schritte, die auf der ausführlichen Beschreibung des Prozesses auf S. 271 ff. beruht:

- Machen Sie Ihre Absicht deutlich, »Intuition zu aktivieren«, indem Sie zu sich sagen: *»Ich beschließe jetzt, zur intuitiven Ebene überzugehen.«*

- Wenden Sie sich nun Ihrem spirituellen Herzen zu, indem Sie zu sich sagen: *»Spirituelles Herz!«* und Ihre Aufmerksamkeit vom emotionalen Herzen in den oberen Bereich Ihres Brustkorbs verlagern, um über diesen »Gefühlspunkt« offen für spirituelle Eingebungen zu werden. Atmen Sie ein paar Mal in diese innere Empfänglichkeit hinein.

- Während Sie mit Ihrer Aufmerksamkeit beim spirituellen Herzen und Ihrem Atem bleiben, beginnen Sie jetzt, Ihre Wahrnehmung gleichzeitig auf das visuelle Erleben des Sie umgebenden Raumes auszudehnen ... Konzentrieren Sie sich auf den Raum zwischen sich und den Gegenständen und Menschen im Zimmer. Versuchen Sie, das *Raumvolumen* zu betrachten, so dass Sie *alles auf einmal sehen*.

- Wenn Sie Ihre Aufmerksamkeit erst einmal auf das spirituelle Herz, den ganzen Körper und die visuelle Ebene des »Alles-auf-einmal-Sehens« verlagert haben, sagen Sie zu sich: *»Ich bin offen und empfänglich für Einsichten.«* Und während Sie auf Ihren Atem, Ihr Herz und das Volumen des

Raumes ausgerichtet bleiben, wenden Sie sich dem anstehenden Thema zu und erlauben Sie Ihrem denkenden Verstand, sanft und mühelos sämtliche Gedanken fließen zu lassen, die Ihnen dazu kommen.

Die erste Begegnung

Sie begeben sich in eine Verhandlungssitzung und sind vielleicht etwas müde von Ihren Vorbereitungen. Sie haben sich wichtige Informationen für die Sitzung besorgt, aber Sie wissen, dass Sie sich in der vorgegebenen Zeit nicht sämtliche Daten und andere wichtige Informationen aneignen konnten. Sie stehen also vor der Aufgabe, mit Ihrem Verhandlungspartner gemeinsamen Boden zu finden, obwohl Sie wissen, dass Sie auf der deduktiven, kognitiven Ebene keinen Gesamtüberblick haben. Sie sind bereits auf Ihre intuitiven Einsichten eingestimmt. Gleich werden Sie in der Verhandlung mit Ihrem Partner und Gegenüber Positionen austauschen und schauen, welche zündenden Ideen Ihnen kommen, während Sie gemeinsames Terrain suchen.

Wie sehen die inneren Schritte aus, die Sie tun können, um bei dieser Verhandlung für eine hoch qualifizierte, produktive und kreative Begegnung zu sorgen?

1. Denken Sie daran, dass Ihre bloße Präsenz die andere Person im Raum beeinflusst, noch bevor Sie in Hör- und Sichtweite kommen. Machen Sie also schnell Ihre Meditation der vier Atemzüge, um sich zu erden, und richten Sie Ihre Wahrnehmung auf »Atem, Herzschlag, Gleichgewicht und den ganzen Körper« ... Sagen Sie »Spirituelles Herz« und öffnen Sie Ihr Herz ... Seien Sie ganz präsent, während Sie auf den Menschen zugehen, mit dem Sie verhandeln werden.

2. Während Sie beide sich die Hand geben oder sich auf andere Weise begrüßen, sollten Sie von der visuellen Punktfixierung dazu übergehen, »alles auf einmal zu sehen«, um Ihren persönlichen Ego-Kokon bewusst auf die andere Person auszudehnen. Mit anderen Worten, Sie öffnen Ihr Herz für diesen Menschen. Vertrauen Sie darauf, dass Ihre eigenen höheren Kräfte und Ihre innere Führung Sie vor einer möglichen negativen Ausstrahlung dieser Person schützen werden (mehr darüber gleich), und schauen Sie, inwieweit Sie Ihr Gegenüber als Ihnen gleichgestelltes menschliches Wesen voll akzeptieren können. Spüren Sie, dass Sie eher auf Teilen als auf Manipulieren aus sind.

3. Achten Sie darauf, dass Sie im Zentrum Ihres spirituellen Herzens verankert bleiben und Ihre Aufmerksamkeit gleichzeitig auf die körperliche Präsenz der anderen Person richten, wenn Sie zu sprechen beginnen (das erfordert natürlich Übung). Wenn Sie vom Herzen sprechen, was unweigerlich der Fall ist, wenn Sie mit Ihrer Aufmerksamkeit tief in Ihrem Herzzentrum verwurzelt sind, werden Sie sich auf spontane Weise authentisch und aufrichtig verhalten und eine Wärme ausstrahlen, die den Menschen, mit dem Sie es zu tun haben, positiv beeinflusst.

Auf der Ebene des spirituellen Herzens verhandeln

Die Herausforderung besteht jetzt darin, sich den intuitiven Bewusstseinszustand auf der Ebene des spirituellen Herzens, mit dem Sie in die Verhandlung gekommen sind, während der ganzen Sitzung zu bewahren. Natürlich werden Sie sich mit Details auseinander setzen und die pragmatischen Bedingungen berücksichtigen, die Sie mit an den Verhandlungstisch bringen. Auf die spirituelle Ebene eingestimmt bleiben bedeutet in keinster Weise, beim Verhandeln »weich« zu werden oder dem anderen »nachzugeben«. Hier geht es grundsätzlich darum, dass beide gewinnen. Sie sind auf der Suche nach gemeinsamem Boden, damit Sie, wenn Sie vom Verhandlungstisch aufstehen, beide das Gefühl haben, unter Berücksichtigung sämtlicher Fakten ein gutes Geschäft gemacht zu haben.

Gefährliche Gegner entschärfen

Es wäre wunderbar, wenn Ihre Verhandlungspartnerin oder Ihr Verhandlungspartner eine ähnliche Haltung wie Sie verträte, sich ebenfalls auf die spirituelle Dimension einstimmen würde und mit den grundlegenden Prozessen vertraut wäre, die wir hier besprechen. Aber natürlich ist meistens genau das Gegenteil der Fall, und wir stellen fest, dass wir eher mit einer Natter als mit einer verwandten Seele in der Verhandlungsgrube hocken.

Wir können nicht davon ausgehen, dass unsere Geschäftspartnerinnen und -partner sich ebenfalls spirituell auf die Verhandlung einstimmen. Was sollen wir also tun, wenn wir es mit einem regelrechten Gegner zu tun haben, der unaufrichtig, feindselig, manipulativ, betrügerisch und auf subtile Weise gefährlich ist?

Sic wissen bereits aus Erfahrung, wie der erste grundlegende Schritt bei solch einer Konfrontation aussieht. Sie müssen bei sich bleiben und sich Ihre persönliche Stärke und Haltung bewahren, um sich vor den Manipulationen dieser Person zu schützen. Und die wirkungsvollste Technik dafür besteht zweifellos in den Schritten, die ich Ihnen beigebracht habe: Wenn Sie in Ihrer körperlichen Präsenz verankert und mit dem spirituellen Kern Ihres irdischen Wesens verbunden sind, sind Sie so unerschütterlich wie ein Felsen. Wenn Sie an die spirituelle Dimension angeschlossen sind, kann niemand Ihre Grenzen verletzen oder Sie manipulieren. Ein Mensch, der in der Wahrheit verwurzelt ist und aus diesem Gefühl des Wissens heraus handelt, ist durch die herkömmlichen, vom Ego ausgehenden geschäftlichen Manipulationen nicht aus der Ruhe zu bringen.

Oft genug passiert Folgendes: Wir fühlen uns auf der Ebene des Egos von jemandem bedroht, fallen zurück in die Abwehrmechanismen des Egos und verlieren auf diese Weise unsere spirituelle Wachsamkeit. Dann verengt sich unsere Wahrnehmung und wir verlieren den Kontakt mit unserem Atem und unserer körperlichen Präsenz. Und auf diesem Wege werden wir wieder zum Opfer der Unsicherheiten unseres Egos und seiner eingefleischten Abwehrmechanismen.

Wenn das geschieht, ist es weise zu erkennen, dass es geschieht. Sie brauchen sehr viel Erfahrung, um spontan erkennen zu können, dass Ihnen die Wahrnehmung Ihres Körpers verloren gegangen ist, aber mit der Zeit gelingt Ihnen das immer besser. Und wenn Sie sich erst einmal dabei ertappen, dass Sie sich vor Angst und Ich-Abwehr zusammenziehen, können Sie sich auf die Ebene der Wahrnehmung des ganzen Körpers und des spirituellen Herzens zurückbringen, indem Sie einfach nur registrieren, dass Sie sie verlassen haben. Wir sprechen hier von der »Entwicklung einer positiven Gewohnheit«, mit deren Hilfe Sie ebenso schnell auf die Ebene der Wahrnehmung des ganzen Körpers zurückkehren können, wie sie Ihnen verloren gegangen ist. Die Motivation ist klar. Wenn Sie sich vor Ich-Abwehr zusammenziehen, bringen Sie sich in Gefahr. Sobald Sie sich jedoch auf die Wahrnehmungsebene des ganzen Körpers und der spirituellen Dimension zurückbegeben, werden Sie spüren, wie die Kraft in Ihr System zurückkehrt und Sie wieder klar denken können. Und das wiederum verstärkt Ihren Wunsch, sich während einer Verhandlungssitzung oder in anderen sozialen Situationen in jedem Augenblick das Bewusstsein für Ihre körperliche Präsenz und das spirituelle Herz zu bewahren.

Wir wollen uns jetzt anschauen, was mit Ihrem Gegner geschieht, wenn es Ihnen gelingt, in seiner Gegenwart auf die Ebene des ganzen Körpers und des spirituellen Herzens zurückzukehren oder sich diese Wahrnehmung zu bewahren. Das alte Sprichwort »Zum Streiten gehören zwei« enthält viel Wahres. Wenn Sie den Herausforderungen Ihres Gegenspielers nicht mit gleichen Mitteln begegnen, praktizieren Sie Judo in der Unternehmensarena. Das kann einem Gegner schwerer zusetzen, als wenn Sie Schlägen einfach nur ausweichen. Aber Sie können noch einen weiteren Schritt unternehmen, um die Situation entscheidend zu verändern.

Konzentrieren Sie sich bei Ihrer Wahrnehmung dieses Menschen auf den Bereich seines Herzens. Versuchen Sie, die ganze Person vor sich zu sehen, statt nur ihre Augen und ihre Ego-Spielchen. Und ja, sagen wir es einfach so: Lassen Sie die Liebe, die Sie in Ihrem Herzen für sich spüren, aus Ihrer Mitte nach außen und in das Herz des oder der anderen fließen.

Vielleicht klingt das nach New-Age-Spielen, aber es ist einfach die reine Wahrheit: Wir haben in diesem Buch immer wieder gelernt, wie wir unser Herz für die Liebe und das Mitgefühl des gesamten Universums öffnen können. Es ist gewiss wunderbar, diese Liebe zu empfangen. Aber das ist noch nicht alles. Wir müssen auch lernen, den universellen Fluss der Liebe, den wir empfangen, aus unserem eigenen Herzzentrum an andere weiterfließen zu lassen.

Wenn die spirituelle Liebe, die wir im Herzen empfangen lernen, unendlich ist, was mit Sicherheit stimmt, dann müssen wir nicht versuchen, sie für uns zu behalten. Tatsächlich heißt es in den maßgebenden christlichen und buddhistischen Lehren immer wieder, dass wir Liebe nicht besitzen und in uns horten können. Diese Kraft ist immer in Bewegung, sie fließt weiter und strahlt von unserem Herzzentrum nach außen oder hört auf in unser Herz zu fließen.

Ich weiß noch, wie ich als junger Psychologe für ein großes

Unternehmen Methoden entwickelte, mit denen feindliche Angriffe bei Verhandlungen neutralisiert werden sollten. Ich erfand zu diesem Zweck eine Reihe von äußerst komplexen, aber manipulativen Techniken, die bis zu einem gewissen Maße auch funktionierten. Sicher können wir lernen, das Ego-Spiel mit äußerst raffinierten Mitteln zu spielen, und dabei den Kampf scheinbar auch »gewinnen«.

Aber letzten Endes ist das völlig sinnlos, denn wir verlieren sehr schnell jeden Kontakt mit den höheren intuitiven und spirituellen Kraftquellen, wenn wir uns in die ständigen Ego-Kämpfe verlieren, die für menschliche Wesen so typisch sind. Und letzten Endes können wir einen gefährlichen Verhandlungspartner durch unsere Ego-Manipulationen nicht entschärfen. Die einzige Kraft, die die negativen Absichten und Schwingungen eines Menschen neutralisieren kann, mit dem wir den Raum teilen, ist jene mysteriöse, aber nicht zu verleugnende Kraft, die das ganze Universum durchdringt – die Liebe.

Mehr als geistiges Judo

Es gibt bestimmte persönliche Schlüsseleigenschaften, die wir im Kontakt mit einem geschäftlichen Gegner verstärken können, damit sie uns helfen, Begegnungen ganz unabhängig von den anfänglichen Einstellungen und Absichten der anderen Person positiv zu gestalten. Sie erinnern sich sicher, dass ich in diesem Buch an früherer Stelle fünf entscheidende Eigenschaften aufgezählt habe, die einen wirklich erfolgreichen Geschäftsmenschen ausmachen. Diese Qualitäten gehen auf unser jüdisch-christliches Erbe zurück und sind tief in unserem Denken verwurzelt, auch wenn wir sie im Alltag oft vergessen. Jetzt ist der richtige Zeitpunkt gekommen, um uns diese Eigenschaften einmal genauer anzuschauen und zu untersuchen, wie wir sie bei Verhandlungen und in sämtlichen anderen Arbeitsbeziehungen verstärken und zum Einsatz bringen können. Ich möchte Ihnen diese Qualitäten noch einmal in derselben Reihenfolge, aber in verkürzter Form aufzählen, um sie anschließend gründlicher zu betrachten:

»Seid still – und wisset, ich bin Gott.«

Die Fähigkeit, den denken Verstand bewusst zur Ruhe zu bringen, ist, wie wir gesehen haben, ausschlaggebend für die inneren Zustände, in denen wir die Präsenz des ganzen Körpers wahrnehmen, auf unser spirituelles Herz eingestimmt und an intuitive Ebenen angeschlossen sind. Das wiederum ermöglicht uns, kooperativ und einsichtsvoll zu kommunizieren. Auch die Fähigkeit, wirklich zuzuhören, erfordert, dass wir innerlich still werden, um die Gedanken der anderen Person wirklich empfangen zu können. Und wenn die Beteiligten zusammen Augenblicke der Stille erleben, können die beiden Menschen in dem gemeinsamen spirituellen Raum tiefe Einsichten empfangen.

»Wisset die Wahrheit – und die Wahrheit wird euch befreien.«

Bei Verhandlungen besteht die konkrete Herausforderung für beide Beteiligten darin, die Wahrheit über das anstehende Thema herauszufinden und entsprechend zu handeln. Wenn die Verhandlung mit der Absicht geführt wird, diese grundlegende Wahrheit zu entdecken, wird der Prozess transformiert. Beide Verhandlungsparteien nehmen von ihren üblichen Haltungen und Abwehrmechanismen Abstand, da ihre Diskussion von einer größeren Macht getragen wird. Wenn wir uns in dieser Form auf die Wirklichkeit einlassen, können wir in geschäftlichen wie auch in anderen Situationen mutig, überzeugt und effektiv handeln. In diesem Umfeld blüht und gedeiht auch die Eigenschaft der Integrität.

»Fürchtet euch nicht.«

Angst als primäre, angeborene menschliche Emotion bewirkt, dass eine ansonsten strahlende Persönlichkeit negativ und unklar wird. Bei genauerer Untersuchung können wir feststellen, dass Persönlichkeitszüge wie Ärger, Aggression, Vorurteile und Manipulation immer auf Angst zurückgehen. Wenn wir die Angst akzeptieren, die den negativen Einstellungen und Verhaltensweisen eines anderen Menschen zugrunde liegt, können wir ihm helfen, sie loszulassen. Und wir selbst müssen lernen, Schritt für Schritt über Gedanken und Absichten hinauszugehen, die auf Angst beruhen, und unser Denken und unsere Absichten auf Liebe gründen.

»Richtet nicht.«

Unsere Angewohnheit, Menschen, Situationen und Ideen auf der Grundlage von früheren Erfahrungen und Voreingenommenheiten sofort zu verurteilen, statt von der augenblicklichen Realität auszugehen, ist eine allgemein verbreitete negative Gewohnheit, die wir uns ernsthaft anschauen müssen. Menschen auf diese Weise zu richten und in feste Schablonen zu pressen ist nicht nur ungerecht, sondern auch ein total schlechtes Geschäftsgebaren. Sobald wir einen Menschen oder eine Situation ausschließlich oder überwiegend auf der Grundlage früherer Erfahrungen beurteilen, agieren wir im Rahmen einer längst vergangenen Realität, statt mit klaren, unvoreingenommenen Augen die Wahrheit des Augenblicks zu erfassen, die völlig anders aussehen kann als die Vergangenheit. Ein Mensch, der in sich rasch verändernden Zeiten wie diesen die geistige *Kunst der urteilsfreien Wahrnehmung im gegenwärtigen Augenblick* praktiziert, ist in jedem Fall Menschen überlegen, die im Sumpf überholter Urteile und Voreingenommenheiten stecken bleiben.

»Gott ist Liebe ... liebet einander.«

So wie wir das Wort in diesem Buch verstehen, ist Liebe die höchste kreative und Kraft spendende Macht des gesamten Universums, die sich im menschlichen Herzen durch den Zufluss spiritueller Kräfte manifestiert. Sämtliche großen Religionen setzen Gott mit Liebe gleich. Wollen wir also in unserem Geschäftsleben kreativen Erfolg auf der höchsten Ebene erlangen, sind wir geradezu Narren, wenn wir uns diesen »Liebesfaktor« bei unseren täglichen Geschäftsverhandlungen nicht genau anschauen und zunutze machen. Für eine erfolgreiche Lösung bei geschäftlichen Verhandlungen sowie bei sämtlichen anderen Formen von Kommunikation in der Unternehmenswelt ist es mit Sicherheit entscheidend, dass wir die Macht der Liebe in den Diskussionsprozess mit einbeziehen.

Diese fünf spirituellen Gebote – *Seid still ... Wisset die Wahrheit ... Fürchtet euch nicht ... Richtet nicht ... Liebet einander* – hängen natürlich eng zusammen. Wir müssen unsere Angst vor Menschen sowie unsere Urteile fallen lassen, um uns gegenseitig lieben zu können. Wir müssen still sein und wissen, dass Gott Liebe ist, um die Wahrheit zu erfahren. Und wenn wir eine dieser Eigenschaften unbeachtet lassen, wirkt sich das auf alle anderen aus. Umgekehrt gilt, dass wir all diese Qualitäten stärken, wenn wir auch nur eine davon in uns fördern.

Wir haben bereits ausführlich erforscht, mit welchen konkreten mentalen Techniken wir den denkenden Verstand zur Ruhe bringen, uns an intuitive Einsichten und Wahrheiten anschließen und unser Herz für den Zufluss spiritueller Kräfte öffnen, um uns mühelos und ohne Abhängigkeiten gegenseitig lieben zu können. Hier wollen wir uns vertieft den beiden Geboten »Fürchtet euch nicht« und »Richtet nicht« zuwenden, die eng miteinander verbunden sind und unsere spezielle Aufmerksamkeit verdienen.

Nichts zu befürchten?

Grundsätzlich geht es bei unseren wirtschaftlichen Aktivitäten darum, unser physisches Überleben und unsere materielle Sicherheit auf diesem Planeten für die ganze Spanne unserer natürlichen Lebenszeit zu sichern. Wenn unser materielles Wohlbefinden in irgendeiner Weise bedroht ist, ergreift uns Angst, die verschiedene Formen annehmen kann. Ist unser Überleben nicht konkret gefährdet, sollten wir auch keine Angst oder entsprechende Auswirkungen wie Besorgnis, Befürchtungen und Stress empfinden.

Die meisten Menschen fühlen sich stark genug, sich den Erfolgen und Niederlagen des Geschäftslebens zu stellen, ohne auf jede neue Bedrohung oder Herausforderung mit nackter Angst zu reagieren. Das Wirtschaftsleben gleicht einer Kampfsportart, und man erwartet von uns, dass wir Emotionen wie Besorgnis und Ängstlichkeit kraftvoll standhalten, statt uns davon unterkriegen zu lassen. Die meisten von uns verbergen also ihre Angstreaktionen hinter einer Fassade von Härte, Aggression und Starrheit, die vor den darunter liegenden Gefühlen schützen soll.

Aber wenn wir ehrlich sind, wissen wir alle im Innersten, dass uns jedes Mal, wenn wir unsere finanzielle oder berufliche Position bedroht glauben, die Angst packt, alles zu verlieren. Vielleicht verleugnen wir unsere Angst sogar vor uns selbst. Aber unser Körper lügt nicht, und der Stress chronischer verdrängter Ängste zerrt sowohl an unseren geistigen als auch an unseren emotionalen Fähigkeiten und an unserer körperlichen Gesundheit. Das Geschäftsleben ist riskant, und deswegen ist Angst Teil der Last, mit der sämtliche Geschäftsleute morgens aufwachen, ob es ihnen gefällt oder nicht.

Es ist also geradezu verblüffend, dass fast keiner der entsprechenden Erfolgstitel, die auf den Markt kommen, diesen primären Angstfaktor aufgreift, mit dem absolut jeder Mensch in der Unternehmenswelt seine Erfahrungen macht. Eine Ausnahme sind Gay Hendricks und Kate Ludeman, die dem Thema Angst in der Unternehmenswelt in ihrem ausgezeichneten Buch *Visionäres Management* vier ganze Seiten widmen. Sie weisen zum Beispiel darauf hin, dass »Angst die Intuition trübt«, weil sie uns »im Bereich des Vorhersehbaren festhält«. Und sie benennen drei Arten von Angst, die uns im Geschäftsleben quälen: die Angst, sich lächerlich zu machen, die Angst, verrückt zu werden, wenn wir uns für das grenzenlos Unbekannte öffnen, und die Angst vor unserer eigenen Macht, mit der wir »uns für die Schöpferkraft des Universums öffnen, die wie in einem Mikrokosmos in uns enthalten ist«.

Ja, wir alle haben mit diesen inneren Ängsten und noch weiteren zu kämpfen. Aber was können wir tun, um sie zu überwinden? Da das keine geschäftliche, sondern eine psychologische und spirituelle Frage ist, bieten die meisten Autoren, die sich zu wirtschaftlichen Themen äußern, verständlicherweise keine konkreten Techniken an, mit denen wir unsere tief verwurzelten Angstreaktionen umwandeln können, zum Beispiel bei Verhandlungen über schwierige und wichtige Fragen. Ich finde es jedoch entscheidend, dass ich mir in diesem Buch den notwendigen Raum nehme, um das universelle Phänomen der Angst gründlich zu erforschen, und Ihnen wirkungsvolle Schritte anbiete, mit deren Hilfe Sie Ihre Besorgnis und Ihre Angstreaktionen bei der Arbeit überwinden können. Ich habe dieses grundlegende Thema an anderer Stelle ausführlich erörtert, und die folgende Darstellung fasst die wesentlichen Aussagen meiner früheren Bücher zusammen.

Als Erstes ist zu sagen, dass Angst ohne Frage eine instinktive Reaktion des menschlichen Organismus auf Situationen ist, die er für sein Überleben als bedrohlich empfindet. Wie sehr die Philosophen dieser Welt sich auch auf die philosophische Existenzangst konzentrieren mögen, Angst bleibt ein körperlich begrenztes Phänomen, eine genetische Programmierung, die durch verschiedene visuelle und kognitive Eindrücke aktiviert wird und sich in eindeutigen emotionalen und physiologischen Reaktionen äußert.

Evolutionär betrachtet reicht Angst Millionen von Jahre zurück. Berühren Sie einen winzigen Mikroorganismus, zieht er sich zusammen. Das ist die genetische Quelle unserer komplexen menschlichen Angstreaktion. Auf diesem Planeten zu leben, ob als Tier oder Mensch, heißt, die Last einer potentiellen, explosiven Angstreaktion in sich zu tragen, die jedes Mal ausgelöst werden kann, wenn in der Außenwelt eine Bedrohung wahrgenommen wird.

Für die meisten Geschöpfe dieser Erde ist diese Angstreaktion ihr bester Freund, denn Angst ist eine Reaktion von »Angriff oder Flucht«, die den Körper sofort mit Hormonen versorgt, so dass er innerhalb von Sekunden von Entspannung zu kraftvollem Handeln übergehen und »zuschlagen oder weglaufen« kann. Für das Überleben in der Wildnis ist die Angstreaktion entscheidend, denn sie ermöglicht Lebewesen, Bedrohungen zu entkommen oder zu überwinden.

Aber diese genetische Programmierung auf Angst, mit der wir geboren werden, leistet in dem Maße, wie das menschliche Gehirn komplexer und bewusster wird, immer schlechtere Anpassungsdienste. Wenn wir nicht die geistige Fähigkeit besäßen, unsere Gedanken und Vorstellungen in die Zukunft zu projizieren und uns an Vergangenes zu erinnern, würden unsere Angstreaktionen uns immer noch gute Dienste erweisen. Wir würden eine Gefahr im gegenwärtigen Augenblick wahrnehmen und die richtige Angstreaktion zeigen, unser Körper würde mit Hormonen für Angriff oder Flucht versorgt, und wir könnten uns entsprechend verhalten.

Aber wenn wir den denkenden Verstand mit ins Bild bringen, bestehen bei uns menschlichen Wesen zumindest 90 Prozent unserer täglichen Angstquote aus Befürchtungen um mögliche zukünftige Ereignisse, die auf früheren Erfahrungen beruhen, statt dass wir, wie alle anderen Geschöpfe auch, nur auf augenblickliche Gefahren mit Angst reagieren. Kurz gesagt, wir schaffen uns durch unser Denken und mit Hilfe unserer Vorstellung ständig nicht existierende Gefahren, und unser Körper zeigt Flucht-/Angriffsreaktionen, wo in Wirklichkeit keine reale Gefahr existiert.

Wir könnten Besorgnis (sich Sorgen machen um etwas, das geschehen könnte) im Gegensatz zur Angst (direkt auf eine augenblickliche Gefahr reagieren) wie folgt definieren: Wir stimulieren in unserem physischen und emotionalen Selbst eine vollständige Angstreaktion, ohne uns in unmittelbarer Gefahr zu befinden. Und diese chronische Angsthaltung, die unser Körper zwanghaft einnehmen muss, schwächt unsere kognitiven und intuitiven Funktionen, ganz zu schweigen von unserem emotionalen Frieden und unserer körperlichen Gesundheit. Beginnend mit dem brillanten Außenseiter Wilhelm Reich (dem Psychiater, der als Erster warnend auf Adolf Hitlers geistige Abnormität hinwies und aus vier Ländern vertrieben wurde, bevor er in der Zeit der Hexenjagd zu Beginn der fünfziger Jahre in den Vereinigten Staaten unschuldig im Gefängnis starb), haben medizinische Wissenschaftler immer wieder dokumentiert, welche verheerenden Auswirkungen der denkende Verstand auf sämtliche anderen Dimensionen der menschlichen Existenz haben kann.

Ich möchte hier deutlich machen, dass die grundlegende Ursache für sämtliche Probleme, die durch unsere Besorgnis entstehen, in unseren üblichen Furcht erregenden Vorstellungen von schrecklichen zukünftigen Dingen und Ereignissen liegt. Weil Geschäftsmänner und -frauen ganz oben auf der Liste der Menschen stehen, die ständig von Angst auslösenden Gedanken und Projektionen geplagt werden, müssen wir uns der Ursache dieser Besorgnis direkt zuwenden, wenn wir konkret lernen wollen, sie zu überwinden. Präsident Roosevelt sagte zum amerikanischen Volk während des Zweiten Weltkriegs: »Wir haben nichts zu befürchten als die Angst.« Und er hatte völlig Recht. Wenn die Angst uns im Griff hat, können wir nicht mehr handeln. Wir erstarren, unser Kopf wird leer und unser Körper schwach. Angst ist der große Kräftezehrer. Und wenn wir unsere Angst bezwingen können, befreien wir uns und meistern unser Leben.

Verhandlungsangst überwinden

Wahrscheinlich geraten wir vor keiner anderen geschäftlichen Situation so stark ins Schwitzen wie vor der Begegnung oder Verhandlung mit einem anderen Menschen. Wir werfen uns im Bett herum und grübeln darüber nach, wie wir am nächsten Morgen auftreten sollen. Auf dem Weg zur Sitzung ist unser Kopf völlig leer vor Angst und unser Gehirn wie aufgeweicht. Beim Betreten des Sitzungsraums geht unser Atem flach und unsere Knie zittern. Auch wenn wir tipptopp vobereitet sind und die Situation ganz im Griff zu haben scheinen, müssen wir feststellen, dass wir vor schwierigen geschäftlichen Situationen immer wieder ins Schlottern geraten, unser Selbstvertrauen verlieren und Angst haben zu versagen, statt uns auf unseren Erfolg zu konzentrieren.

Wie können wir uns aus dem Zugriff der Besorgnis befreien und relativ angstfrei leben? Damit Sie diese Frage beantworten können, möchte ich Sie auffordern, sich in den nächsten Wochen in Situationen zu beobachten, in denen Sie dazu tendieren, sich Sorgen zu machen, in denen Sie befürchten zu versagen, Ihre persönliche Macht zu verlieren, und in den Bann der Angst geraten. Und zwar möchte ich Sie bitten, gleich zu Beginn dieser schwierigen Phasen zu beobachten, welche Gedanken Ihnen durch den Kopf gehen.

Jeder von uns entwickelt von Kindheit an ein ganzes Spektrum an Denkgewohnheiten, die auf Besorgnis beruhen. Sobald wir diesen Gang einlegen, werden wir überflutet von Erinnerungen, Vorstellungen und Projektionen, die sofort eine Angstreaktion in unserem Körper auslösen. Uns fallen Situationen ein, in denen wir versagt haben, und aus diesen Erinnerungen erwachsen Phantasien, die uns vorgaukeln, wie wir demnächst ebenso schmählich enden werden. Und sobald wir denken, wir könnten in eine Situation geraten, die in irgendeiner Weise für unseren Status quo bedrohlich ist, lässt unsere Vorstellungskraft die schlimmsten Bilder wuchern, die sofort Besorgnis und Befürchtung auslösen. Und diese Emotionen wiederum aktivieren, wie es ihre physiologische Natur ist, das gesamte Spektrum an körperlichen Angstreaktionen sowie die Hormone, die den Körper für Kampf oder Flucht ausstatten.

Aber natürlich ziehen wir in der heutigen Geschäftswelt nicht in den Kampf, wenn wir bedroht sind. Wir setzen unsere physische Aufladung nicht in direkte Aktionen um. Was geschieht also mit der kämpferischen Energie, die unsere Gedanken körperlich und emotional stimuliert haben? Kurz gesagt, wir fühlen uns von dem heftigen Adrenalinstoß angespannt und wie benommen. Wir verspüren Aggressionen, ohne akzeptable Möglichkeiten zu haben, sie körperlich auszudrücken und zu entladen. Gleichzeitig sendet unser Körper negative Schwingungen an die Menschen in unserer unmittelbaren Umgebung aus. Unsere Emotionen sind für andere wie ein Schlag ins Gesicht, unsere Stimme ist unterschwellig aggressiv und unsere Gedanken werden immer feindseliger und verwirrender. Und da sitzen wir nun in einer Verhandlung, befangen in einem inneren Zustand, der uns ernsthaft daran hindert, erfolgreich zu agieren. Keine Frage, wir müssen uns mit den Problemen, die uns unsere genetischen Angstreaktionen in der Unternehmenswelt bereiten, direkt auseinander setzen, oder wir zahlen weiterhin die Konsequenzen. Was ist hier zu tun?

Zu Beginn meiner Laufbahn als Therapeut entwickelte ich in der Tradition von Wilhelm Reich eine Reihe von emotionalen Heilungstechniken, um die auf Angst basierenden Emotionen abzubauen, die ein Mensch als zusätzliche Last ständig mit sich herumträgt und dem Augenblick aufbürdet. Ich dachte, durch die vollständige Entladung früherer emotionaler Traumata und das Loslassen von Ängsten aus der Vergangenheit könne ein Mensch zu physischer Gesundheit, emotionalem Wohlbefinden und geistiger Klarheit gelangen. Ich irrte mich, und das wurde mir schließlich auch klar. Nicht unsere Emotionen als solche sind die

Störfaktoren und müssen geheilt oder transzendiert werden, damit wir uns von unseren störenden Befürchtungen und Sorgen befreien können. Wenn sie in ihrem eigenen Kontext stimuliert werden, ist an unseren Emotionen nichts verkehrt. Außerdem können wir unsere genetische Programmierung auch nicht grundlegend verändern, wie sehr wir uns in therapeutischen Situationen auch darum bemühen mögen.

Der Schlüssel für eine wirkliche Befreiung von chronischen Sorgen und Stress besteht darin, die Gedanken, die die Besorgnis primär hervorrufen, zur Ruhe zu bringen. Wie gehen wir dabei vor? Ich habe Ihnen den Prozess bereits beigebracht, der die Gedankengänge, die Befürchtungen und Sorgen auslösen, äußerst wirkungsvoll zum Stillstand bringt. Jetzt muss ich Ihnen lediglich zeigen, wie Sie dieses grundlegende Wissen und die konkreten Schritt benutzen können, um »die Denkgewohnheit des Sorgens« zu überwinden, bis es Ihnen zur wertvollen neuen Gewohnheit wird, Ihren grübelnden Verstand bewusst zur Ruhe zu bringen, bevor er die Chance hat, eine Angstreaktion zu aktivieren. Ich sage damit nicht, dass das leicht wäre, denn unsere durch Angst ausgelösten Muster sitzen tief. Aber für die meisten von Ihnen ist Hilfe unterwegs, und hier folgt das genaue Rezept.

Den Durchbruch schaffen

Sie stehen vor einer geschäftlichen Aufgabe, die Sorge, Befürchtungen, Unsicherheit und Abwehr in Ihnen hervorruft. Ihnen fällt auf, dass Ihr Atem angespannt und flach ist, dass Sie das Gefühl von physischer Stärke verloren haben und Ihr körperliches Wohlbefinden abnimmt, so dass Sie sich verkrampft oder wie betäubt fühlen. Ihr Denken ist unklar und wirr, und Sie können sich die Wahrnehmung für den Sie umgebenden Raum nicht bewahren.

Erkennen: Der erste wesentliche Schritt zur Umwandlung dieser allgemeinen Angstreaktion besteht darin *zu erkennen, was mit Ihnen passiert.* Sie müssen sich den negativen Zugriff der Besorgnis bewusst machen, wenn Sie etwas dagegen unternehmen wollen. Und Sie müssen so ehrlich mit sich sein, dass Sie zugeben können: »Ja, ich werde in bestimmten Situationen zum Opfer meiner Befürchtungen.«

Intention: Sobald Sie erkennen, dass Sie in einen negativen Zustand geraten und sich geistig und körperlich verspannen, können Sie sich an die Schlüsselsätze erinnern, die den Umkehrprozess aktivieren. Als Erstes müssen Sie *Ihre Intention zum Ausdruck bringen.* Sagen Sie zu sich: *»Ich möchte nicht ängstlich sein. Ich möchte diese Angst loslassen und Vertrauen und Mitgefühl haben.«*

Bewusste Wahrnehmung des ganzen Körpers: Ihr Denken geht in solchen Situationen unablässig in Richtung Sorgen, was oft völlig unbewusst abläuft. Um diese negativen Gedanken aufzuhalten, verlagern Sie den Fokus Ihrer Aufmerksamkeit auf die Präsenz Ihres ganzen Körpers, wie Sie es bereits gelernt haben. Diese grundlegende Wahrnehmungsverschiebung bringt den Gedankenfluss, der Ihre Angstreaktion auslöst, mühelos zum Stillstand, während Sie sich auf Ihren Atem einstellen ... Ihren Herzschlag ... Ihr Gleichgewicht ... die Präsenz Ihres ganzen Körpers hier in diesem gegenwärtigen Augenblick.

Konzentration auf das spirituelle Herz: Wie psychologische Untersuchungen gezeigt haben, können Angst und Liebe nicht beide in unserem Körper dominieren. Wenn wir versuchen, die Angst aus unserem Wesen zu verbannen, indem wir beunruhigende Gedanken einfach beiseite schieben, müssen wir eine ständige geistige Anstrengung unternehmen, um uns diesen Zustand der Stille, der Besorgnis erregende Gedanken ausschließt, bewahren zu können. Damit es uns wirklich gelingt, unser Sorgen zu überwinden, müssen wir das dafür am besten geeignete Werkzeug benutzen: Wir müssen uns von der Ebene des emotionalen Herzens auf die des spirituellen Herzens begeben. Und wieder ist das ein Willensakt, bei dem wir den Fokus unserer Aufmerksamkeit von der üblichen Ausrichtung auf das emotionale Herz auf das spirituelle Herz verlagern, wie wir es in früheren Kapiteln gesehen haben.

Ihren Wahrnehmungskokon erweitern: Wenn Körper und Wesen erst einmal von Mitgefühl erfüllt sind und die geistige und körperliche Angespanntheit, die durch die Angst ausgelöst wurde, gewichen ist, steht der letzte wichtige Schritt an: Ihren persönlichen Wahrnehmungskokon so auszuweiten, dass Sie die andere(n) Person(en) in ihn hineinnehmen können und Liebe und intuitive Klarheit das Zimmer erfüllen, in dem Sie sich befinden. Dazu gehen Sie von der »Punktfixierung« dazu über, »alles auf einmal zu sehen«, was wir ebenfalls bereits in früheren Kapiteln angesprochen haben.

Die perfekte Haltung bei Verhandlungen

Wenn Sie diese Schritte für den schnellen Wechsel Ihrer persönlichen Wahrnehmungs- und Bewusstheitsebene erst einmal beherrschen, sind Sie imstande, jede geschäftliche oder soziale Begegnung so umzuwandeln, dass sie zur Chance wird, auf der Grundlage spiritueller Kräfte beiden Seiten Fortschritt und Erfüllung zu bringen.

1. Ihr Atem steht weiterhin im Mittelpunkt Ihrer Aufmerksamkeit, so dass Sie körperlich entspannt, zuversichtlich und voller Kraft sind, da Sie sich in sämtlichen verschiedenen

Dimensionen der Realität des gegenwärtigen Augenblicks verankert haben.

2. Ihr Herz im Zentrum Ihres Atems dehnt sich aus, öffnet sich für den positiven Zustrom von Mitgefühl und strahlt nach allen Richtungen Akzeptanz und Vertrauen aus.

3. Ihr Denken ist klar und entspannt und Sie sind durchgängig offen für intuitive Einsichten und Erkenntnisse in Bezug auf das anstehende Thema.

4. Ihre Wahrnehmung erweitert sich und umfasst den gegenwärtigen Moment in seiner Ganzheit. Sie schließen sämtliche anwesenden Personen im Zimmer in die transpersonale Ebene Ihres Bewusstseins ein, auf der das individuelle Denken einzelner Seelen zu einer größeren, gemeinsamen Realität verschmilzt. In diesem erweiterten Zustand kann die spirituelle Dimension all Ihre Gedanken und Handlungen durchdringen und Sie anleiten, ein spirituell gesegnetes und von spirituellen Kräften getragenes Ziel zu erreichen.

7
Zugang zum globalwirtschaftlichen Denken finden

Wir sind in unserer Diskussion jetzt an einem entscheidenden Punkt angelangt: Entweder wir geben uns zufrieden mit der erreichten Bewusstseinserweiterung und der großen Strecke, die wir auf dem Weg zur Manifestierung spiritueller Einsicht und Anleitung im Wirtschaftsleben bereits zurückgelegt haben. Oder wir beschließen, auch noch den letzten Schritt zu tun, und lernen, unsere Wahrnehmung bewusst über unseren begrenzten wirtschaftlichen Rahmen hinaus auszudehnen, um die gesamte planetarische Realität einzubeziehen.

Meine Aufgabe besteht nicht darin, Sie zu drängen, über Ihre persönlichen spirituellen Grenzen hinauszugehen. Vielmehr möchte ich Sie sachlich auf die sich abzeichnende wissenschaftliche und philosophische Wahrscheinlichkeit der Existenz eines planetaren Bewusstseins hinweisen. Ich möchte Sie mit der globalen Intelligenz bekannt machen, zu der wir alle Zugang gewinnen können, falls und wenn wir beschließen, unseren persönlichen Wahrnehmungskokon mit der uns umgebenden planetaren Intelligenz verschmelzen zu lassen.

Im Endeffekt entscheiden Sie natürlich, ob Sie diesen zugegebenermaßen großen Sprung in relativ unbekannte Gewässer experimentell erforschen oder sich mit den Übungen und Erkenntnissen zufrieden geben wollen, die Sie sich bislang angeeignet haben.

Ich gehe davon aus, dass Sie ein Buch wie dieses nicht bis hierher gelesen hätten, wenn Sie nicht zumindest einige der Grundüberzeugungen seines Autors teilen würden: dass nämlich der gesamten physischen Realität eine spirituelle Dimension zugrunde liegt, an die wir uns anschließen können, wenn wir es wollen und wissen, wie wir dazu vorgehen müssen. Dieses letzte Kapitel schließt logisch an die früheren Kapitel an, indem es sich mit der nächsthöheren Dimension spiritueller Präsenz im Universum beschäftigt – der Dimension der planetaren Intelligenz.

Mein Puls geht schneller, wenn ich mich diesem Thema zuwende, denn es stellt den entscheidenden Abschnitt meiner eigenen spirituellen Forschungen dar. In den letzten sieben Jahren habe ich mit den von mir entwickelten psychologischen Techniken experimentiert, die einen Menschen in die Lage versetzen, sein individuelles Bewusstsein mit dem planetaren Bewusstsein zu verbinden. Bislang habe ich über dieses Thema nur in einigen Zeitschriftsartikeln spekuliert. In diesem Kapitel des Buches präsentiere ich zum ersten Mal die praktischen Schritte, mit denen wir uns »auf die planetarische Ebene begeben« können.

Der Planet als geschäftliches Wirkungsfeld

In den letzten fünfzig Jahren hat die Wirtschaftswelt sich zu einem einheitlichen internationalen Handelsphänomen entwickelt, das den gesamten Planeten als geschäftliches Wirkungsfeld nutzt. Die multinationalen Konzerne beherrschen unsere Welt in einem solchen Maße, dass wirtschaftliche Macht als Kontrollgewalt über die Menschheit inzwischen höher rangiert als politische und militärische Macht. Durch die Globalisierung des Handels sind Vermögen erwirtschaftet worden, und zumindest die großen Unternehmen haben ein gutes Geschäft damit gemacht, dass sie nationale Grenzen überschritten und die ganze Welt zu ihrem Wirtschaftsgebiet erklärt haben.

Aber wie wir alle wissen, hat diese Globalisierung auch eine negative Seite. Wie Paul Hawken in seinem brillanten und wirklich visionären Buch *Kollaps oder Kreislaufwirtschaft: Wachstum nach dem Vorbild der Natur* unverhüllt sagt: »Einfach gesagt, zerstören wir mit unseren wirtschaftlichen Praktiken das Leben auf der Erde.« Diese Äußerung wird durch eine Fülle von ökologischen Daten bestätigt, und die meisten von uns sind der Meinung, dass die Funktion der Weltwirtschaft grundlegend verändert werden muss, bevor sie alles vernichtet und eine zerstörte Erde hinterlässt, womit niemandem gedient ist.

Mein Thema ist nicht die Kritik der Weltwirtschaft auf dem Hintergrund ökologischer Fakten. Vielmehr möchte ich, wie auch Paul Hawken in seinem Buch, Fluchtwege für den gefährlichen Kurs vorschlagen, auf dem die internationale Unternehmenswelt augenblicklich feststeckt. Hawken sagt dazu: »Die Erhaltung von Leben sollte eine natürliche Folge des Handels sein, nicht eine Ausnahme ... die Umwelt aufbauen und Geld erwirtschaften sollte ein und derselbe Prozeß sein ... eine aufbauende Wirtschaft würde wie folgt aussehen: Wir müssen uns eine blühende Handelskultur vorstellen, die so intelligent entworfen und konstruiert ist, daß sie bei jedem Schritt der Natur folgt, eine Symbiose von Unternehmen, Kunde und Ökologie – deren Wirtschaftssysteme so angelegt sind, daß sie zum Wohle der Eigentümer, der Angestellten, der Kunden und des Lebens auf der Erde arbeiten, ohne eine Transformation der gesamten Menschheit erforderlich zu machen.«

Auf den nächsten 200 Seiten seines Buches geht Hawken dann dazu über, ein konkretes revolutionäres, ökologisch fundiertes und doch vollkommen profitgesteuertes Modell für den Welthandel zu entwerfen, das den Weg zu einer Wirtschaft weist, die das ökologische Leben dieses Planeten fördert, statt es zu zerstören. Ich möchte dieses Buch hier nachdrücklich empfehlen.

Das globale Gehirn wecken

Die Idee einer globalen Wirtschaft, für die die Gesundheit des Planeten bei sämtlichen Entscheidungen im Konferenzsaal oberstes Kriterium ist, ist eine Sache. Etwas völlig anderes ist die Frage, wie Millionen von Geschäftsleuten überall auf der Welt zu dem gemeinsamen Konsens gelangen können, dass dieses Kriterium langfristig unser treibender wirtschaftlicher Imperativ sein soll.

Damit Hawkens Vision von einem »aufbauenden Handel« in die Tat umgesetzt werden kann, müssen auf einer globalen Ebene zwei Schritte vollzogen werden, die direkter Bestandteil und eine konkrete Folge der Thematik sind, die wir bislang in diesem Buch erörtert haben. Der erste betrifft die Vorstellung vom »globalen Gehirn« aus der Sicht der Entwicklungsbiologie, die die Erde als einen einzigen lebendigen Organismus erforscht. Das beste Buch für Laien zu diesem Thema ist wahrscheinlich Peter Russells *The Global Brain Awakens*, wo er mit klarer Logik aufzeigt, dass unser nächster evolutionärer Sprung auf diesem Planeten höchstwahrscheinlich darin bestehen wird, eine bewusste globale Intelligenz zu schaffen, an der jeder von uns als aktive Zelle im globalen Gehirn beteiligt ist.

»Eine immer populärer werdende wissenschaftliche Hypothese besagt, dass das befriedigendste Erklärungsmodell für die Chemie, Ökologie und Biologie dieses Planeten darin besteht, diesen als ein einziges lebendes System zu betrachten«, führt er aus. Anschließend zeigt er auf, dass die Erde sämtliche grundlegenden homoöstatischen Verhaltensweisen eines lebenden Organismus aufweist: die Stabilität ihrer Oberflächentemperatur, die Regulierung des Salzgehaltes der Ozeane, die Stabilisierung der Sauerstoffkonzentration der Atmosphäre, der Erhalt der schützenden Ozonschicht der oberen Atmosphäre und so weiter. »Die Erde scheint ein selbstregulierendes System zu sein, das seine chemischen, physischen und biologischen Prozesse ständig umstellt, um das Leben in seiner fortlaufenden Evolution zu unterstützen.«

Wenn wir diese Möglichkeit einmal in Erwägung ziehen, können wir sagen, dass sich die gesamte Biosphäre als einheitliches lebendes System entwickelt hat, in dem zahlreiche Subsysteme unterschiedliche und voneinander abhängige Rollen spielen. Und die Menschheit als Subsystem dieses umfassenderen planetaren Systems kann nicht getrennt oder isoliert davon betrachtet werden. Wie würde dann unsere menschliche Funktion in diesem globalen Organismus aussehen?

»Eine mögliche Antwort auf diese Frage«, folgert Russell, »besteht darin, daß die Menschheit einem gewaltigen Nervensystem gleicht, einem globalen Gehirn, in dem jeder von uns eine individuelle Nervenzelle ist ... die menschliche Gesellschaft kann als eine enorme Datensammlung, Datenkommunikation und ein Datengedächtnissystem gelten.« Anschließend vergleicht er das Wachstum des menschlichen Gehirns im Mutterleib mit dem der menschlichen Gesellschaft im planetaren Organismus. Zuerst erfolgt eine wuchernde Zellteilung und die Zahl der Gehirnzellen (menschlicher Wesen) wächst an bis auf eine Zahl von 5 bis 10 Milliarden. Auf der nächsten Stufe stellt die individuelle Zelle Kommunikationsverbindungen mit immer mehr angrenzenden Zellen her (wie die Menschen mit Eintreten der elektronischen Revolution und der Computer-Revolution). »Vielleicht sind wir eine Art globales Embryogehirn«, folgert er, »das gerade noch rechtzeitig aufwacht, um die ökologische Katastrophe aufzuhalten, die uns ins Gesicht starrt.«

Ist das so weit hergeholt? Nicht, wenn wir bedenken, dass die einzelnen Zellen in unserem Körper kaum ein Bewusstsein für das Leben des gesamten Organismus haben, obwohl sie an der Erhaltung des Lebens dieses größeren Organismus beteiligt sind. Und so könnten auch wir einzelne Zellen sein, die am Wohlergehen des Lebens des Organismus teilhaben, der Planet Erde genannt wird, obwohl wir uns des gesamten Bildes kaum bewusst sind.

Und das Aufregende ist, dass auf diesem Planeten etwas in unserer gesamten Evolution völlig Neues geschieht: Wir sind in sehr kurzer Zeit von weniger als einer Milliarde Menschen zu über 5 Milliarden Menschen angewachsen und bewegen uns schnell auf die 10 Milliarden zu, eine Zahl, die der der Atome in einer Gehirnzelle und der Gehirnzellen in unserem Kortex entspricht. Und durch die Revolution auf dem Gebiet der Kommunikation haben wir in weniger als einem Jahrhundert die Welt mit unseren eigenen Nervenfasern überzogen und verbinden Milliarden individueller Zellen zu einem umfassenden Netzwerk, das mit ziemlicher Wahrscheinlichkeit ein neues globales Bewusstsein hervorbringen wird. Wie Russel es formuliert: »Die menschliche Gesellschaft ähnelt zunehmend einem planetaren Nervensystem.«

Dieses planetare Nervensystem wird einen »Multi-Organismus« hervorbringen, der aus 10 Milliarden bewusster Denksystemen besteht, so dass die Biosphäre der Erde wahrhaftig zu der »Nichtsphäre« wird, die der visionäre französische Priester Pierre Teilhard de Chardin als »Planetarisierung der Menschheit zu einer einzigen organischen Einheit« mit einem Superbewusstsein bezeichnete, das jede einzelne Zelle steuert und der gesamten Ökosphäre Gesundheit und Harmonie bringt.

Planet und Spiritualität

Bislang ist die Vision, dass unser Planet bewusst wird, eine rein materielle, wobei sich ihre Vertreter so eng wie möglich an das wissenschaftliche Modell halten, um nicht für Sonderlinge gehalten zu werden. Ich möchte es gern riskieren, als wunderlich zu gelten, weil ich es wichtig finde, an diesem Punkt über die Grenzen der wissenschaftlichen Vorstellungen hinauszugehen und die spirituelle Dimension in diese Gleichung einzubringen – und uns das Ergebnis anzuschauen.

Wenn über den menschlichen Geist hinaus ein spirituelles Bewusstsein existiert, wird alles sehr viel interessanter und tatsächlich auch plausibler. Wenn die Atmosphäre und selbst das Innerste der Erde von einem spirituellen Bewusstsein durchdrungen sind, dann geschieht auf dieser Erde nicht nur ein evolutionärer Sprung, auch wenn das mit Sicherheit der Fall ist. Aber darüber hinaus lässt sich sagen, dass wir persönlich wach werden für die Existenz eines bewussten Planeten. Wie David Bohm in seinem Buch *Wholeness and the Implicate Order* zeigt, sind wir sowohl mit als auch ohne elektronische Leitungen alle miteinander und auch mit jedem Teil und Teilchen des gesamten Universums verbunden. Das energetische Bindegewebe des Universums existiert bereits, ob wir nun von der spirituellen Dimension sprechen oder andere Namen dafür finden.

Unser nahezu manisches Herstellen von kommunikativen Netzwerken, die immer mehr Individuen miteinander und mit der Welt als ganzer verbinden, kann am besten als technologischer Ausdruck einer Dynamik betrachtet werden, die auf der spirituellen Ebene bereits existiert. Deswegen ist die Revolution auf dem Gebiet der Kommunikation eigentlich auch nichts besonders Aufregendes; denn wir können, wie wir in diesem Kapitel noch sehen werden, mit oder ohne diese Revolution lernen, unsere Gedanken und unsere Seelen sowohl miteinander als auch mit der größeren Intelligenz der Erde und umfassenderer Sphären zu verbinden.

Natürlich macht es uns inzwischen großen Spaß, an dieser Gestaltung unseres eigenen Gehirns in Form eines äußeren elektronischen, globalen Gehirns mitzuwirken. Auf der materiellen Ebene ist das zweifellos ein aufregender Evolutionssprung. Meiner Meinung nach ist es in der augenblicklichen Situation aber wichtig, uns nicht so stark an die materielle Manifestation zu klammern, damit wir uns nicht der Realität verschließen, die jenseits der materiellen Ebene liegt.

Deswegen möchte ich eine klare Vision vorstellen, die unseren Planeten als gigantische überbewusste Präsenz zeichnet, nicht nur, weil wir uns gerade in dem Prozess befinden, ihn dazu zu machen, sondern weil er immer bewusst gewesen ist. Die spirituelle Dimension durchdringt die Präsenz unserer Erde ebenso total wie unsere persönliche Präsenz.

Wenn diese spirituelle Realität existiert, dann können wir unser persönliches Wirtschaftsleben mühelos mit der Gesamtintention und dem Wohlergehen des ganzen Planeten in Einklang bringen, indem wir uns auf die planetarische Dimension spiritueller Intelligenz und Lebendigkeit einstimmen. Das scheint als wirtschaftliche Gesamtausrichtung auch dann weise zu sein, wenn wir zugleich an der Entwicklung eines globalen Denkens mitwirken, indem wir unser persönliches Denken mit Hilfe der Revolution auf dem Gebiet der Kommunikation zusammenschließen. Wenn unser Planet die irdische Weisheit und Fähigkeit für ein globales Bewusstsein hat, das über das menschliche Bewusstsein hinausgeht, dann ist es im Hinblick auf unser Überleben nur weise und höchst ratsam, dass wir uns bei unserer täglichen Arbeit an diese erweiterte Intelligenz anschließen.

Die Notwendigkeit, nicht festzuhalten

Wie Sie sich erinnern, sprachen wir in einem früheren Kapitel ganz kurz darüber, dass eine wesentliche Qualität von Führungskräften darin besteht, nicht festzuhalten. Um in unserer Diskussion des planetaren Bewusstseins voranzukommen, müssen wir die Techniken, mit denen wir uns diese innere Haltung aneignen können, gründlich begreifen und erlernen, denn sonst können wir unser persönliches Ego nicht mit der planetaren Stoßkraft verschmelzen lassen.

Die Idee der Nichtanhaftung begegnete mir zum ersten Mal, als ich Anfang zwanzig bei einem Yogameister in die Lehre ging. Im Rahmen der hinduistischen Meditationspraktiken ist die

Nichtanhaftung ein scheinbar unerreichbarer innerer Zustand, bedeutet er doch, sämtliche Wünsche, Sehnsüchte und zukünftigen Absichten völlig loszulassen und ohne jedes Begehren – außer dem nach der totalen Vereinigung mit Gott – einfach im gegenwärtigen Augenblick zu verweilen. Ich muss gestehen, dass ich der Herausforderung der Nichtanhaftung mehrere Jahre lang aus dem Weg ging.

Dann traf ich eine Frau, die mir zeigte, dass ich völlig missverstanden hatte, was Nichtanhaftung bedeutete, und mir dadurch eine grundlegende Fähigkeit entging, die mich frei machen würde, wirklich zu erreichen, was ich erreichen sollte.

Ich möchte die Definition von Nichtanhaftung, die diese Frau gab, hier im Rahmen der wirtschaftlichen Thematik vorstellen, obwohl ich selbst einige weitere Jahre brauchte, bevor ich genau verstand, was Nichtanhaftung im Wirtschaftsleben heißt.

Vielleicht ist Ihnen folgende Situation bekannt: Sagen wir, Sie verwenden Ihre ganze Mühe und Konzentration darauf, ein komplexes Handelsgeschäft abzuschließen, bei dem mehrere Firmen, ein Dutzend wichtiger Personen sowie unerwartete Fluktuationen der Marktpreisentwicklung eine Rolle spielen. Sie haben sich drei endlos lange Wochen in das Projekt vertieft und stehen unter dem Druck, in weiteren drei Wochen einen Abschlussvertrag zu verfassen, den alle Beteiligten unterzeichnen sollen. Sie laufen sowohl geistig als auch emotional ständig auf »Hochtouren«, Sie haben sich mit Herz und Seele dem Gelingen dieses Geschäftes gewidmet, denn sonst ...

Deswegen haben Sie sich im Kopf einen Spielplan zurechtgelegt, der jeden einzelnen Schritt aufzeigt, der erforderlich ist, damit Sie Ihr Ziel erreichen. In Gedanken sind Sie ständig damit beschäftigt zu überprüfen, ob Ihr Plan perfekt ist und Sie nichts vergessen haben und ob auch jeder genau das tut, was er laut Plan tun muss.

Natürlich sind diese gedanklichen Vorbereitungen für ein komplexes wirtschaftliches Vorhaben erforderlich. Wenn Sie die traditionelle religiöse Idee der Nichtanhaftung so verstünden, dass Sie einfach unter einem Baum sitzen und immer wieder zu sich sagen: »Mir ist es egal, was auf der physischen Ebene der Existenz geschieht. Ich klammere mich nicht an sterbliche Wünsche und Ziele«, dann würden Sie natürlich am Wirtschaftsspiel nicht teilnehmen und wären auch nicht auf Erfolg aus. Das Wirtschaftsleben erfordert, dass wir uns intensiv auf Details konzentrieren, uns darauf verpflichten, unser Ziel Schritt für Schritt zu erreichen, und ein völlig durchstrukturiertes Konzept entwerfen, mit dessen Hilfe wir unser Vorhaben erfolgreich in die Tat umsetzen. Hier geht es vor allem um den Einsatz der linken Gehirnhälfte.

In diesem Buch lernen wir jedoch, dass die Benutzung der linken Gehirnhälfte nicht alles ist. Sicherlich können wir unser Projekt so vorantreiben, wie wir es konzipiert haben. Manchmal können wir etwas allein durch die Macht unseres Egos verwirklichen, wir behaupten uns mit reiner wirtschaftlicher Gewalt. Aber was erreichen wir wirklich, wenn wir in den engen Bahnen des Egos agieren? Vielleicht manifestieren wir unseren geistigen Entwurf auf diesem Wege tatsächlich, aber am Ende kommt nichts dabei heraus, was über unsere persönliche Sicht hinausgeht. Das Ergebnis unserer Bemühungen steht nicht unbedingt im Einklang mit einer umfassenderen wirtschaftlichen Realität und stellt keinesfalls einen wahren wirtschaftlichen Sieg dar, denn die uns umgebende Wirklichkeit kann das Erreichte in jedem Moment wieder zunichte machen.

Der entscheidende Punkt ist: Damit unsere persönlichen Intentionen und Leistungen auch langfristig erfolgreich sind, müssen wir unsere persönliche Vision an eine größere Realität anpassen. Dabei fällt mir mein Vater ein, der ein genialer Erfinder von Musikinstrumenten war und den Wunsch hatte, ein besonders ungewöhnliches Instrument zu entwerfen, das seiner inneren Vision entsprach, ein Instrument, das leicht zu spielen war, das schöne Klänge hervorbrachte und das jeder mit Vergnügen in die

Hand nahm. Seine persönliche Vision war wunderbar, und er widmete der Realisierung dieses Traumes das letzte Viertel seines Lebens. Aber am Ende kam das Instrument nie auf den Markt, weil er die Realität der Musikinstrument-Industrie nicht in seine Vision mit einbezog, und er starb, ohne die berufliche Erfüllung gefunden zu haben, die er sich so sehr gewünscht hatte.

Nach meinem Verständnis hätte er sich in der langatmigen Entwicklungsphase seiner Neuerfindung immer wieder von seinem persönlichen Antrieb sowie von seiner eigenen Intention und Sicht lösen und einen Blick auf die umfassendere Realität der Welt der Musik werfen müssen, um sich dann mit dieser erweiterten Perspektive wieder seinem Projekt zuzuwenden und die neuen Informationen in seine Vision zu integrieren.

Identifizieren Sie sich nicht mit Ihrer Arbeit

In der Geschäftswelt lernen wir sowohl offiziell als auch unbewusst, uns persönlich mit den anstehenden Projekten zu identifizieren und uns total auf das einzulassen, was wir zu erreichen versuchen. Wenn ich in Wirtschaftskreisen von Nichtidentifizierung spreche, glaubt man zunächst, ich würde damit sagen: »Kümmern Sie sich nicht darum, was bei Ihrem Projekt herauskommt. Entspannen Sie sich einfach und lassen Sie geschehen, was geschehen will.« Aber das stimmt nicht. Ohne starke Intention, einen entsprechenden Antrieb und unser volles Engagement fehlt uns die persönliche Macht, überhaupt etwas zu erreichen.

Ich möchte Ihnen aber zeigen, wie wir auf bestimmten Ebenen voll engagiert sein können, während wir auf anderen Ebenen überhaupt nicht identifiziert sind. Schauen wir uns einmal ein Schachspiel an, um das deutlich zu machen. Eine Seite von Ihnen nimmt die Herausforderung beim Spielen sehr ernst, Sie richten Ihre ganze Aufmerksamkeit und Ihr Denken darauf zu gewinnen.

Gleichzeitig aber bleibt ein Teil von Ihnen völlig unberührt vom Spielergebnis. Sie möchten zwar gern gewinnen, aber Sie setzen nicht Herz und Seele ein. Wenn Sie zu viel Angst haben zu verlieren und sich total mit dem Ausgang des Spiels identifizieren, werden Sie so angespannt und nervös, dass sich das störend auf Ihr Spiel auswirkt, und dann verlieren Sie.

Und genauso ist es im Geschäftsleben. Sie tun alles für Ihr Projekt, Sie geben Ihre ganze Konzentration, Aufmerksamkeit und Kraft, damit sich Ihr Vorhaben manifestiert; aber wenn Sie weise sind, bleiben Sie in einem Bereich Ihres Inneren auch ruhig, identifizieren sich nicht mit den Ergebnissen Ihrer Arbeit und haben die umfassendere Realität Ihres Lebens im Blick, statt sich ausschließlich auf einen einzigen Aspekt zu konzentrieren.

In diesem erweiterten Zustand löst sich ein Teil Ihres Denkens von der »Punktfixierung« auf die Details Ihrer Arbeit, so dass Ihr intuitiver Verstand frei wird, das gesamte Bild auf einmal zu sehen, wie wir es Schritt für Schritt gelernt haben. Wenn Sie völlig identifiziert sind mit dem, was Sie tun, kann der intuitive Verstand nicht zum Zuge kommen, denn der intuitive Verstand als solcher klammert sich nicht an die speziellen gedanklichen Schöpfungen der Realität. *Der intuitive Verstand nimmt die umfassendere Realität der Situation wahr, unabhängig von Ihren persönlichen Neigungen.* Darin liegt der große Wert der Nichtanhaftung; sie erlaubt uns, über unsere persönlichen blinden Flecken, unsere üblichen Vorurteile, Einstellungen und Überzeugungen hinauszusehen und einen Schuss Realität zu uns zu nehmen.

Wesentliche Korrekturen im Vorbeifliegen

Hier geht es um unsere Beziehung zur Zukunft. Sämtliche wirtschaftlichen Planungen müssen die Einschätzung von Daten und vergangenen Ereignissen einbeziehen, um die entsprechenden

Informationen auf eine zukünftige Idee oder Vision zu projizieren. Darin besteht die entscheidende Funktion menschlicher Vorstellungskraft im Geschäftsleben – aus der Vergangenheit eine Vision für die Zukunft zu entwickeln. Ohne solche Visionen gäbe es in der Unternehmenswelt, abgesehen von evolutionären Zufällen, kaum Fortschritt. Wir schreiten in die Zukunft voran, indem wir aus den Bausteinen vergangener Erfahrungen etwas Neues schaffen.

Aber das ist nicht die ganze Schöpfungsgeschichte. Wie wir alle aus Erfahrung wissen, realisieren wir niemals genau die Vision, die wir zu Beginn eines Projektes entwickelt haben. Wir bauen unsere Rakete und lassen sie in die vorgesehene Richtung starten, aber wir müssen, während wir uns durch den unbekannten Raum des jetzigen Augenblicks bewegen, im Vorbeifliegen immer wieder Korrekturen vornehmen. Wenn wir unseren Mitarbeitern einen komplexen Plan vorlegen und sagen würden: »Folgen Sie genau meinen Anweisungen«, wären geschäftliche Fehler fast schon vorprogrammiert. Wie wir alle wissen, müssen wir bei jedem Schritt auf dem Weg zur Realisierung eines Projektes die Situation auf der Grundlage neuer Information immer wieder überdenken und unseren Plan regelmäßig entsprechend abändern, so dass das konkrete Endergebnis unseres Vorhabens durch den Weg von A nach B bestimmt ist.

Wenn wir auf Details fixiert bleiben und so mit unserer ursprünglichen Idee identifiziert sind, dass wir niemals hochschauen, wenn wir auf der deduktiven Ebene bleiben und unsere gedanklichen Konstrukte nicht regelmäßig loslassen, um uns auf die intuitive Gesamtschau einzustimmen, werden sich Fehler bei der Kalkulation und beim Entwurf potenzieren, bis unser ganzes Projekt schließlich unerwartet zusammenbricht.

Nicht festhalten bedeutet bereit sein, unsere ursprüngliche Intention loszulassen und eine erweiterte Intention zu entwickeln, wenn neue Informationen erforderlich machen, dass wir uns von unserer anfänglichen Vision verabschieden.

Der entscheidende emotionale Faktor

Nicht festhalten scheint, mental betrachtet, ein einfacher Willensakt zu sein, und das stimmt auch. Die Schwierigkeiten, auf die die meisten Menschen stoßen, wenn sie beginnen zu lernen, sich nicht mit ihren persönlichen Zielen zu identifizieren, sind nicht mentaler, sondern emotionaler Art. Ich möchte Ihnen zeigen, welcher Weg zur Überwindung der emotionalen Blockaden, die uns auf der Ebene der Identifizierung gefangen halten, sich als der beste erwiesen hat.

Unsere primäre »Emotion des Festhaltens« ist natürlich Angst, über die wir bereits gesprochen haben. Wenn wir ein wirtschaftliches Projekt beginnen, erhoffen wir uns davon meistens finanziellen Erfolg. Deswegen erleben wir jede Gefährdung unseres Vorhabens als Bedrohung unserer finanziellen Sicherheit.

Auch hier müssen wir wieder zwischen unserer persönlichen Wahrnehmung einer Situation und der Realität der Situation unterscheiden. Unser primärer Fehler besteht darin, dass wir die Bedrohung unseres finanziellen Status als Frage von Leben und Tod betrachten, obwohl wir uns bei unseren Geschäften fast niemals in einer solch lebensbedrohlichen Situation befinden.

Wir müssen wissen, dass unsere Emotionen nicht immer real begründet sind. Die Gedanken, die uns durch den Kopf gehen, stimulieren, wie wir gesehen haben, entsprechende Emotionen, selbst wenn unsere Vorstellungen reine Einbildung sind. Und leider sind die Gedanken, die Besorgnis auslösen, oft primär unbewusst. Wir nehmen kaum wahr, dass wir uns Sorgen machen. Das Sorgen ist uns zur chronischen unbewussten Gewohnheit geworden, die unsere Emotionen vergiftet, ohne dass wir konkret darauf achten.

Wenn wir die Folgen fürchten, die eintreten könnten, sollten wir uns emotional vom Ergebnis eines bestimmten Projektes lösen, dann können wir unsere Identifikation damit nicht aufgeben und verschließen uns der auf höheren Ebenen angesiedelten intuitiven und spirituellen Führung für unser Vorhaben. Diese grundlegende Tatsache müssen wir erkennen und entsprechend handeln.

Angst umwandeln

Ein direkter Weg, sorgenvolle Gedanken abzustellen, um die Angst überwinden zu können, die Sie in einer engen, auf vergangenen Erfahrungen beruhenden Haltung zu Ihrem Projekt festhält, sieht wie folgt aus:

- Nehmen Sie sich eine Woche lang täglich fünf Minuten Zeit. Machen Sie als *Erstes* die Meditation der vier Atemzüge, die Sie gelernt haben, um in den Augenblick zu kommen und Ihren denkenden Verstand zur Ruhe bringen.

- Richten Sie Ihre Aufmerksamkeit jetzt auf Ihr spirituelles Herz, wie Sie es bereits gelernt haben. Atmen Sie ein paar Mal in diesen angenehmen Zustand hinein, in dem Sie spirituell wach sind, Ihren ganzen Körper wahrnehmen und Akzeptanz ausstrahlen.

- Um noch tiefer gehen zu können, sagen Sie jetzt beim Ausatmen zu sich: *»Ich liebe mich.«* Atmen Sie entspannt ein und lassen Sie diesen Satz in Ihrem ganzen Wesen nachschwingen. Wenn Sie spüren, wie Sie auf diese Worte mit Verspannung, Abwehr oder Verleugnung reagieren, wiederholen Sie sie beim nächsten Ausatmen: *»Ich liebe mich.«* Atmen Sie dann entspannt ein und spüren Sie, wie Ihre Aufmerksamkeit durch das Aussprechen dieser Worte auf Ihre Beziehung zu sich selbst gelenkt wird. Die Worte bündeln, wie wir gesehen haben, die wandelnden Kräfte, indem sie Ihre Aufmerksamkeit neu ausrichten, so dass Sie von der chronischen Gewohnheit der Selbstablehnung in eine positive Richtung gehen können.

- Beim nächsten Ausatmen sagen Sie jetzt zu sich: *»Ich liebe die Welt.«* Während Sie still einatmen, lassen Sie diese Worte in Ihrem ganzen Wesen nachschwingen. Wiederholen Sie diesen Satz beliebig oft, um Ihre Aufmerksamkeit auf die positiven Gefühle zu richten, die Sie Ihrer Welt entgegenbringen. Wenn Sie feststellen, dass eine bekannte innere Stimme daraufhin sofort sagt: »Ich hasse die Welt!«, dann lassen Sie sie zu. Beim nächsten Ausatmen sagen Sie erneut zu sich: *»Ich liebe diese Welt.«* Erlauben Sie, dass sich Ihre Aufmerksamkeit durch diese Worte verstärkt auf Ihre positiven Gefühle für Ihre Umwelt richtet. Das ist ein kontinuierlicher Wachstumsprozess, den Sie anfangs häufiger wiederholen sollten, so dass Sie zu einer neuen liebevollen Einstellung zu sich und der Welt gelangen.

- Um jetzt von der Punktfixierung zur Wahrnehmung der dreidimensionalen Welt überzugehen, in der Sie »alles auf einmal sehen«, sagen Sie beim nächsten Ausatmen zu sich: *»Ich lebe in der Atmosphäre der Erde.«* Beim Einatmen schauen Sie sich um und spüren den Raum des Zimmers, in dem Sie sich befinden. Auf diese Weise dehnt sich Ihre Wahrnehmung auf die Luft aus, die unsere irdische Existenz durchdringt und uns durch den »atmosphärischen Ozean des Lebens« alle miteinander verbindet.

- Wenn Sie das nächste Mal ausatmen, sagen Sie zu sich: *»Wir alle atmen diese Luft gemeinsam.«* Spüren Sie beim Einatmen, wie die Luft durch Ihre Nase oder Ihren Mund einströmt, und lassen Sie diese Realität in Ihr Bewusstsein dringen: Jedes einzelne menschliche Wesen auf diesem Planeten atmet in diesem Augenblick genau dieselbe Luft wie Sie. Statistiken sagen uns, dass Sie in Ihrem Leben tausende genau derselben Sauerstoffmoleküle einatmen wie Jesus, Mohammed oder jeder andere Mensch, der auf dieser Erde lebte. Wir sind durch die Biosphäre eng miteinander verbunden. Noch in unserem tiefsten Inneren haben wir alle teil an den lebendigen atmosphärischen Molekülen, die uns am Leben erhalten.

Sie befinden sich jetzt in einem wunderbaren Bewusstseinszustand. Ihr Denken ist zur Ruhe gekommen, bis auf die Schlüsselaussagen, die in Ihnen nachschwingen und die Sie mit der umfassenderen irdischen Realität, die über Ihren persönlichen Ego-Kokon hinausgeht, in Einklang bringen. In diesem Zustand können Sie genau sehen, wie Sie sich besorgt verspannen, und diese Anspannung wie folgt loslassen.

Die Realität der Situation sehen

▣ Richten Sie Ihre erweiterte Aufmerksamkeit behutsam auf das anstehende Projekt, an dem Sie sich, in der Hoffnung auf finanziellen Erfolg, festgeklammert haben. Beginnen Sie, sich das Schlimmste, was passieren könnte, vorzustellen.
Was ist, wenn Sie völlig versagen? Was passiert dann mit Ihnen? Weichen Sie dieser Frage nicht aus, sondern schauen Sie der Ursache für all Ihre Befürchtungen direkt ins Gesicht. Stellen Sie sich der Gefahr und überprüfen Sie, wie lebensbedrohlich sie tatsächlich ist. Beantworten Sie sich die folgenden Fragen, speziell auf Ihr augenblickliches Projekt bezogen:

- Werde ich sterben und aufhören zu existieren, wenn mir mein Projekt misslingt?
- Werde ich Verletzungen und heftige körperliche Schmerzen erleiden?
- Werde ich ohne einen Pfennig und ohne eine Bleibe auf der Straße landen?
- Wird mich irgendein anderes schreckliches Schicksal ereilen?

- Was ist das Schlimmste, was mir passieren kann, wenn mein Projekt misslingt?
- Wartet noch Unangenehmeres auf mich, als dass es mir vielleicht schlecht gehen wird und ich meinen Lebensstil ändern muss?
- Und, am wichtigsten: Ist die Intensität meiner Befürchtungen wirklich gerechtfertigt angesichts der realen Gefahren, die mir vielleicht bevorstehen, sollte ich versagen?

Wenn Sie sich Ihre schlimmsten Befürchtungen erst einmal ehrlich eingestanden haben, können Sie anfangen, Ihre Angst auf die Realität der Situation abzustimmen, statt der Vorstellung ausgeliefert zu sein, es ginge um Leben und Tod, und von solchen Gedanken in Ihrer Leistungsfähigkeit und Ihren Erfolgsmöglichkeiten ernsthaft behindert zu werden. An dieser Stelle möchte ich noch einmal auf die Worte Jesu verweisen: »Wisset die Wahrheit, und die Wahrheit wird euch befreien.« Das ist mit Sicherheit der beste Rat, um Ihre Angstreaktionen erfolgreich zu überwinden.

Jetzt sind Sie in der Lage, sich in die weitläufige Welt vorzuwagen, die sich Ihnen eröffnet, wenn Sie nicht festhalten. Sie haben sich Ihren Ängsten gestellt, Ihre augenblickliche Situation in Relation zu Ihrem sonstigen Leben gebracht und in eine reale Perspektive gerückt. Sie haben Ihre Wahrnehmung so erweitert, dass Sie Ihr ganzes Projekt auf einmal sehen können. Durch die folgende und letzte Aussage werden Sie genau zu der konzentrierten Aufmerksamkeit und Offenheit für eine ehrliche Einschätzung Ihrer Situation gelangen, die wir gewinnen, wenn wir uns nicht identifizieren.

⊡ Wenn Sie das nächste Mal ausatmen, sagen Sie zu sich: *»Ich lasse meine frühere Vision von der Zielrichtung dieses Projektes und meine früheren Projektionen los. Ich öffne mich für die augenblickliche transpersonale Realität dieses Projektes.«*

Atmen Sie jetzt leicht und mühelos, bleiben Sie sich der Präsenz Ihres ganzen Körpers und der Ausrichtung auf Ihr spirituelles Herz bewusst ... und lassen Sie zu, dass Ihr intuitiver Verstand Ihnen Bilder, Gedanken und Einsichten für die aktuelle Situation Ihres Projektes in diesem Augenblick zuträgt und Ihnen die nächsten Schritte zeigt, die zu tun sind.

Sich an den planetaren Willen anschließen

Es ist sicherlich ein wichtiger Schritt, sich für Ihr höheres intuitives Selbst zu öffnen und zuzulassen, dass Sie durch die intuitiven Einsichten und transpersonalen Erkenntnisse, die Ihnen zufließen, neue Klarheit über die nächsten Schritte für ein geschäftliches Projekt gewinnen. Wir haben uns diesen Prozess in diesem Buch kontinuierlich angeeignet. Jetzt beginnen Sie zu verstehen, wie Sie dahin gelangen können, sich in einer geschäftlichen Situation nicht zu identifizieren. Mit etwas Übung können Sie sich bei der Arbeit regelmäßig auf diese intuitive Ebene einstimmen.

Ich möchte Ihnen noch einen anderen Weg vorstellen, Zugang zur höchsten integrativen Intelligenz zu bekommen, mit der wir uns verbinden können, um uns an planetare Ebenen der wirtschaftlichen Erkenntnisse und Realitäten anzuschließen. Dieser Weg führt uns direkt zu einer völligen Einheit mit der bewussten Präsenz der Erde als lebendem Superorganismus.

Einleitend zu dieser zugegebenermaßen ziemlich außergewöhnlichen Methode zur Überprüfung eines wirtschaftlichen Projektes möchte ich Sie zunächst an eine Szene im Neuen Testament erinnern. Hier sagt Jesus einen Satz, der sich in sämtlichen religiösen Traditionen wieder findet und der uns perfekte Dienste leistet, wenn wir ihn in den planetaren Kontext stellen: »Nicht mein Wille, sondern dein Wille geschehe.«

Diese sich von den Absichten des Egos lösende Haltung ist Ausdruck des höchsten Akts der Hingabe und des selbstlosen Dienens, wie ihn jede Zelle unseres Körpers ständig vollzieht, um unserem Organismus als ganzem zu helfen, es sei denn natürlich, es handelt sich um eine Krebszelle. Und meiner Meinung nach können wir uns aus einer erweiterten Perspektive durchaus in diesem Licht betrachten, da wir entweder dem allgemeinen Wohlbefinden der Weltgemeinschaft und dem Planeten selbst als lebendem Organismus dienen oder als Krebszellen willkürlich auf unsere eigene Vermehrung hinarbeiten und damit dem gesamten Superorganismus des Planeten schaden.

Bei näherer Betrachtung sind die individuellen Zellen als solche natürlich ziemlich komplexe Organismen. Jede einzelne Zelle in unserem Körper führt ihr eigenes inneres »Ego-Leben«. Wissenschaftler wie Robert Stone und Cleve Backster *(The Secret Life of your Cells)* haben gezeigt, dass einzelne Zellen auf ihre Weise ziemlich bewusst sind und mit vielen anderen Zellen in Kommunikation stehen. Wenn wir anfangen, uns als große Zellen wahrzunehmen, die im planetaren Körper agieren, unterstützt uns dieses erweiterte Selbstbild dabei, uns auf unsere tiefere Aufgabe im Leben zu besinnen.

Wir wissen durch Forschungen mit Vögeln und Fischen bereits, dass in der Tierwelt dieser Erde ein gemeinsames transpersonales Bewusstsein existiert. Fotografisches Beweismaterial zeigt, dass tausende von Vögeln in einem Schwarm gleichzeitig die Richtung ändern können, und zwar sehr viel schneller als innerhalb der Spanne menschlicher Reaktionszeit. Das Gleiche gilt für Fische, die sogar noch schneller umschwenken können. Diese Beispiele machen deutlich, dass es eine Form des transpersonale Bewusstseins und eine entsprechende Kommunikation geben muss.

Ebenso wird die Wahrscheinlichkeit immer offensichtlicher, dass Menschen sich als größere soziale Gruppe aufeinander einstimmen und auf der Grundlage dessen zusammenarbeiten können, was C.G. Jung als kollektives Unbewusstes bezeichnete.

Ich schlage hier vor, dass wir diese transpersonale Fähigkeit des menschlichen Verstandes direkt nutzen, um unseren persönlichen Bewusstseins-Kokon mit dem vereinten planetaren Bewusstseins-Kokon zu verbinden. Wir leben ständig im ökosphärischen Ozean des planetaren Bewusstseins und atmen dessen physische Manifestation in unseren Körper. Wir nähren uns, indem wir die Biosphäre in unseren Körper aufnehmen. Warum nicht den nächsten Schritt tun und unsere Ego-Identifikation als total getrennte Wesen loslassen, um als bewusste Zellen am planetaren Körper teilzuhaben?

Warum nicht an die erweiterte spirituelle Präsenz des Planeten als ganzem die Worte richten: *»Nicht mein Wille geschehe, sondern deiner«?*

Bitte beachten Sie, dass ich hier keine religiösen Spiele spiele und Ihnen nicht vorschlage, den Planeten als Gott anzubeten und zum abergläubischen Denken früheren Stammeslebens zurückzukehren. Wir können die Dinge jetzt in der richtigen Perspektive sehen und begreifen, dass Spiritualität sich auf verschiedenen Ebenen manifestiert. Und dann können wir beschließen, uns der nächsten logischen Dimension jenseits unseres persönlichen Ego-Kokons zuzuwenden – dem plantaren Bewusstseins-Kokon.

Festhalten möchte ich an dieser Stelle aber auch, dass der Glaube so genannter primitiver Stämme in vieler Hinsicht wirklichkeitsnäher war als unsere hoch technisierte Mentalität. Wenn sich die amerikanischen Ureinwohner an die Erde wandten und mit der Erdmutter als lebensspendender spiritueller Kraft direkt kommunizierten, trafen sie meiner Meinung nach genau den Punkt. Und wenn wir lernen, uns bei unseren wirtschaftlichen Entscheidungen und Projekten »auf die planetarische Ebene« zu begeben, setzen wir diese tiefe menschliche Tradition fort.

Das entsprechende Vorgehen ist im Grunde ganz einfach und trotzdem äußerst wirkungsvoll. Nachdem Sie Ihre Wahrnehmung mit Hilfe der oben formulierten Schlüsselsätze auf das erweiterte Bewusstsein für den ganzen Körper gelenkt haben, verbinden Sie sich durch die nachfolgenden Worte direkt mit dem planetaren Willen:

- Wenn Sie das nächste Mal ausatmen, sagen Sie zu sich: »*Ich möchte mich an das organische Bewusstsein der Erde anschließen.*« Atmen Sie ein und lassen Sie diese Worte wie eine Absichtserklärung in Ihrem ganzen Wesen nachschwingen.

- Wenn Sie das nächste Mal ausatmen, sagen Sie zu sich: »*Spiritualität ist überall.*« Atmen Sie entspannt ein und nehmen Sie diese Wahrheit in sich auf. Spüren Sie Ihre Verbindung zu der Atmosphäre, die Sie atmen und die Sie mit der gesamten Ökosphäre verbindet.

- Beim nächsten Ausatmen sagen Sie zu sich: »*Nicht mein Wille geschehe, sondern der der Erde.*« Und atmen Sie ein, während diese Worte in Ihrem ganzen Wesen schwingen.

- Und wenn Sie dann wieder ausatmen, sagen Sie zu sich: »*Ich bin bereit zu erkennen, was zum höchsten Wohle unserer Weltgemeinschaft beiträgt, und in diesem Sinne zu dienen.*«

In diesem Zustand können Sie sich einfach entspannen. Bleiben Sie auf Ihren Atem, Ihren Herzschlag und die Präsenz Ihres ganzen Körpers eingestimmt und lassen Sie sämtliche Bilder und Gedanken zu, die Sie aus dem größeren planetarischen Bewusstsein erreichen mögen. Jedes Mal, wenn Sie diese Übung machen, wird sie Ihnen besser gelingen und tiefer gehen. Und jedes Mal, wenn Sie diese Fünf-Schritte-Meditation machen, wird Ihre Erfahrung anders aussehen, da der neue Augenblick Ihr Leben kontinuierlich wandelt.

Ihre planetarische Vision des Unternehmens

Es ist meine aufrichtige Hoffnung, dass immer mehr Firmen anfangen, sich mit Hilfe solcher Techniken »planetarische Einsichten« zu erschließen, um ihre Vision des Unternehmens zu erweitern und sich neue, ökonomisch, ökologisch und spirituell gesunde Ebenen zu erschließen. Welch bemerkenswertes Unternehmen würde in nur kurzer Zeit entstehen, wenn ein Betrieb oder eine Organisation täglich nur zehn Minuten opfern würde, um als Gruppe zusammenzukommen, sich gemeinsam in einen transpersonalen Zustand zu versetzen und sich für die Einsichten zu öffnen, die den Beteiligten dann zufließen.

Stellen Sie sich einmal vor, wie Ihr Arbeitsleben aussähe, wenn immer mehr Mitarbeiterinnen und Mitarbeiter beschließen würden, ihr persönliches ökonomisches und spirituelles Schicksal mit dem umfassenderen Schicksal des planetarischen Organismus zu verbinden. Ihre Firma würde allmählich aufblühen, Inspiration und Begeisterung würden zunehmen, Mitgefühl und Vertrauen wachsen, und die Vision für Ihr Unternehmen würde sich auf neue, unerwartete Höhen schwingen. Am wichtigsten aber ist, Sie würden gemeinsam das Vertrauen entwickeln, dass Ihr langfristiges materielles Überleben und der materielle Überfluss auf diesem Planeten garantiert sind, weil Sie sich einer spirituellen Führung anvertrauen, die Ihnen den Weg in eine Zukunft weist, die zwar unbekannt, aber letzten Endes doch vertrauenswürdig ist.

Diese Vorstellung ist sehr aufregend, und doch sieht so die sich überall abzeichnende Realität aus, zu der uns dieser tief greifende Wandel in der Welt führt. Die Technologie hat uns trotz all ihrer fragwürdigen Nebeneffekte zweifellos enger zusammengebracht, und wir sind an einem historischen Punkt angelangt, wo wir zu einer umfassenden Vision von menschlicher Erfüllung auf dieser Erde gelangen können, wenn wir die Führung nur zulassen, die uns aus spirituellen Dimensionen erreicht.

Das ist die Vision vom heutigen Unternehmen, die sich immer deutlicher abzeichnet, und ich lade Sie ein, diese transpersonale, planetare Dimension unserer Unternehmenswelt aktiv zu erforschen.

Ehrerbietung für die Quelle

Wenn wir uns die verschiedenen Übungen in diesem Buch noch einmal anschauen, mit denen wir Zugang zur spirituellen Dimension gewinnen, können wir ganz klar sehen, wie wir unsere Fähigkeiten zur Meditation Schritt für Schritt weiterentwickelt haben. Zuerst haben wir gelernt, uns auf unsere innere Präsenz einzustimmen. Als Nächstes haben wir den inneren Wahrnehmungskokon ausgedehnt, um die Luft, den Raum und die Menschen um uns herum in ihn hineinzunehmen. Und schließlich haben wir uns darin geübt, unseren persönlichen Wahrnehmungskokon auf die gesamte planetarische Dimension spirituellen Bewusstseins auszuweiten.

Die Leserinnen und Leser, die mit traditionellen Meditationstechniken vertraut sind, haben wahrscheinlich bereits bemerkt, dass ich genau umgekehrt vorgegangen bin, als es beim Meditieren normalerweise üblich ist. Meistens richten wir uns beim Meditieren kontinuierlich nach innen aus und suchen die höchste spirituelle Erleuchtung nicht in der Konzentration auf die äußere, materielle Welt, sondern in den Innenreichen des Bewusstseins.

Wenn wir, um spirituell wach zu werden, ausschließlich nach innen gehen, geschieht Folgendes: Wir stimmen uns ein auf unsere innere Präsenz, konzentrieren uns dann darauf, den radikalen Sprung von unserem persönlichen spirituellen Kern zum spirituellen Kern des Schöpfers zu vollziehen, und überspringen dabei völlig die spirituellen Zwischendimensionen der transpersonalen und planetarischen Ebene.

Ich fälle damit kein Urteil über traditionelle, nicht materiell ausgerichtete Meditationstechniken. Sie leisten ausgezeichnete Dienste für die Erreichung ihres erklärten Ziels: die unmittelbare Vereinigung mit dem Schöpfer. In den letzten zwanzig Jahren meiner Meditation wurde ich jedoch in die umgekehrte Richtung geführt, die die Zwischenbereiche des Bewusstseins mit einschließt. Der Grund dafür besteht meiner Meinung nach darin, dass unsere Welt nicht das Bedürfnis hat, von der materiellen Ebene in die Meditation zu flüchten oder unsere planetarische Realität zu transzendieren. Vielmehr braucht unsere Welt es dringend, dass wir zum Kanal werden, durch den die höchsten spirituellen Dimensionen direkt in die materiellen Bereiche unserer Existenz fließen können.

Wenn wir auf das Zusammenwirken von Profit und Spiritualität aus sind, müssen wir lernen, uns in der Meditation »nach außen« zu richten, statt auf die »innere« Richtung fixiert zu bleiben. Wenn Wissenschaft und Spiritualität wirklich eine zusammenhängende Einheit bilden, statt Gegensätze zu sein, müssen wir mentale Techniken finden, die uns mit dieser Schnittstelle in unmittelbare Berührung bringen.

Und so haben wir gelernt, unser Bewusstsein Schritt für Schritt von der inneren Wahrnehmung auf die transpersonale und die planetarische Wahrnehmung auszudehnen. Es wäre jedoch ein grundlegendes Versäumnis, dieses Buch mit der spirituellen Ausrichtung auf die planetare Ebene zu beenden, und deswegen ist dieses Kapitel dem letzten und höchsten Sprung der Bewusstseinserweiterung gewidmet: der vollständigen Vereinigung mit dem Universellen und damit der trans-universellen Quelle sämtlicher materieller Schöpfung.

Das Universum als unser Wirtschaftsgebiet

Wie wir im ersten Kapitel bereits erwähnt haben, bekennen sich zwei Drittel der arbeitenden Bevölkerung auf eine traditionelle religiöse Weise offen zum Glauben an Gott oder die »Präsenz einer alles durchdringenden spirituellen Intelligenz, die unser gesamtes Universum voller Mitgefühl zusammenhält«. Beide Glaubensrichtungen gehen von einem Schöpfer aus, der jenseits unserer planetarischen Ebene spiritueller Manifestation existiert. Tatsächlich stellen sich diese Menschen einen Schöpfer jenseits der Parameter unseres Universums vor. Unser Universum ist durchdrungen von einer spirituellen Präsenz, die zugleich über dieses Universum hinausgeht; denn die schöpferische Kraft muss ihre Schöpfung transzendieren.

Ich weiß noch, wie ich vor etwa fünfzehn Jahren zum ersten Mal ein Exemplar von Rupert Sheldrakes Buch *Das schöpferische Universum. Die Theorie des morphogenetischen Feldes* in die Hände bekam und seine immer noch revolutionäre wissenschaftliche Behauptung las, dass die materielle Realität unseres gesamten Universums von der Präsenz nicht materieller morphogenetischer Felder zusammengehalten wird, die außerhalb der Raum-Zeit-Dimension agieren. Er postulierte, dass das Universum, wie wir es kennen, auf der Grundlage primärer, schwingender energetischer Felder existiert, die das gesamte physische Universum durchdringen, und dass diese Felder in Schöpfungshierarchien strukturiert sind. Angefangen beim winzigsten subatomaren Teilchen, wachsen die Dimensionen Schicht um Schicht an: subatomar ... atomar ... molekular ... organisch ... sozial ... planetarisch ... galaktisch ... universell ... transuniversell ...

Die meisten Astronomen sind sich heute darin einig, dass die Vorstellung von der Existenz eines einzigen Universums überholt ist. Die Physiker beharren darauf, dass die Erfahrung der linearen Zeit das Phänomen der Zeit nicht erfasst und dass darüber hinaus wahrscheinlich parallele Universen existieren. Es scheint also nur weise zu sein, wenn wir unsere Vorstellung von Gott über die Grenzen unseres speziellen Universums hinaus erweitern und die große Wahrscheinlichkeit akzeptieren, dass der Schöpfer viel mehr geschaffen hat als nur das uns bekannte materielle Universum.

Sheldrake tat sich als Wissenschaftler durch seine Behauptung hervor, dass der materialistische Standpunkt der traditionellen Wissenschaften am entscheidenden Punkt wissenschaftlichen Denkens einfach nicht stichhaltig ist. Er geht davon aus, dass sämtliches Leben eine Ursache und einen Zweck hat, und sagt weiter, dass »das Universum als Ganzes nur dann eine Ursache und einen Zweck haben kann, wenn es von einem bewußten Schöpfer geschaffen wurde, der es transzendiert. Im Unterschied zum Universum würde dieses transzendente Bewußtsein sich nicht auf ein Ziel hin entwickeln; es wäre sein eigenes Ziel. Es würde nicht eine endgültige Form anstreben; es wäre in sich selbst vollkommen.«

Vielleicht ist das die ideale Formulierung, die wir im Hinterkopf behalten sollten, wenn wir jetzt die Abschlussmeditation lernen, mit der wir unsere Wahrnehmung über das Planetare hinaus auf den höchsten Fokus – die Quelle unserer Schöpfung – ausrichten. Je nach Ihrem religiösem Hintergrund und Glauben können Sie die Worte verwenden, die Ihre persönliche Auffassung vom Höchsten am angemessensten zum Ausdruck bringen. Wir konzentrieren uns hier nicht auf unsere gedanklichen und religiösen Konstrukte von Gott. Das wäre, als würden wir zwischen uns und der Sonne ein Schild mit dem Wort *Sonne* aufstellen. Dann würden wir nur unser Schild sehen und nicht die reale Sonne.

Ich schlage hier vor, dass wir unsere bescheidene menschliche Kraft der Aufmerksamkeit direkt auf unseren Schöpfer richten und dann in diesem höchsten Frieden, in dieser Vereinigung unseres persönlichen Bewusstseinskokons mit der unendlichen Präsenz des Großen Geistes beliebig lange verweilen.

Warum diese Meditation in den üblichen Arbeitstag einbauen? Wenn der Anschluss an die Intelligenz, Weisheit und den Willen des Planeten ausreicht, um uns bei all unseren fortlaufenden geschäftlichen Plänen und täglichen Aktivitäten zu leiten, warum nicht beim globalen Bewusstsein innehalten?

Weil die »Ehrerbietung für die Quelle« die Grundlage für sämtliche Bewusstseinserweiterungen bildet, die wir bislang praktiziert haben. Es wäre, als würden wir ein Gebäude ohne Fundament errichten, wenn wir in der Unternehmenswelt Übungen für den Zugang zur spirituellen Ebene entwickelten, ohne uns regelmäßig auf die höchste Quelle sämtlicher materiellen und energetischen Manifestationen einzustimmen. Geschäfte machen heißt, sich kontinuierlich an die höchste kreative Quelle anschließen, denn wir können uns einfach nicht über diese Ebene hinwegsetzen. Aber wohin richten wir unsere Aufmerksamkeit, um uns unmittelbar mit dieser »höchsten Quelle« zu verbinden?

Wir stellen uns meistens vor, dass Gott »über das Universum hinaus« existiert. Sicherlich transzendiert der Schöpfer das Universum. Aber unser Verständnis und unsere Intention folgen der falschen Spur, wenn wir überhaupt in räumlichen Begriffen denken und Gott »außerhalb« des Universums ansiedeln. Unser menschlicher Verstand, der so stark räumlich orientiert ist, kann sich in keiner Weise in die Bereiche des unendlichen Raums oder darüber hinaus ausdehnen. Um uns direkt auf die Quelle zu konzentrieren, die über unseren dreidimensionalen Raum-Zeit-Zusammenhang hinausgeht, müssen wir unsere transpersonale und planetarische Form von Meditation vorübergehend aufgeben, um zu einer früheren Stufe zurückzukehren, und von hier aus den letzten Schritt tun.

Die höchste Gleichung

Ich muss zugeben, dass ich in jüngeren Jahren mit zahlreichen Meditationen experimentiert habe, die jenen »höchsten« unendlichen Sprung über das planetarische Bewusstsein hinaus in das galaktische, universelle und trans-universelle Bewusstsein ermöglichen sollten. In den letzten Jahren jedoch habe ich sowohl in meinem persönlichen als auch in meinem beruflichen Leben auf all diese Meditationen weitgehend verzichtet. Warum? Weil die Dinge, wenn wir uns einmal über das Planetarische hinauswagen, tatsächlich sehr verwirrend werden, und die Übungen, die uns die planetarischen Ebenen der Wahrnehmung so wunderbar erschließen, funktionieren meistens nicht, wenn sie uns zum Beispiel auf die galaktische Ebene befördern sollen. »Oh«, mögen wir denken, »wir können das.« Und vielleicht ist es hin und wieder eine wertvolle und erfreuliche Erfahrung, über das Bewusstsein des Planeten hinauszugehen.

Aber wenn wir uns an die unendliche Quelle unserer Schöpfung direkt anschließen wollen, müssen wir unsere Aufmerksamkeit über das Räumliche und den Raum-Zeit-Zusammenhang hinaus verlagern, da sich der Schöpfer jenseits seiner Schöpfung befindet. Was sollen wir also tun, um unser Bewusstsein mit dem Schöpfer verschmelzen zu lassen? Wie alle wertvollen Erkenntnisse ist auch diese letzten Endes sehr einfach und lässt sich in wenige Worte fassen.

Wir richten unsere Wahrnehmung direkt auf das *alles vereinende Zentrum* unserer eigenen Existenz. Wir halten nach *dem Kern der Dinge* Ausschau. Wir konzentrieren uns auf unser eigenes Zentrum, unser Herz ... Wir steigen auf in das spirituelle Herz und lassen sämtliche emotionalen Sorgen hinter uns ... und sagen mehrmals die eine Gleichung, die Einsteins Formel relativiert: *Gott ist Liebe.*

Das Herz ist, wie wir gesehen haben, der Ort, wo Liebe in unser Sein fließt, und wo wir mit Gott direkt in Berührung kommen. Wir haben in diesem Buch fortlaufend gelernt, wie wir uns immer tiefer in das Bewusstsein unseres spirituellen Herzens versenken können. In dieser Abschlussmeditation dehnen wir dieses Bewusstsein ins Unendliche aus:

- Wenden Sie täglich oder sogar stündlich die Schritte an, die Sie gelernt haben, um sich auf die Präsenz Ihres ganzen Körpers, Ihr spirituelles Herz, Ihre transpersonale Wahrnehmung der Luft, des Raumes und der Menschen um Sie herum und schließlich auf die umfassende Wahrnehmung der planetaren Ebene einzustimmen ... Ernten Sie die Erkenntnisse, die Ihnen durch diese »aktive« Phase der Meditation zufließen.

- Jetzt kehren Sie mit Ihrer Aufmerksamkeit zu Ihrem eigenen Herzen zurück ... Atmen Sie entspannt ... Lassen Sie alle Gedanken verblassen, bis in Ihnen nur noch die Worte schwingen: *»Sei still und wisse, ich bin Gott.«*

- Und jetzt öffnen Sie Ihr Herz und Ihr Bewusstsein, um die Wahrheit, *Gott ist Liebe,* als unmittelbare spirituelle Erkenntnis hereinzulassen ... Sagen Sie wieder und wieder mit jedem neuen Einatmen: *»Liebe ... Liebe ... Liebe ...«*, solange die Worte Ihnen in den Sinn kommen.

- Und um Ihr Gefühl von Ehrerbietung und Dankbarkeit zu zeigen, sagen Sie zum Schluss mehrmals: *»Ich bin dankbar ... danke ... danke ...«*

Gedanken zum Schluss

Robert Frost sagt:

> Gott, der selbst hinabstieg
> ins Fleisch, wollte zeigen
> daß das größte Verdienst darin liegt,
> den Geist im Konkreten zu riskieren.
> Der Geist geht ein ins Fleisch
> und nährt die Erde so gut er kann,
> Geburt auf Geburt
> immer wieder von neuem.
>
> Gewähre mir Richtung, Sinn und Plan –
> dann bin ich dem Göttlichen nahe genug.

Letzten Endes wollen wir mit den verschiedenen Techniken, mit denen wir uns im Geschäftsleben an die spirituelle Dimension anschließen, »Richtung, Sinn und Plan« in direkten Einklang mit dem Göttlichen bringen.

Ich hoffe von ganzem Herzen, dass dieses Buch und die Übungen, mit denen Sie sich an spirituelle Dimensionen anschließen können, Ihnen für den Rest Ihres Lebens bei Ihrer täglichen Arbeit, in Familie und Freizeit auf schöne Weise dienen, sich für eine spirituell inspirierte und göttlich ermächtigte Richtung mit Sinn und Plan zu öffnen. Möge Ihr Weg erleuchtet sein, möge er voll Freude, positiver Herausforderungen und tiefer Erfüllung sein ...

8
Die Übungen

Die sieben Grundvoraussetzungen für spirituelle Empfänglichkeit

Die Atmosphäre in der Unternehmenswelt lässt uns im Allgemeinen spirituell einschlafen. Wir brauchen eine gewisse Offenheit, um den Entschluss zu fassen, bei der Arbeit spirituell wach zu werden und in der Hitze des kapitalistischen Gefechtes aufmerksam für die tieferen intuitiven und mystischen Dimensionen unseres Wesens zu bleiben. Während Sie die Liste lesen, die zeigt, welche inneren Voraussetzungen uns ermöglichen, bei der Arbeit kontinuierlich ein spirituelles Bewusstsein zu bewahren, können Sie darüber nachdenken, welche eigenen inneren Gewohnheiten Sie in Bezug auf diese Grundvoraussetzungen mitbringen. Erlauben Sie sich diese Aussagen tief in sich aufzunehmen:

1. *Unser Denken muss sich beruhigen, damit wir für die spirituelle Dimension offen sind.*

Solange unser denkender Verstand auf der üblichen Problemlösungsschiene fährt und wir ständig grübeln und uns sorgen, können spirituelle Eingebungen uns nur begrenzt erreichen. Bei sämtlichen traditionellen Meditationen ist das Stillwerden des denkenden Verstandes von wesentlicher Bedeutung; es ist der erste Schritt, um sich an höhere Bewusstseinsbereiche anzuschließen. In der Bibel finden wir den zentralen Satz: »Seid still und wisset, ich bin der Herr euer Gott.« In der buddhistischen Lehre ist in den primären Unterweisungen vom Erreichen des »Punktes der inneren Stille« die Rede. Für die taoistische Tradition ist das »Nicht-Denken« als Form von geistiger Stille zentral. Schweigen ist Gold.

2. *Wir müssen unsere üblichen Sorgen und Ängste loslassen.*

Solange Angst die Seele im Griff hat, ist das menschliche Herz blockiert und spirituellen Dimensionen gegenüber verschlossen. Jesus sagte wieder und wieder zu seinen Anhängern: »Fürchtet euch nicht!« In diesem Licht betrachtet stellten die ständige Problemorientierung und das andauernde Sich-Sorgen um die Zukunft ein direktes Hindernis für ein von spirituellen Kräften getragenes Arbeitsleben dar. Deswegen ist es wichtig, wirkungsvolle Techniken zu lernen, um sich von der Denkgewohnheit des Sorgens zu befreien, so dass sich Ihr mentales und physisches System entspannt und sich vertrauensvoll für die spirituelle Dimension öffnet. Angst ist ein großer Kräftezehrer. Wir müssen uns direkt anschauen, was Angst eigentlich ist, und lernen, uns ihrem Zugriff zu entziehen.

3. *Wir können die spirituelle Dimension nur zulassen, wenn unser Herz offen dafür ist.*

Das menschliche Herz ist nicht nur ein physiologisches Organ, sondern ein hochenergetischer Dynamo und der innerste Kern unseres spirituellen Wesens, das Zentrum der Liebe in unserem Körper. Die Aussage »Gott ist Liebe« ist ein spiritueller Kernsatz, und sämtliche Religionen der Welt räumen dem Herzen einen zentralen Platz ein. Deswegen sollten wir uns bei unserem Vorhaben, uns im Arbeitsleben für spirituelle Einflüsse zu öffnen, immer wieder unserer Beziehung zu unserem eigenen Herzen und der Frage zuwenden, wie wir unser Herzzentrum bei geschäftlichen Kontakten wirkungsvoll wecken können.

4. *Die vertiefte Wahrnehmung unseres Atems ist von zentraler Bedeutung.*

Fast sämtliche wirklich tief gehenden Meditationen aus den verschiedenen Traditionen beruhen auf der Lehre, dass die Wahrnehmung des Atems Anfang und Ende des spirituellen Erwachens darstellt. In der Zen-Meditation tun Menschen oft nichts weiter, als ihren eigenen Atem zu beobachten, um zur höchsten Verwirklichung zu gelangen. Wir müssen direkt bei der Arbeit bestimmte Atemmeditationen anwenden, um im Beruf spirituell wach zu werden. Simple und doch wirkungsvolle Techniken, die Ihnen helfen, sich auf den Atem zu konzentrieren, können Ihren ganzen Tag verwandeln. Und wenn diese Techniken mit anderen Übungen kombiniert werden, sind sie noch sehr viel wirkungsvoller.

5. *Die spirituelle Dimension erschließt sich uns nur in der Gegenwart.*

Jesus sagte: »Das himmlische Königreich ist in uns«, nicht irgendwo in der Zukunft. Das Gebot, im »Hier und Jetzt« zu sein, findet sich in sämtlichen tief greifenden spirituellen Traditionen überall auf der Welt. Wenn wir uns bei der Arbeit an spirituelle Einsichten und Kräfte anschließen wollen, müssen wir unsere Wahrnehmung immer wieder auf den gegenwärtigen Augenblick richten. Und das geschieht vor allem dadurch, dass wir den denkenden Verstand zur Ruhe bringen; denn das Denken ist ein an Vergangenheit und Zukunft orientierter Prozess, und wir können uns nicht auf die Gegenwart konzentrieren, wenn wir das begriffliche Denken nicht still stellen.

6. *Um wirklich Zugang zu spirituellen Ebenen zu bekommen, müssen wir die klare Absicht haben.*

Nur wenn wir lernen, innerlich die klare Absicht zu entwickeln, uns Bewusstseinszustände von spiritueller Wachheit zu erschließen, werden wir Meister unseres eigenen Schicksals. Der erste Impuls, auf erweiterte Bewusstseinszustände umzuschalten, ist immer eine Absichtserklärung: »Ich will das, und ich werde es tun!« Aber eine Absicht ist nicht lediglich ein gedanklicher Ablauf im Gehirn, sondern ein tiefer Wunsch, der aus unserem ganzen Wesen aufsteigt, wo Herz und Kopf eins werden in der Sehnsucht, bei der Arbeit tiefer mit dem Leben verbunden zu sein. Und denken Sie daran: Absichten sind Gewohnheiten, die wir durch Übung stärken müssen, sonst ist der ganze Prozess zum Scheitern verurteilt.

7. *Unsere persönliche Bewusstheit ist Teil der universellen Bewusstheit.*

Wie wir alle selbst Schritt für Schritt entdecken, wenn wir uns immer wieder für spirituelle Einsichten öffnen, sind wir keine isolierten Ego-Kokons, die getrennt von sämtlichen anderen Menschen in der Geschäftswelt wären. Zweifellos existiert ein uns alle verbindendes Über-Bewusstsein, das unsere irdische Sphäre durchdringt und als energetisches Intelligenz-Medium dient, über das die spirituelle Dimension in unser Leben tritt und uns alle miteinander verbindet. Wenn wir die klare Absicht haben, uns an dieses transpersonale Bewusstsein der lebendigen Sphäre anzuschließen, gewinnen wir Zugang zu einer uns alle vereinenden ökonomischen Weisheit. Diese Weisheit zeigt uns nicht nur den Weg zu Entscheidungen, die unserer individuellen Firma zugute kommen, sondern durch die die Aktivitäten unseres Unternehmens auch in den umfassenderen Lebenszusammenhang des globalwirtschaftlichen Organismus integriert werden. Auch wenn wir uns für spirituelle Eingebungen öffnen können, ohne uns auf diese Dimension des »planetarischen Bewusstseins« auszurichten, wird der gesamte Prozess erheblich beschleunigt, sobald wir uns für die aktuelle Wirklichkeit öffnen, dass dieser Planet eine spirituelle Einheit ist, von der wir ein winziger bewusster Teil sind.

Die sechs zentralen Führungseigenschaften

Wir haben im Laufe der Jahre festgestellt, dass es bei Führungspersönlichkeiten sechs grundlegende Eigenschaften gibt, die die gesammelte Weisheit widerspiegeln und die letzten Endes den wirtschaftlichen Erfolg in den kommenden Jahrzehnten bestimmen werden. Führungskräfte, die nach vorne schauen, können diese Eigenschaften entwickeln, damit sie geschäftlich weiterkommen und ihre persönliche Erfüllung finden. Ganz gleich, aus welcher Perspektive wir Unternehmen und Führungskräfte betrachten, wir stoßen immer wieder auf dieselben grundlegenden Themen, die uns in unserem spirituellen Verständnis bestärken.

Ich möchte Ihnen vorschlagen, beim Durchlesen dieser Führungsqualitäten bewusst auf Ihren Atem zu achten. Dann können Sie sich über Ihren Atem in jedem Augenblick klarmachen, wie Sie persönlich zu jeder dieser Eigenschaften stehen.

1. Überdurchschnittliche intuitive Fähigkeiten.

An erster Stelle steht für eine wahre Führungskraft, dass sie lernt, sich an die intuitive Ebene des Bewusstseins anzuschließen, auf der uns spirituelle Einsichten zufließen. Das ist zentral für Führungsaufgaben. Natürlich müssen wir uns ernsthaft mit den Details beschäftigen und unser deduktives Denken konzentriert zum Einsatz bringen, um auf hoher Ebene Erfolge zu erzielen. Aber um wirklich führen zu können, müssen wir gleichzeitig unsere Fähigkeit entwickeln, unsere bewusste Wahrnehmung willentlich zu erweitern, so dass wir das geschäftliche Gesamtbild vor Augen haben, statt uns ständig auf einzelne Details zu konzentrieren. Wir müssen Eingebungen von einer universellen geistigen Ebene empfangen können, die die umfassendere Perspektive unserer Situation berücksichtigen.

2. Kommunikation auf der Herzensebene.

Erfolgreiches Kommunizieren und Verhandeln ist zentral für erfolgreiche Geschäfte, und langfristig gesehen ist eine Kommunikation, die auf Mitgefühl und Liebe beruht, einer Kommunikation überlegen, die in Argwohn und Hass wurzelt. Aus diesem Grund können wir sagen, dass die Menschen erfolgreich führen, die lernen, beim Kommunizieren und Verhandeln im Herzen zu bleiben; denn wir gewinnen nur dann auf einer tieferen Ebene Zugang zu spirituellen Einsichten und Kräften, wenn unser Herz offen ist, sie zu empfangen.

3. Unbesorgt von Zielen Abstand nehmen können.

Hier ist von der erlernbaren Fähigkeit die Rede, bei geschäftlichen (und anderen) Unternehmungen die eigenen emotionalen Reaktionen vom Zugriff Angst einflößender Zukunftsprojektionen lösen zu können. Ziel ist hierbei, gedankliche und körperliche Sorgen abzubauen. Angst ist äußerst zerstörerisch, sowohl im Geschäftlichen als auch in sämtlichen anderen Bereichen des menschlichen Lebens. Wenn wir lernen, uns bewusst von kausalen Denkgewohnheiten zu befreien, können wir Angstreaktionen ausschalten. Und das ist nur mit Hilfe von Techniken möglich, die auf einer spirituellen Grundlage beruhen.

4. Persönliche Integrität.

Ein wirklich aufrichtiger Geschäftsmensch ist jemand, der sich immer wieder für den gegenwärtigen Augenblick öffnet, um die Realität einer Situation wahrzunehmen, ohne von den Verzerrungen überholter Einstellungen oder Projektionen in Vergangenheit und Zukunft beherrscht zu werden. Die wahre Führungspersönlichkeit hat an erster Stelle gelernt, ehrlich mit ihren eigenen inneren Gefühlen umzugehen. Sie hat sich der Verbreitung der

Wahrheit auch da verpflichtet, wo sie sich vorübergehend Schwierigkeiten damit einhandelt, denn sie weiß, dass die Wahrheit letzten Endes immer siegt. Diese Qualität kann von Führungspersönlichkeiten, die wirklich den spirituellen Weg suchen, aktiv entwickelt werden, denn aus der spirituellen Dimension erwächst die strengste Prüfung der Realität.

5. *Engagement für Familie und Gemeinschaft.*

Völlig unabhängig von den positiven Werten der wirtschaftlichen und sozialen Globalisierung, bleiben die örtliche Gemeinschaft und die eigene Familie Ausgangspunkt für die grundlegende Verwurzelung aller menschlichen Wesen. Wenn unsere Führungskräfte nicht in ihrer örtlichen sozialen und wirtschaftlichen Umgebung verwurzelt sind, fehlt ihnen eine primäre Dimension von Weisheit, die wesentlich dafür ist, dass Entscheidungen auf Menschlichkeit statt auf Macht oder Geld beruhen.

6. *Ehrerbietung für die Quelle.*

»Ehrerbietung« ist ein Wort, das in der Geschäftswelt nur selten Anwendung findet, was vor allem für den Ausbeutungs- und Plünderungssektor unserer Wirtschaft gilt, wo Führungskräfte jedes Gefühl des Respekts für die Erde ausschalten müssen, um ökologisch verheerende, auf kurzfristigen Gewinn abzielende Entscheidungen zu treffen. *Ehrerbietung für die Quelle* beinhaltet gegenseitigen Respekt, Demut, Dankbarkeit und ein Gefühl für die unserer Welt zugrunde liegende spirituelle Integrität. Eine Führungspersönlichkeit, die dieses tiefe Gefühl von Ehrerbietung in ihrem Herzen verspürt, wird auf natürliche Weise Entscheidungen treffen, die die lebenserhaltenden Systeme des Planeten langfristig fördern.

Die vier neuen Wirtschaftsgesetze

Von diesen Führungsqualitäten lassen sich vier neue Wirtschaftsgesetze ableiten, die aus dem spirituellen Kern erwachsen. Wie immer mehr Geschäftsleute erkennen, haben die allgemein akzeptierten Gesetze, die den Erfolg im Geschäftsleben bestimmen, in jüngster Zeit eine dramatische Wandlung erfahren. Auch wenn sich die überholten Einstellungen mit ihrer großspurigen, halsabschneiderischen und konkurrenzorientierten Mentalität immer noch lärmend breit machen, haben mehr und mehr Unternehmen auf stille Weise eine völlig neue Ordnung übernommen. Diese beruht auf den folgenden primären Gesetzen, die als grundlegende Richtlinien für den langfristigen Erfolg jedes zukunftsorientierten Unternehmens dienen:

1. *Das Gesetz vom intuitiven Zugang.*

Ein Unternehmen, das seinen Angestellten bewusst beibringt, sich regelmäßig an höhere Ebenen der intuitiven Problemlösung anzuschließen, wird erfolgreicher sein als Firmen mit vergleichsweise wenig entwickelten intuitiven Problemlösungsfähigkeiten.

2. *Das Gesetz von der mitfühlenden Zusammenarbeit.*

Ein Unternehmen, das eine Atmosphäre des gegenseitigen herzlichen Respektes fördert und offen am Wohlergehen seiner Angestellten und Kunden Anteil nimmt, wird Geschäften, die ihren Kunden und Mitarbeitern relativ gleichgültig gegenüberstehen, überlegen sein.

3. *Das Gesetz von der vertrauensvollen Zusammenarbeit.*

Ein Unternehmen, in dem aufrichtiges Vertrauen und Ehrlichkeit herrschen und das eher von Zusammenarbeit als von Konkurrenz geprägt ist, wird mehr Erfolg haben als eine Firma, in der überwiegend auf der Grundlage von Misstrauen, verzerrter Realitätswahrnehmung und Konkurrenzdenken gearbeitet wird.

4. Das Gesetz von der Ehrerbietung für die Quelle

Ein Unternehmen, das seine Ehrerbietung für die dem Universum zugrunde liegenden spirituellen Gesetze offen zum Ausdruck bringt und nach dem Prinzip handelt, das Wohlergehen der gesamten Weltwirtschaft zu fördern, wird erfolgreicher sein als eine Firma, die vergleichsweise selbstsüchtig und seelenlos ist.

Die Grundvoraussetzungen für spirituelle Empfänglichkeit, die zentralen Führungsqualitäten und die Wirtschaftsgesetze verweisen auf den Impetus der folgenden Übungen für den Zugang zur spirituellen Dimension. Wenn Sie sich diese Voraussetzungen, Eigenschaften und Gesetze aneignen, wird es sehr viel leichter, die folgenden Übungen zu lernen.

24 Übungen für den Zugang zur spirituellen Dimension

Überblick:

Teil eins: **Vor der Arbeit ganz aufwachen**

1 Der morgendliche Entschluss
2 Leben in den ganzen Körper bringen

Teil zwei: **Meditationen auf dem Weg zur Arbeit**

3 Die bewusste Wahrnehmung des ganzen Körpers
4 Meditation für Führungskräfte

Teil drei: **Das Erwecken des spirituellen Herzens**

5 Ihre Arbeitsumgebung einschätzen
6 Was Sie bei der Arbeit tun können
7 Ihre Arbeitsumgebung verbessern
8 Die Aufgabe des spirituellen Herzens
9 Das spirituelle Herz in Aktion
10 Zum spirituellen Herzen übergehen
11 Erfahrungen mit dem spirituellen Herzen

Teil vier: **Techniken für sofortige Einsicht**

12 Der Anschluss an die intuitive Ebene
13 Alles auf einmal sehen
14 Die primären Faktoren der Intuition

Teil eins: Vor der Arbeit ganz aufwachen

1 Der morgendliche Entschluss

Während Sie noch im Bett liegen, erinnern Sie sich daran, dass Sie sich beim Aufwachen anders verhalten wollten. Sie möchten sich bewusst als spirituelles Wesen wahrnehmen, bevor Sie aus dem Bett steigen.

▣ Entspannen Sie sich auf dem Rücken, wenn das für Sie bequem ist (die Rückenlage ist eine der üblichen Meditationshaltungen), und richten Sie zunächst einmal Ihre Wahrnehmung direkt auf die Empfindungen der Luft, die mit jedem Ein- und Ausatem in Ihre Nase strömt und wieder hinausfließt ... lassen Sie sich ganz auf diese Erfahrung ein ...

▣ Dehnen Sie Ihre Wahrnehmung aus auf die Bewegungen in Ihrem Brustkorb und Bauch, während Ihr Atem ohne jede Anstrengung kommt und geht ... jetzt schließen Sie auch Ihren Herzschlag oder Puls im Zentrum Ihres Atemerlebens in Ihre Wahrnehmung ein ...

▣ Und jetzt weiten Sie Ihre Wahrnehmung auf Ihren ganzen Körper – hier in diesem gegenwärtigen Augenblick – aus ... vielleicht bewegen Sie Ihre Zehen und Ihre Finger ... seufzen und gähnen Sie ... kommen Sie ganz in den persönlichen Kokon Ihrer irdischen Bewusstheit ... und sagen Sie mehrmals zu sich: »Ich beschließe, den ganzen Tag in der spirituellen Dimension verwurzelt zu bleiben.«

Wenn Sie erst einmal für Ihre eigene physische Präsenz wach geworden sind und Ihre Absicht deutlich zum Ausdruck gebracht haben, können Sie sich spontan dehnen und strecken und so bewegen, wie es sich gut für Sie anfühlt. Sagen Sie zu sich: *»Ich möchte mich heute in meiner Haut wohl fühlen ... Ich möchte das Leben genießen!«* Kommen Sie dann mit Ihrer Aufmerksamkeit wieder ganz zu Ihrem Atem ... Ihrem Herzen ... Ihrem ganzen Körper hier in diesem Augenblick ... lassen Sie Ihren Atem tiefer gehen, gähnen Sie und strecken Sie sich.

2 Leben in den ganzen Körper bringen

- Stehen Sie in lockerer Kleidung, im Schlafanzug oder ohne Kleider ruhig da, die Füße schulterbreit auseinander. Schließen Sie Ihre Augen und konzentrieren Sie sich auf Ihren Atem ... Ihren Herzschlag ... Ihr Gleichgewicht ... Ihren ganzen Körper hier im gegenwärtigen Augenblick ...

- Öffnen Sie Ihre Augen und beugen Sie sich langsam nach vorne und unten – durch den Mund ausatmend –, bis Ihre Hände mit den Handflächen nach unten vor Ihnen auf dem Boden liegen. Beugen Sie Ihre Knie, soweit es angenehm und notwendig ist, und verharren Sie einen Augenblick in dieser »Abwärtshaltung«, ohne Luft zu holen ...

- Wenn Sie jetzt gierig nach Luft sind, atmen Sie durch die Nase ein, während Sie nach oben kommen ... strecken Sie Ihre Hände nach oben, bis sie mit den Handflächen nach oben zum Himmel zeigen und Sie durch das offene Dreieick, das Ihre Daumen und Zeigefinger bilden, durchschauen ... Ihre Lungen ganz mit Luft gefüllt, bleiben Sie in dieser »Aufwärtshaltung«, so lange wie möglich ...

▣ Wiederholen Sie jetzt den Ablauf, kommen Sie mit dem Ausatem nach unten, bis Ihre Hände vor Ihnen auf dem Boden ruhen ... halten Sie einen Augenblick den Atem an, ohne Luft zu holen, und kommen Sie mit dem Einatmen wieder nach oben ...
Und sagen Sie mehrmals zu sich: *»Ich bin offen zu empfangen.«*

Anmerkung zu der Übung

Sie machen mit dieser Bewegungsmeditation einen grundlegenden Schritt. Über Ihre Hände und Füße verbinden Sie sich mit dem Mittelpunkt der Erde ... um dann in der Umkehrhaltung vom Himmel zu empfangen. Beachten Sie, dass Ihr Atem dabei tiefer geht, so dass Sie morgens schneller wach werden.

Ein weiterer praktischer Vorschlag: Geben Sie, wenn Sie beim Herunterkommen ausatmen, einen sanften Ton von sich, wobei Sie den Mund weit öffnen, »als wollten sie zubeißen«, und die Luft bei fast geschlossenen Stimmbändern mit einem Zischlaut nach außen strömen lassen. Dieses Öffnen der Kiefermuskeln unterstützt Sie in Ihrer Selbstbehauptung und weckt, was als Yang- oder männliche Energie bezeichnet wird.

Das Einatmen bewirkt genau das Gegenteil. Atmen Sie scharf durch die Nase ein, während Sie aufrecht stehen. Spüren Sie, wie die schnell eingesaugte Luft an den Nasenlöchern entlangstreift, empfangen Sie auf tiefen Ebenen, während Ihre Hände von oben empfangen ... Diese energetisierende »Himmel-Erde«-Bewegung ist natürlich eine optimale Atem-Meditation.

Sie werden bemerken, dass Ihr Herz bei dieser Bewegung anfängt, stärker zu schlagen. Den meisten von uns würde es anfangs schwer fallen, Atem und Herzschlag im Stillsitzen bewusst wahrzunehmen. Aber bei diesen Bewegungen schlägt Ihr Herz mitten im Atem plötzlich kraftvoll und »ist einfach da« ...

Genießen Sie den simplen Ablauf dieser Anfangsmeditationen. Machen Sie sie regelmäßig, bis Sie Ihnen in Fleisch und Blut übergegangen sind ... Kommen Sie ins Gleichgewicht, tanken Sie Kraft, werden Sie ruhig, stimmen Sie sich auf Ihre Intuition ein und erden Sie sich spirituell, während Sie Ihren Arbeitstag beginnen ... machen Sie sich ans Werk!

Teil zwei: Meditationen auf dem Weg zur Arbeit

Wenn Sie es sich erst einmal in Ihrem Fahrzeug bequem gemacht haben, gehen Sie ruhig die folgende Meditation durch, um ganz in den Augenblick zu kommen und innerlich still zu werden:

Die bewusste Wahrnehmung des ganzen Körpers

- Machen Sie sich bewusst, wie die Luft durch Ihre Nase ein- und ausströmt ...

- Dehnen Sie Ihre Wahrnehmung auf die Atembewegungen in Brustkorb und Bauch aus ... und sagen Sie zu sich: *»Atem«*.

- Gehen Sie noch einen Schritt weiter und richten Sie Ihre Aufmerksamkeit auch auf Ihren Herzschlag im Zentrum Ihres Atemerlebens ... *»Herzschlag«*.

- Jetzt dehnen Sie Ihre Wahrnehmung auf die Muskelempfindungen im ganzen Körpers aus, dabei halten Sie Ihr Gleichgewicht im Feld der Schwerkraft der Erde ... und sagen Sie zu sich: *»Der ganze Körper«*.

- Um diesen Prozess zu unterstützen und völlig präsent zu werden für Ihren ganzen Körper, sagen Sie mehrmals zu sich: *»Ich bin mir meines ganzen Körpers hier in diesem gegenwärtigen Augenblick bewusst«* ...

Jetzt atmen Sie so lange Sie möchten in diesen neu gewonnenen Zustand erweiterter Wahrnehmung hinein ...

Meditation für Führungskräfte

Wenn Ihnen die vorige Übung erst einmal geläufig ist, können Sie in der Zeit, in der Sie per Wagen, Bus oder Flugzeug zwischen Wohnung und Arbeitsplatz pendeln, in einen Zustand tiefen Friedens und Wohlbehagens gelangen. Jetzt können Sie Folgendes tun:

- Machen Sie es sich bequem, gehen Sie wieder zur bewussten Wahrnehmung Ihres ganzen Körpers über ... und jetzt lesen Sie beim Ausatmen die erste Äußerung (auf der nächsten Seite) und sagen sich ruhig die folgenden Worte: *»Ich möchte mich für eine höhere intuitive Wahrnehmung öffnen.«*

- Atmen Sie ein und nehmen Sie Ihren Atem weiterhin als primäres Geschehen im Körper wahr. Werden Sie innerlich wieder still und öffnen Sie sich für ein neues Gefühl, das den Worten, die Sie gerade gelesen haben, entspricht. Fahren Sie fort, so lange Sie möchten, bewusst zu atmen, und konzentrieren Sie sich dabei weiterhin auf diesen ersten Schlüsselsatz. Lassen Sie zu, dass diese Worte in Ihrem ganzen Wesen schwingen ...

- Lassen Sie Ihre Augen auf der Liste nach unten zur nächsten Führungsqualität wandern, atmen Sie langsam aus und sagen Sie die Worte zu sich. Werden Sie dann mit dem Einatmen innerlich still und schauen Sie, welche neuen Einsichten oder Erlebnisse dieser zweite Schlüsselsatz in Ihnen auslöst ...

- Gehen Sie mit den weiteren Sätze auf der Liste ebenso vor ... und schauen Sie, wie Sie innerlich auf diese Aussagen reagieren. Sind diese Worte für Sie in diesem Augenblick wahr? Können Sie sie zutiefst bejahen, oder sind Sie sich unsicher? Erzwingen Sie keine positive Antwort, beobachten Sie einfach Ihre Gefühle, und diese werden sich spontan dahin gehend entwickeln, dass Sie diese Äußerungen als wahr erkennen ...

Schlüsselsätze:

---

1. **»Ich beschließe, Zugang zu einer höheren intuitiven Bewusstheit zu suchen.«**
2. **»Mein Herz ist offen, um spirituelle Kräfte zu empfangen.«**
3. **»Ich werde mehr vertrauen und aufhören, mir Sorgen zu machen.«**
4. **»Ich stimme mich innerlich ganz auf Wahrheit und Integrität ein.«**
5. **»Familie und Gemeinschaft stehen an erster Stelle.«**
6. **»Ich beschließe, der Quelle allen Lebens zu dienen.«**

Wenn Sie dieser simplen Betrachtung jeden Morgen auf dem Weg zur Arbeit nur etwa fünf Minuten widmen, wird sich Ihr Geschäftsleben auf sämtlichen Ebenen rasch zum Besseren entwickeln; denn wenn Sie anschließend in der Firma eintreffen, haben Sie Ihr ganzes Wesen in Einklang gebracht mit den Grundsätzen, die zu wirklichem Erfolg führen. Und wenn Sie Ihren individuellen Ego-Kokon auf die grenzenlose Dimension spiritueller Kräfte einstimmen, beginnen Sie spontan, diese sechs Führungsqualitäten bei allem, was Sie tun, und bei jedem Kontakt mit Menschen zu manifestieren.

Teil drei: Das Erwecken des spirituellen Herzens

Um Ihre Arbeitsumgebung zu verändern, indem Sie sich auf Ihr spirituelles Herz einstimmen, möchte ich Ihnen vorschlagen, in den nächsten Tagen auf dem Weg zu Ihrem Arbeitsplatz zunächst auf Ihre Füße zu achten. Der erste Schritt auf dem Weg zu Veränderungen besteht immer darin, sich die bestehende Situation genau bewusst zu machen. Veränderungen entstehen durch die Reaktion des ganzen Körpers auf existierende Missstände, das Erkennen sämtlicher Ebenen einer gegebenen Situation und eine spontane Umstellung auf die erwünschte Verbesserung.

Achten Sie also auf Ihre augenblickliche Reaktion oder Ihr Verhalten beim Betreten Ihrer Arbeitsstelle. Geht Ihr Atem tiefer, weitet er sich aus und wird kraftvoll, oder ist er angespannt, flach, zusammengezogen und nimmt Ihnen eher Kraft? Und reagiert Ihr Herz mit Offenheit, Wärme und Mitgefühl, oder verschließt es sich, sobald Sie Ihr Betätigungsfeld betreten?

Nehmen Sie sich ein paar Tage Zeit, um zu experimentieren und innere Daten zu sammeln, die deutlich machen, wie Ihr Körper sich in Ihrer Arbeitsumgebung verhält und reagiert. Versuchen Sie auf keinen Fall, etwas zu ändern. Bevor wir Entscheidungen treffen und handeln, sollten wir zunächst einmal entsprechende innere oder äußere Daten sammeln. Seien Sie als Erstes Ihr eigener Beobachter oder Ihre eigene Beobachterin; lernen Sie die Reaktionen und Verhaltensweisen Ihres Körpers, die Ihnen bislang wahrscheinlich so vertraut waren, dass Sie sie gar nicht wahrgenommen haben, bewusst kennen.

Ihre Arbeitsumgebung einschätzen

Es folgt nun eine Liste, die die primären inneren Faktoren enthält, die Sie beobachten sollten. Sie können sich täglich notieren, was Ihnen auffällt, und zielbewusst Daten sammeln, auf deren Grundlage Sie Ihre augenblickliche Arbeitsumgebung einschätzen können:

1. Vertieft sich Ihr Atem vor Vorfreude und dehnt er sich aus, oder reagiert er negativ und geht flach, wenn Sie sich Ihrer Arbeitsstelle nähern?

   ____

   ____

   ____

2. Tragen Ihre Füße Sie leicht und kraftvoll durch Ihr Arbeitsgebäude, eifrig darauf bedacht, präsent zu sein, oder schleppen Sie sich widerstrebend dahin, wenn Sie sich Ihrem Arbeitsplatz nähern?

   ____

   ____

   ____

3. Dehnt Ihre Wahrnehmung sich aus und erfasst das ganze Umfeld Ihres Arbeitsplatzes, oder verengt sie sich, so dass Sie den Raum als ganzen nicht erfassen können?

   ____

   ____

4. Begegnen Ihre Augen offen dem Blick Ihrer Mitarbeiterinnen und Mitarbeiter, um sie mit einem warmen Lächeln zu begrüßen, oder neigen Sie dazu, Blickkontakt zu vermeiden und sich in Ihren eigenen privaten Raum zurückzuziehen?

____

____

5. Haben Sie das Gefühl, dass Ihre tiefere spirituelle Präsenz bei der Arbeit Raum hat und akzeptiert wird, oder geht Ihre Seele Ihnen völlig verloren, wenn Sie mit der Arbeit anfangen?

____

____

____

6. Welche weiteren Gefühle und Erkenntnisse kommen Ihnen beim Betreten Ihres Arbeitsplatzes?

____

____

____

Wenn Sie etwa eine Woche lang ein solches Tagebuch führen, werden Sie feststellen, dass Ihre Wahrnehmung Ihnen immer weitere subtile Erkenntnisse über Ihre persönlichen Reaktionen oder Ihr Verhalten beim Eintauchen in Ihre Arbeitswelt erschließt. Fassen Sie Ihre Ergebnisse am Ende der Woche schriftlich zusammen, um für sich zu klären, wie Ihre Situation aussieht.

Was Sie bei der Arbeit tun können

Welche Faktoren haben Sie in der Hand, um Ihre innere Stimmung bei der Arbeit ganz unabhängig von Ihrer Umgebung und Ihren Mitarbeiterinnen und Mitarbeitern zu verbessern?

- Sie können sich genau bewusst machen, wie Sie körperlich, gedanklich und seelisch reagieren, wenn Sie Ihren Arbeitsplatz betreten, und sich daran erinnern, dass die bewusste Wahrnehmung der Situation zu spontanen Veränderungen führt ...

- Sie können beschließen, Ihren inneren Zustand in emotionaler, mentaler und spiritueller Hinsicht mit Hilfe der Übungen in diesem Buch so zu verändern, dass Ihnen neue Kräfte zufließen ...

- Sie können eine deutliche spirituelle Wandlung bei der Arbeit bewirken, wenn Sie lernen, Ihr Herzzentrum zu aktivieren, Ihre spirituelle Ausstrahlung in die Arbeit einzubringen und Ihre Mitarbeiterinnen und Mitarbeiter an Ihren Übungen, Wahrnehmungen und Reaktionen teilhaben zu lassen ...

- Sie und Ihre Mitarbeiterinnen und Mitarbeiter können Ihre Angestellten mit den in diesem Buch beschriebenen, nicht konfessionsgebundenen Übungen für eine spirituelle Öffnung bekannt machen und fordern, dass die Firmenpolitik den Angestellten, die Freude daran haben und denen es gut tut, ermöglicht, die spirituelle Dimension mit einzubeziehen ...

Das sind Ihre positiven Möglichkeiten. Wenn Sie die Absicht haben, entsprechend zu handeln, gibt es keinen Grund damit zu warten. Beginnen Sie sofort, Ihre Arbeitsumgebung zu verbessern.

Sie werden feststellen, wie sich Ihr körperlicher, geistiger und seelischer Gesamtzustand bei der Arbeit allein dadurch positiv verändert, dass Sie auf dem Weg zu Ihrem Arbeitsplatz auf Ihren Atem achten. Der simple Akt, die gewöhnlich unbewusst verlaufende übliche Verspannung des Atems zu beobachten, löst eine physiologische Entspannung Ihres Atemmechanismus aus – *Aufmerksamkeit ist Macht!*

Außerdem: Wenn Sie deutlich wahrnehmen, dass Sie auf dem Weg zur Arbeit die Tür Ihres Herzens verschließen und sich panzern, wird diese Beobachtung Sie spontan ermutigen, Ihren Mitarbeiterinnen und Mitarbeitern Ihr Herz zu öffnen, so dass Sie Blicken offen begegnen, selbst mürrisch schauenden Kollegen herzlich entgegenkommen und Ihre positive Ausstrahlung im ganzen Raum verbreiten.

Vor allem können Sie sich, wenn Sie sich zu Ihrem Stuhl, Schreibtisch oder an Ihren Dienstort begeben, in den ersten zehn Minuten vier Atemzüge Zeit nehmen, um schnell durch den Prozess der bewussten Wahrnehmung des ganzen Körpers zu gehen, und so an bewusster Selbstwahrnehmung und spiritueller Einstimmung zurückgewinnen, was Ihnen beim Betreten Ihrer Arbeitsumgebung verloren gegangen sein mag. Wenn Sie dieses Erwecken des ganzen Körpers regelmäßig üben, werden Sie schon bald mit nur vier Atemzügen in den gegenwärtigen Augenblick und zu einer bewussten Wahrnehmung des ganzen Körpers gelangen, indem Sie sich mit jedem neuen Ausatem einfach die entsprechenden Schlüsselworte sagen: *Atem ... Herzschlag ... Gleichgewicht ... ganzer Körper ...* Und schon sind Sie dort, wo Sie sein wollen, ein vollständiger Mensch bei der Arbeit.

Und schließlich: Wie wir in diesem Kapitel noch erfahren werden, gibt es spezielle Übungen zur Erweckung des Herzens. Mit ihrer Hilfe können Sie Gewohnheiten wie die, in bestimmten Situationen aus dem emotionalen Herzen heraus zu reagieren, ändern und lernen, aus Ihrem spirituellen Herzen zu leben, so dass Sie ein natürliches Mitgefühl, Zuversicht, Verständnis und persönliche Wirkungskraft entwickeln.

Die Aufgabe des spirituellen Herzens

Ich möchte diese allgemeine Diskussion über die Qualitäten des spirituellen Herzens jetzt direkt auf die Arbeitswelt beziehen. Wir alle wünschen uns, dieses grundlegende Gefühl von spiritueller Bewusstheit in unserem Herzen zu empfinden, vor allem im Kontakt mit geliebten Menschen. Aber welche Gründe könnte es dafür geben, dass wir lernen wollen, uns bei der Arbeit in diesen speziellen Bewustseinszustand zu begeben, bei dem wir uns auf das spirituelle Herz konzentrieren? Ich möchte die positiven Punkte hier ganz klar formulieren:

- Wenn wir den Fokus unserer Aufmerksamkeit bewusst auf den Bereich im Körper richten, wo das spirituelle Herz sitzt, ist das ein sicherer Weg, sich direkt an die lebendige spirituelle Dimension anzuschließen und unsere persönliche Präsenz durch spirituelle Kräfte zu unterstützen. Das ist der Trick weiser Geschäftsleute, um ihr Gefühl von persönlicher Wirkungskraft schnell auf eine höhere Ebene zu bringen und so zu verstärken, dass ihre Ausstrahlung und ihr Führungspotential im geschäftlichen Rahmen ein Höchstmaß erlangen.

- Mit dieser Ausrichtung auf das Herz schließen Sie sich auch an die lebendige Macht des Mitgefühls an, so dass Sie in all Ihren geschäftlichen Verhandlungen, Teamsitzungen und vor allem bei der Betreuung Ihrer Kunden, wo echter Herzenskontakt ausschlaggebend für Erfolg oder Misserfolg sein kann, mit Liebe und Verständnis handeln können.

- Wenn Sie sich auf die Ebene des spirituellen Herzens begeben und sich dadurch von dem emotionalen Gepäck befreien, das Sie mit sich herumschleppen, können Sie sich bei anstehenden geschäftlichen Fragen auch direkt an transpersonale Einsicht und intuitive Erkenntnis anschließen. Chronische emotionale Zustände, ganz gleich welcher Art, vernebeln und verwirren unser Denken. Für die Übungen jedoch, mit denen wir uns Zugang zur Intuition verschaffen (siehe Teil IV), brauchen wir einen klaren und ruhigen Kopf.

- Wenn Sie vom emotionalen Herzen zum spirituellen Herzen übergehen, fallen vor allem Angst und damit auch unterschwellige Besorgnisse und Befürchtungen weg. Und nur wenn sich die Anspannung der Angst auflöst, gewinnen wir in der Geschäftswelt Zugang zu unseren höheren Fähigkeiten. Ein Mensch, der sich überwiegend in einem Zustand inneren Friedens befindet, ist fast immer (und mit Sicherheit langfristig) der Person überlegen, die in Sorgen und Befürchtungen verstrickt ist.

- Wenn Sie den Fokus Ihrer Aufmerksamkeit regelmäßig auf Ihr spirituelles Herz richten, sind Sie bei der Arbeit Ihr eigener bester Freund, weil Ihr ganzes Wesen von Anspannung zu Entspannung, von Chaos zu Ordnung, von chronischen ängstlichen inneren Kämpfen zu einem Gefühl von Sicherheit, Klarheit, Macht und beständiger tiefer Freude übergeht. Damit wird die Arbeit für Sie ebenso tief erfüllend wie jeder andere Bereich Ihres Lebens auch. Chronischer

Stress, der auf dem Aufruhr des emotionalen Herzens beruht, begünstigt außerdem Herzanfälle, während ein friedliches Herz auch ein gesundes Herz ist. Auch wenn das nicht Hauptanliegen dieses Buches ist, sollten wir die positiven gesundheitlichen Folgen nicht unterschätzen, die ein Leben mit sich bringt, das aus dem spirituellen Herzen heraus gelebt wird.

Das spirituelle Herz in Aktion

- Sie befinden sich in einer wichtigen Besprechung, und plötzlich greift einer der Anwesenden Sie an. Sie fühlen sich bedroht. Sie haben Angst, Ihre Position zu verlieren, und sind zugleich ärgerlich und bereit zum Gegenangriff. Sie sind emotional völlig aufgewühlt, Ihr Kiefer verspannt sich, Ihr Magen rumort, die wildesten Gedanken und Impulse schießen durch Ihren Kopf. Mit einem Wort, Sie werden sofort zum Nervenbündel und sind in Gefahr, etwas zu tun oder zu sagen, das Ihrer Stellung in der Gruppe schadet. Höchste Zeit, um vom emotionalen Herzen zum spirituellen Herz überzugehen, wo Sie den Impuls zur Verteidigung sowie Ihre aggressiven Gefühle gegen den Angreifer loslassen können. Sie begeben sich in einen Zustand von Mitgefühl, Frieden und Einsicht und können sich, von neuen Kräften beflügelt, ruhig mit der Situation auseinander setzen und Ihre wahren Führungsqualitäten zeigen.

- Sie versuchen einem neuen Praktikanten einen simplen Arbeitsgang beizubringen, doch die Person ist schüchtern, verwirrt, hat Angst, es nicht richtig zu machen, und arbeitet entsprechend schlecht. Dazu kommt, dass Ihre reizbare Ungeduld, Ihre Ablehnung und Ihre kaum verhüllte Aggression dem Praktikanten noch mehr Stress machen und seine Aufgabe ihm noch weniger gelingt. Höchste Zeit, vom emotionalen Herzen ins spirituelle Herz zu kommen, sich zu entspannen und Ihren emotionalen Druck loszulassen, Ihr Herz für diesen Menschen zu öffnen und ihm wirklich zu helfen, indem Sie eine emotionale Atmosphäre schaffen, die von Frieden, Akzeptanz und Mitgefühl geprägt ist. Sollten Sie der Praktikant sein, können Sie ebenfalls beschließen, nicht mit Anspannung zu reagieren, sondern sich die Ruhe Ihres spirituellen Herzens zu bewahren und zu einer optimalen inneren Verfassung zu gelangen, in der Ihnen Ihre neue Aufgabe gelingt.

▣ Sie befinden sich bei der Arbeit in einer Situation, die von totaler Konkurrenz geprägt ist, jeder der Anwesenden kämpft darum, die Oberhand zu gewinnen. Sie werden von Panik ergriffen, weil Sie befürchten, dass Ihnen die Sache aus der Hand rutscht und Ihnen ein plötzlicher Misserfolg bevorsteht. Die Folge dieser Angstgedanken ist, dass Ihre Hormone verrückt spielen, weil Ihr Körper sich auf Angriff oder Flucht vorbereitet. In Ihrem Kopf herrscht ein einziges Chaos. Sie können keinen klaren Gedanken fassen und sind nicht imstande, das ganze Bild auf einmal zu sehen, um in dieser Situation aus einer höheren Warte heraus zu handeln. Sie sind überhaupt nicht in der Lage zu funktionieren. Höchste Zeit, um sich auf Ihr spirituelles Herz einzustimmen und sich innerlich von den emotionalen Hindernissen zu befreien, die Panik in Kopf und Körper zum Stillstand zu bringen, sich zu entspannen und darauf zu vertrauen, dass Sie Teil einer höheren Ordnung sind. Höchste Zeit, tief einzuatmen, Ihren ganzen Körper bewusst wahrzunehmen und sich auf Ihr spirituelles Herz einzustimmen, wo Sie in Einklang mit transpersonaler Information und Weisheit sind, das ganze Bild auf einmal sehen und aus der Tiefe Ihres Wesens heraus intuitiv erkennen, was Sie als Nächstes zu tun haben.

Zum spirituellen Herzen übergehen

Wenn Sie die Schritte zum Erwecken des ganzen Körpers einmal durchgehen ... *Atem ... Herzschlag ... Gleichgewicht ... bewusste Wahrnehmung des ganzen Körpers* ..., sind Sie bereit, Ihre Aufmerksamkeit wie folgt auf Ihr spirituelles Herz zu verlagern:

- Nehmen Sie zunächst einmal wahr, welche Emotionen im Augenblick Ihr Herz bewegen. Urteilen Sie nicht, schauen Sie einfach hin: Sind Ihr Brustkorb und Ihr Herz verspannt? Ruhen Sie entspannt in der Mitte Ihres Wesens? Sind Sie ängstlich oder besorgt, oder fühlen Sie sich sicher und ruhig? Sind Sie voller Ärger und Aggression, oder sind Sie mit der Welt in Frieden? Empfinden Sie Abwehr gegen äußere oder innere Ereignisse, oder fühlen Sie sich in Harmonie mit allem, was in Ihnen und um Sie herum geschieht? Welche Gefühle regen sich in Ihrer Brust?

- Während Sie Ihre Herzensgefühle wahrnehmen, sagen Sie zu sich: *»Ich empfinde in meinem Herzen in diesem Augenblick ______________________________.«*

- Wenn Sie bei diesen Gefühlen bleiben möchten, ist das in Ordnung, Sie haben immer die Wahl. Möchten Sie sich jedoch von dieser emotionalen Fixierung lösen und einen Schritt weitergehen, tun Sie Folgendes:
  Machen Sie Ihre Absicht deutlich, so dass sie in Ihrem ganzen Wesen widerschwingt, und sagen Sie zu sich: *»Ich möchte diese Schwere im Herzen loslassen und mich auf die Bewusstseinsebene des spirituellen Herzens begeben.«*

- Konzentrieren Sie jetzt Ihre Aufmerksamkeit, wie wir gleich noch im Detail lernen werden, auf die Gefühle Ihres emotionalen Herzens, sagen Sie zu sich: *»Spirituelles Herz!«* Dabei lassen Sie den Fokus Ihrer Aufmerksamkeit mühelos

> und zielgerichtet vom emotionalen Herzen im unteren Brustkorb nach oben zum spirituellen Herzen wandern.
> Der Schlüssel liegt in den Worten Jesu: *»Wisset die Wahrheit, und die Wahrheit wird euch befreien.«*

Wenn wir die Wahrheit suchen, gelangen wir zur Spiritualität. So einfach ist das. Und für uns alle scheint wahr zu sein, dass es diese feinstoffliche Herzsphäre in unserem Körper gibt, und in dieser Sphäre des Herzens existiert immer ein Gefühl. Und die Qualität dieses Gefühls entscheidet, ob unser feinstoffliches energetisches System an die spirituelle Dimension angeschlossen ist oder nicht.

Erfahrungen mit dem spirituellen Herzen

Erlauben Sie mir, Ihnen meine eigenen Erfahrungen zu beschreiben, so dass Sie sie beim Lernen schrittweise mit Ihren Erlebnissen vergleichen können. Wenn ich mich meinem Herzen zuwende und das Gefühl habe, niedergeschlagen, bedrückt, hart, verschlossen, ärgerlich, deprimiert zu sein oder mich in einem sonstigen Zustand zu befinden, auf den ich mich nicht gern konzentriere, sage ich zu mir: *»Ich möchte umschwenken auf die Gefühle des spirituellen Herzens.«* Und während ich das sage, verbinde ich die Kraft meiner Aufmerksamkeit mit dem augenblicklich existierenden Gefühl. Dabei sage ich zu mir: *»Spirituelles Herz!«* und lenke meine Aufmerksamkeit bewusst nach oben, wobei ich das Herzensgefühl mitnehme, bis sich der Fokus meiner Aufmerksamkeit und das Gefühl, auf das sie sich richtet, im oberen Bereich meines Brustkorbs befinden.

Während ich meine Aufmerksamkeit und das wahrgenommene Gefühl nach oben lenke, erlebe ich etwas Ähnliches wie der Pilot eines Sportflugzeugs, das in ein Gewitter geraten ist und aufsteigt, bis es durch die Wolken bricht und plötzlich in die ruhige Luft vorstößt, wo die Turbulenzen aufhören und nur noch der wunderbar blaue Himmel und ein alles durchdringender Friede existieren.

Leichtigkeit erfüllt meinen Körper, mein Atem geht tiefer und scheint den ganzen oberen Bereich meines Brustkorbs auszufüllen. Die emotionale Verspannung löst sich, mein Denken wird klarer und ich habe dieses absolut köstliche Empfinden im oberen Brustkorb, während spirituelle Kräfte über den »Gefühlspunkt« deutlich wahrnehmbar in den Bereich meines Herzens fließen, bis die gesamte Sphäre meines feinstofflichen Herzens von der spirituellen Dimension erfüllt ist. Ganz gleich, welche Emotionen mich geplagt haben, sie werden gereinigt von einem feinen weißen Licht, das durch den Gefühlspunkt im oberen Bereich meines Herzens fließt.

Ist dieser Zustand erst einmal eingetreten und mein Herz von Licht, tiefer Freude, Kraft und Einsicht erfüllt, wird die äußere Membran meiner Herzsphäre durchlässig und die spirituelle Aufladung strömt in sämtliche Zellen meines Körpers ...

Kein Wunder, dass ich so viel Zeit damit verbringe, anderen diesen Prozess zu vermitteln, nachdem ich ihn auf der simplen und rein psychologischen Ebene der Aktivierung verstehen gelernt habe. In diesem Zustand bin ich am lebendigsten, am vitalsten. Hier kommen mir die meisten Einsichten. Hier bin ich voller Liebe.

Und es ist für mich eine große Freude, Ihnen diese Techniken zu vermitteln, mit deren Hilfe Sie sich an den unendlichen Strom spiritueller Kräfte in Ihr persönliches Sein anschließen können, wie immer sich dieser Prozess für Sie auch gestalten mag.

Teil vier: Techniken für sofortige Einsicht

Der Anschluss an die intuitive Ebene

Ganz gleich, welcher Herausforderung Sie sich bei der Arbeit stellen müssen, mit diesem grundlegenden Prozess können Sie sich an die intuitive Ebene anschließen und Ihre höheren kreativen Fähigkeiten aktivieren, um das anstehende Problem zu lösen. Zunächst einmal klemmen Sie natürlich im Problemlösungsgang fest und denken unablässig über die Aufgabe nach, die Sie lösen müssen. Sie sind die ganze Situation im Kopf bestimmt schon zehnmal durchgegangen und haben Ihre scharfen, deduktiven Verstandeskräfte benutzt, um eine Lösung zu finden, stecken aber immer noch total in der Sackgasse. Ihr Kopf ist ganz leer vor lauter Anstrengung, Sie fühlen sich körperlich angespannt und überdreht, Ihr Herz zieht sich zusammen, Sie könnten losschreien, reißen sich aber zusammen. Kurz gesagt, Sie haben alles getan, was Ihr logischer, analytischer, deduktiver Verstand leisten kann, ohne zu einer Einsicht zu gelangen. Inzwischen sind Sie ein Nervenbündel und in einer scheußlichen Verfassung für den anstehenden Arbeitstag. In dieser Situation können Sie Folgendes tun:

- Gönnen Sie sich zunächst einmal nur einen einzigen Augenblick, um Ihre überspannte gedankliche Verbissenheit in Bezug auf Ihr Problem völlig loszulassen. Bestehen Sie auf Ihrem menschlichen Recht, den gegenwärtigen Augenblick ganz unabhängig von Ihren Arbeitsanforderungen zu genießen. Geben Sie sich selbst die prinzipielle Erlaubnis, sich zu entspannen und hier in diesem Augenblick ein ganzes menschliches Wesen zu sein. Und, am Wichtigsten, machen Sie sich klar, dass Sie mehr Weitblick entwickeln und zu einem spirituell inspirierten inneren Zustand übergehen müssen, um von hier aus Ihr geschäftliches Problem zu lösen.

- Damit Sie diesen Wechsel schnell und mühelos vollziehen können, benutzen Sie Techniken, die den chronischen Fluss der problemlösenden Gedanken, die Ihren Verstand beherrschen, in ruhigere Bahnen lenken helfen. Dazu verlagern Sie den allmächtigen Fokus Ihrer Aufmerksamkeit von der Aktivität des Denkens direkt auf die primären Empfindungen in Ihrem Körper und konzentrieren sich vor allem auf Ihre nächsten Atemzüge. Spüren Sie, wie die Luft in Ihre Nase strömt und wieder hinausfließt ... und jetzt dehnen Sie Ihre Wahrnehmung beim Einatmen und beim Ausatmen auch auf die Bewegungen in Ihrem Brustkorb und Ihrem Bauch aus. Atmen Sie entspannt, blasen Sie die Spannung weg, seufzen Sie ...

- Um Ihren denkenden Verstand noch weiter zu beruhigen, bleiben Sie wach für Ihr augenblickliches Atemerleben und dehnen Sie gleichzeitig Ihre Aufmerksamkeit auf die Empfindungen Ihres Herzschlages oder Pulses aus ... konzentrieren Sie sich direkt auf Ihr physisches Zentrum des Mitgefühls und die lebendigen menschlichen Gefühle in Ihrem Brustkorb ... Ihr Verstand kann nicht völlig wach für Ihren Atem und Ihren Herzschlag sein und gleichzeitig den Fluss logischer Gedanken verfolgen. Wenn Sie sich also auf den Atem und den Herzschlag konzentrieren, erleben Sie plötzlich, wie Ihr Verstand still wird. Ein innerer Frieden setzt ein, der Ihnen ermöglicht, sich direkt an Ihre höheren geistigen Kräfte anzuschließen – intuitive und spirituelle.

- Und um auf einer höheren Ebene einen letzten Schritt zur Beruhigung zu tun, einfach um sich zu vergewissern, ob der Wechsel vom Kognitiven zum Intuitiven vollzogen wurde, dehnen Sie Ihre Wahrnehmung auf Ihr Gefühl von physischer Balance im Feld der Schwerkraft der Erde aus ... – und plötzlich sind Sie hier! Sie haben Ihr grundlegendes menschliches Gleichgewicht zurückgewonnen, Sie sind jetzt in einer höheren Bewusstheit als der Ihres kognitiven, analytischen Verstandes verankert.

- Jetzt sind Sie in einer perfekten Ausgangsposition, um ganz auf die intuitive Ebene umzuschalten, auf der Ihr Verstand Ihr geschäftliches Problem völlig anders angehen kann. Mit Hilfe eines weiteren schnellen Wechsels Ihrer Perspektive können Sie die gesamte Situation auf einmal betrachten, wobei Ihr Verstand eher integrativ als Stück für Stück vorgeht. Tun Sie einfach Folgendes: Bleiben Sie wach für Ihren Atem, Ihren Herzschlag, die angenehme Präsenz Ihres ganzen Körpers im gegenwärtigen Augenblick – und sagen Sie dabei zu sich die wirkungsvollen Worte: *»Ich bin offen zu empfangen ...«* Wenn Sie in diese spirituelle Absichtserklärung hineinatmen, ist es, als würden Sie sich an das himmlische Internet anschließen. Sie bekommen Zugang zu Informationen und Blickwinkeln, die über Ihren persönlichen Ego-Computer hinausgehen.

- Wenn Sie sich erst einmal in diesem empfänglichen Zustand befinden, besteht der letzte Arbeitsschritt darin, den Fokus Ihrer Aufmerksamkeit auf das anstehende geschäftliche Problem auszudehnen ... »atmen Sie in« das Problem hinein, mit dem Sie gerade noch gekämpft haben, richten Sie den allmächtigen Fokus Ihrer Aufmerksamkeit direkt und mühelos auf die gesamte Realität der Aufgabe, die Sie zu lösen versuchen, während Sie weiter auf die intuitive Ebene und den ganzen Körper ausgerichtet bleiben ...

Alles auf einmal sehen

Wie gehen Sie praktisch vor, um Ihr persönliches inneres spirituelles Erleben so auszuweiten, dass Innen und Außen eins werden? Wie können Sie Ihre Arbeitsumgebung durch intuitive Anstöße in eine spirituelle Richtung beeinflussen? Ganz gleich, was Sie gerade tun oder mit wem Sie zusammen sind, die entscheidenden Schritte, die Sie über die Grenzen des inneren Heiligtums Ihres Körpers hinaus zu einer aktiven Verbindung mit der intuitiven Dimension der Arbeitswelt führen, sehen wie folgt aus:

- Machen Sie Ihre Absicht deutlich, »*Intuition zu aktivieren*«. Praktizieren Sie dann die Meditation der vier Atemzüge auf den »ganzen Körper«, die Sie gerade lernen. Nehmen Sie mit innerer Bewusstheit Ihr ganzes Wesen auf einmal wahr.

- Sagen Sie jetzt zu sich: »*Spirituelles Herz!*« und lenken Sie Ihre Aufmerksamkeit vom emotionalen Herzen in den oberen Bereich Ihres Brustkorbs, so dass Sie durch diesen »Gefühlspunkt« offen für spirituelle Eingebungen sind. Atmen Sie ein paar Mal in diese innere Empfänglichkeit hinein ...

- Während Sie mit Ihrer Aufmerksamkeit beim spirituellen Herzen und bei Ihrem Atem bleiben, dehnen Sie sie auf das visuelle Erleben Ihrer Umgebung aus ... Und hier der entscheidende Hinweis: Statt sich auf Gegenstände und andere Äußerlichkeiten zu konzentrieren, richten Sie Ihre Wahrnehmung auf den Raum zwischen sich und den Dingen und Menschen im Zimmer. Versuchen Sie, das Volumen des Raumes zu betrachten, so dass Sie *alles auf einmal sehen ...* Ein Anfängertrick besteht darin, leicht zu schielen, so dass Sie Ihren Blick tatsächlich auf den Raum vor den Gegenständen statt auf diese selbst richten. Versuchen Sie nicht, überhaupt irgendetwas zu sehen. Starren Sie stattdessen in den Raum, während Sie Ihre Aufmerksamkeit weiterhin hauptsächlich auf Ihr inneres Erleben richten. Beachten Sie: Nur wenn Ihre innere Präsenz das Primäre ist, können Sie »alles auf einmal sehen«. Sollte Ihnen dieser innere Fokus verloren gehen, beginnen Sie einfach noch einmal von vorne mit der Meditation auf den ganzen Körper.

▣ Wenn Sie Ihre Aufmerksamkeit erst einmal auf das spirituelle Herz und den ganzen Körper verlagert haben und »alles auf einmal sehen«, sagen Sie zu sich: *»Ich bin offen und empfänglich für Einsichten.«* Während Sie weiter auf Ihren Atem, Ihr Herz und das Volumen des Raumes achten, lenken Sie jetzt Ihren Fokus auf das anstehende Thema und erlauben sich, sanft und mühelos sämtliche Gedanken fließen zu lassen, die Ihnen dazu kommen. Bleiben Sie bei der erweiterten Wahrnehmung Ihres eigenen Inneren und des Sie umgebenden Raumes, um sich den intuitiven Wahrnehmungszustand zu bewahren, während Sie Ihren denkenden Verstand wieder aktivieren. Ziel hierbei ist, für blitzartige integrative Erkenntnisse offen zu sein, während Sie das gesamte Bild Ihres anstehenden geschäftlichen Problems vor Augen haben.

Die primären Faktoren der Intuition

Zusammenfassend führe ich noch einmal die Schlüsselpunkte auf, die Sie, wenn Sie sich bewusst Zugang zur intuitiven Ebene verschaffen wollen, immer wieder einen nach dem anderen durchgehen, bis sie schließlich als Ganzes zusammenwirken:

- Intuitive Einsicht kann nur fließen, wenn Sie sich von den Ego-Fixierungen und Gefühlen des emotionalen Herzens auf die Ebene des Friedens und der Offenheit des spirituellen Herzens begeben.
- Damit Ihr Körper auf tiefen Sinnesebenen für die intuitiven Eingebungen empfänglich ist, die in die energetische Struktur Ihres Systems fließen, ist die kontinuierliche bewusste Wahrnehmung der Präsenz Ihres ganzen Körpers von wesentlicher Bedeutung.
- Einsichten werden durch Ihren Atem in Ihr Denken »gesogen«. Dabei wirkt der Einatem wie eine Pumpe, die spirituelle Klarheit und Erkenntnis in Ihr persönliches Bewusstsein »pumpt«.
- Für die Steuerung der Aufmerksamkeit Ihres Verstandes in die von Ihnen beabsichtigte Richtung sind verbale Stichworte besonders wirkungsvoll.
- Der kognitive Verstand muss ruhig und empfänglich sein, damit Einsichten transpersonaler Natur bewusst werden können.

Damit stehen Ihnen die grundlegenden Schritte für den bewussten Zugang zu intuitiven Einsichten und die Aktivierung deduktiven Denkens zur Verfügung. Denken Sie daran, dass Übung den Meister macht und Sie bei jedem Durchgang eine neue Erfahrung machen werden. Bleiben Sie immer offen für das Neue, und es wird reichlich und aus einer absolut vertrauenswürdigen Quelle zu Ihnen zukommen.

Teil fünf: Aktiv Zugang zur spirituellen Dimension suchen

Das Team aktivieren

Sie werden jetzt die grundlegenden Richtlinien für die Arbeit in Gruppen kennen lernen, mit deren Hilfe Sie sich auf optimale Weise an spirituelle Anleitung und Ermächtigung anschließen können. Ich beschränke mich bei der Beschreibung auf das Grundlegende, so dass der Ablauf auf sämtliche Teamsituationen anwendbar ist, die Ihnen begegnen:

- *Werden Sie selbst präsent*
  Wenn Sie sich in einen Sitzungsraum begeben, empfehle ich Ihnen, noch bevor Sie sich hinsetzen, Folgendes zu tun: *Atmen Sie langsam und bewusst die Luft im Raum ein ... werden Sie durch die Empfindung von einströmender Luft durch Ihre Nase wach für Ihre eigene innere Präsenz ... halten Sie den Atem einen Augenblick ... und atmen Sie dann bewusst aus ...* Und beim Ausatmen lassen Sie zu, dass Ihre innere spirituelle Präsenz mit Ihrem Atem nach außen in den Raum fließt, so dass Sie engen Kontakt mit dem Raum machen, den Sie in Kürze mit anderen Sitzungsteilnehmern oder Teammitgliedern teilen werden.
  Mit diesem »Einatmen – den Atem halten – Ausatmen« werden Sie zu einem »spirituellen Luftreiniger« und wandeln die Atmosphäre in jedem Raum, in dem Sie sich befinden, positiv um. Sie atmen die Luft ein, halten sie einen Augenblick im Körper, konzentrieren sich dabei auf Ihr spirituelles Herz, so dass die eingeatmete Luft gereinigt wird, und geben die gereinigte Luft dann mit dem Ausatem zurück in den Raum. Durch dieses Vorgehen machen Sie

über Ihre Atmung deutlich, dass Sie mit Ihrer eigenen Präsenz eine klare spirituelle Atmosphäre im Raum schaffen wollen.

▣ *Begeben Sie sich auf die dreidimensionale Ebene*
Denken Sie daran, während Sie sich hinsetzen und sich im Zimmer umschauen, ein Gefühl für Raum und Volumen zu entwickeln. Wie gehen Sie dabei vor? Als Erstes konzentrieren Sie sich auf Ihren nächsten Einatem und machen sich dabei bewusst, dass Sie die Atmosphäre des Raumes einatmen. Als Nächstes nehmen Sie beim Ausatmen die Luft im Zimmer wahr, die durch den Raum zwischen Ihnen und den Gegenständen verkörpert wird. Richten Sie Ihren Blick nicht auf irgendwelche Dinge oder Gegenstände, sondern auf den Raum zwischen sich und den Objekten im Zimmer. Spüren Sie das gesamte Volumen des Raumes auf einmal, wie wir es bei der Übung »Alles auf einmal sehen« praktiziert haben. Um sich in dieser Wahrnehmung zu unterstützen, sagen Sie zu sich: *»Ich bin mir der Luft, die mich in diesem Zimmer umgibt, bewusst.«*
Achten Sie beim nächsten Einatem darauf, sich auch Ihres inneren Raumes kontinuierlich bewusst zu bleiben ... und beim nächsten Ausatmen vergewissern Sie sich, dass Sie auch für den äußeren Raum bewusst bleiben ... und so weiter. Auf diese Weise bringen Sie Ihre inneren Tiefen mit den äußeren Tiefen der Realität in Einklang. Und denken Sie daran, wenn Sie Ihren Atem auf dem Höhepunkt des Einatmens eine Weile halten, erfahren Sie eine ganz bestimmte Qualität von Raum und dreidimensionaler Präsenz, bei der innere und äußere Bewusstheit eins werden. Und genau das ist das Ziel!

▣ *Bleiben Sie in Ihrem spirituellen Herzen*
Wenn Sie sich des inneren und des äußeren Raumes erst einmal bewusst sind und Innen und Außen als einheitliche dreidimensionale Realität erleben, besteht der nächste

Schritt darin, sich auf Ihr Herz einzustimmen. Zu diesem Zweck machen Sie die Übung »Das spirituelle Herz« und lenken Ihre Wahrnehmung vom Wirrwarr der Gefühle, in denen Sie in diesem Augenblick befangen sind, zum Bewusstsein des spirituellen Herzens, so dass Sie sich von der emotionalen Atmosphäre im Zimmer freimachen können. Während Sie Ihre Aufmerksamkeit nach oben zum spirituellen Herzen lenken, lassen Sie die Gedanken in Ihrem Kopf ganz zur Ruhe kommen. Seien Sie, bevor Sie aktiv den Teamgang einlegen, zumindest für einige Momente im Zimmer, ohne zu denken oder zu tun. Werden Sie ganz zum fühlenden Wesen, indem Sie sich sowohl Ihres inneren Selbst als auch des Raumes im Zimmer und der anderen Menschen um Sie herum bewusst sind. Werden Sie in diesem Zustand bewusst zu einem Strahl an ruhiger, positiver Aufmerksamkeit, und nehmen Sie sich vor, sich Ihren angenehmen, strahlenden Zustand zu bewahren, ganz gleich, welcher Arbeit das Team sich zuwenden will. Machen Sie Ihren eigenen Körper zu einem Heiligtum, dessen Grenzen geschützt sind. Nehmen Sie Ihr Recht in Anspruch, während der gesamten Sitzung mit der spirituellen Dimension verbunden zu bleiben.

▣ *Teilen Sie den Raum mit Ihren Teamgenossen*

Jetzt kommen wir zum letzten sozialen Schritt, bei dem es darum geht, sich auf die Präsenz der Personen, die sich mit Ihnen im Zimmer befinden, einzustimmen. Der Schlüssel ist hier, weiterhin bewusst wahrzunehmen, wie die Luft durch Ihre Nase oder Ihren Mund kontinuierlich einströmt, während Sie gleichzeitig die Menschen in Ihrer Umgebung visuell erfassen. Wenn Sie sich die primäre Empfindung bewahren können, wie der Atem durch Ihre Nase ein- und ausströmt, bleiben Sie auf Ihre spirituelle Präsenz eingestimmt und können sich den Menschen im Zimmer zuwenden, ohne dadurch aus Ihrer spirituellen Mitte gebracht zu werden.

Bleiben Sie also mit Ihrer Aufmerksamkeit beim Atem, bei Ihrem spirituellen Herzen, bei Ihrem ganzen Sein, während Sie langsam für die Sitzung aktiv werden. Nehmen Sie weiterhin bewusst wahr, wie Ihre Füße auf dem Boden stehen und Ihr Kopf in den Himmel reicht, achten Sie auf Ihre Verwurzelung im Energiefeld der Schwerkraft. In diesem Zustand wenden Sie sich jetzt, von Ihrem spirituellen Herzen kommend, der Gruppe zu, ohne sich von anderen dominierenden Persönlichkeiten überwältigen zu lassen und dabei unbewusst zu werden. Spüren Sie, wie es sich anfühlt, bei Ihren täglichen Teamaktivitäten ein Zentrum an spiritueller Wachheit zu sein.

▣ *Denken Sie transpersonal*
Vielleicht klingt das ziemlich abgehoben und schwierig, aber wenn Sie die oben beschriebenen vier Schritte erst einmal vollzogen haben, ergibt sich der fünfte Schritt, der Übergang zum transpersonalen Denken, ganz leicht und natürlich aus den ersten vier Schritten. Wir haben bereits gesehen, dass Intuition mehr ist als ein isoliertes Phänomen in einem individuellen Gehirn. Wir denken dann intuitiv, wenn wir uns von der Fixierung auf die Abläufe unseres eigenen Gehirns lösen und unsere Wahrnehmung dahin gehend erweitern, dass wir uns unserer Beteiligung am »globalen Gehirn« bewusst werden. Wenn zwei oder mehr Menschen plötzlich über ihre Ego-Fixierungen hinausgehen und sich auf die größere Macht und das umfassendere Bewusstsein einer transpersonalen Realität einstimmen, entsteht wahrer Teamgeist.

Diese Erfahrung erschließt sich uns erst dann, wenn wir die oben beschriebenen vier grundlegenden Schritte getan haben, sei es spontan, wie es oft in Gruppen geschieht, oder bewusst wie im Augenblick:

1. Werden Sie präsent ...
2. Begeben Sie sich auf die dreidimensionale Ebene ...
3. Lenken Sie Ihre Aufmerksamkeit nach oben zum spirituellen Herzen ...
4. Teilen Sie den Raum mit Ihren Teamkollegen ...

In dem daraus resultierenden erweiterten Bewusstseinszustand stehen Ihnen intuitive Klarheit und Einsicht spontan zur Verfügung, und wenn Sie sich diesen Zustand bewahren, ist die Chance groß, dass Sie damit zunächst einen und dann immer weitere Sitzungsteilnehmerinnen und -teilnehmer anstecken und auf die transpersonale Ebene bringen.

Ganz gleich, was geschehen mag, denken Sie einfach daran, sich Ihrer Herzensverbindung zu den Menschen, mit denen Sie zusammenarbeiten, bewusst zu bleiben. Beziehen Sie sich auf die Menschlichkeit, auf die spirituelle Verwurzelung der anderen, statt sich aus dem Gleichgewicht bringen zu lassen, wenn Sie Ihre Mitte und Ihr Gefühl dafür verlieren, wo sie sich befinden. Seien Sie die Person, die die Gruppe an ihre höhere Aufgabe und ihre höhere Kraftquelle erinnert. Sorgen Sie dafür, dass die Gruppe sich kontinuierlich auf den gemeinsamen Raum, das gemeinsame Herz und die gemeinsame Weisheit der spirituellen Dimension ausrichtet, und Sie werden feststellen, dass sich Ihr Team Schritt für Schritt zu einer wirklich bewussten unternehmerischen Einheit entwickelt.

Ihren geschäftlichen Kokon für andere öffnen

Nehmen wir an, Sie betreten einen Raum, in dem eine formale Verhandlungssitzung stattfindet, oder Sie gehen auf einen Kunden zu, der gerade Ihren Laden betritt. Oder Sie setzen sich mit einer Kollegin zusammen, um für ein bestimmtes Projekt einen

Kompromiss auszuarbeiten. In all diesen Situationen können Sie nach folgendem Plan vorgehen:

- Während Sie sich der anderen Person körperlich nähern und in Sicht- und Hörweite kommen, findet auf der nonverbalen Ebene zwangsläufig ein energetischer Austausch statt, noch bevor Sie überhaupt ein Wort sagen. Sie üben bereits durch Ihre bloße Präsenz Einfluss auf die andere Person aus. Es ist also von wesentlicher Bedeutung, dass Sie sich auf die Präsenz Ihres Körpers und Ihr spirituelles Herz konzentrieren, wenn Sie sich dem Kunden nähern, so dass Sie körperlich und geistig von Anfang an Offenheit, Mitgefühl und Akzeptanz ausstrahlen. Das ist ein wichtiger Schritt, dem wir bereits viel Zeit gewidmet haben. Ihre Aufgabe besteht darin, Ihre Wahrnehmung immer wieder auf Ihr spirituelles Herz und Ihren ganzen Körper zu richten, *bevor* Sie sich in Verhandlungen welcher Art auch immer begeben.

- Es ist wichtig, dass Sie vor jedem Gespräch mit dem anderen Ihre Wahrnehmung erweitern, um den Kunden in Ihren Wahrnehmungskokon einzubeziehen. Dabei gehen Sie von der Punktfixierung dazu über, »alles auf einmal zu sehen«, und werden sensibel für den Raum und das Volumen des Zimmers, in dem Sie sich beide befinden. Durch diese Wahrnehmungsverlagerung wird die andere Person in ein gemeinsames Raumempfinden einbezogen. Ohne diesen Schritt sind Sie nicht imstande, Herzenskontakt mit dem Kunden aufzunehmen, und bleiben bei Ihren Verhandlungen auf der Ebene der Manipulationen stecken, statt sich auf die Ebene der Beteiligung zu begeben.

- An diesem Punkt einer geschäftlichen Begegnung wird deutlich, dass das traditionelle Händeschütteln, wenn es mit der richtigen Einstellung geschieht, sehr schön dazu dienen kann, den Abstand zwischen zwei Menschen durch Körperkontakt zu überbrücken. Sicher wissen Sie, dass die Begrüßung per Handschlag früher als körperliche Geste galt, die deutlich machen sollte, dass beide Parteien mit offenen Händen kamen (statt Waffen zu tragen). Das Händeschütteln war symbolisch für ein freundliches Zusammenkommen gegnerischer Kräfte, die sich in einer Konfliktsituation um gemeinsamen Boden bemühten. Auch in der modernen Geschäftswelt gilt der Handschlag als symbolische Äußerung, die, wenn wir es zulassen, über den körperlichen Kontakt unser Gefühl für die menschliche Begegnung mit der anderen Person vertieft.

- Schließlich benutzen Sie Worte, um Kontakt mit der anderen Person aufzunehmen und mit ihr in Verbindung zu treten. Über den verbalen Austausch und seine Dynamik habe ich wiederum ganze Bücher geschrieben, denn es ist wichtig zu verstehen, dass unsere Stimme eine starke energetische Kraft darstellt, die unseren persönlichen Einfluss und unsere Präsenz in unserer physischen Umgebung verbreitet. Beim Sprechen senden Sie konkrete Energiewellen aus, welche in verschlüsselter Form Ihr gesamtes Spektrum an persönlichen Eigenschaften, Emotionen, Einstellungen und auch transpersonalen Kräften zum Ausdruck bringen, auch wenn Sie nur »Hallo!« sagen. Ein Schlüssel für erfolgreiche Verhandlungen jeglicher Art besteht also darin, Ihre Stimme mit Ihrem tieferen spirituellen Selbst zu verbinden, während Sie den gemeinsamen Wahrnehmungskokon mit dem Code Ihrer persönlichen Klangvibration füllen.

Teil sechs: Transpersonale Kommunikation

Auf der Ebene des spirituellen Herzens verhandeln

Wir alle wissen, wie es ist, eine Verhandlungssitzung welcher Art auch immer vor uns zu haben (sei es mit unserer Ehefrau, unserem Geschäftspartner, unserer Anwältin oder einem Konkurrenten), der wir mit sehr viel Unsicherheit und Besorgnis entgegensehen. Fünf Minuten, eine Stunde oder einen Tag später jedoch schütteln wir unserem Gegenüber die Hand oder umarmen uns sogar, voller Freude über die glänzenden Erkenntnisse, die wir beide gewonnen haben, oder über eine Übereinkunft, die auf einer bemerkenswerten dritten Alternative beruht, die uns bei unseren Verhandlungen »plötzlich einfach kam«. Um diese Erfahrung geht es uns – eine Situation, in der die spirituelle Dimension direkt in eine weltliche Verhandlung hineinreicht und diese beeinflusst, und in der beide Parteien etwas erleben, was uns wirklich Ehrfurcht einflößen kann: eine Begegnung, die uns Erkenntnisse und Wahrheiten erschließt, zu denen wir als einzelnes Individuum nicht gelangen könnten.

Was in solchen Situationen geschieht, ist klar. Beide Seiten begeben sich spontan oder bewusst auf die transpersonale Ebene, lenken ihre Aufmerksamkeit auf die Schwingung ihres spirituellen Herzens und vereinigen ihre beiden Wahrnehmungskokons zu einem erweiterten Realitätssinn. Indem sie ihr Herz und ihren Verstand für den direkten Fluss von intuitiven Einsichten öffnen, erkennen beide Seiten die Wahrheit, eine Wahrheit, die mit der umfassenderen Wirklichkeit der Welt als ganzer in Einklang steht und über die Grenzen ihrer persönlichen Egos und ihrer individuellen Sicht des Möglichen hinausgeht.

Wie können Sie nun Ihre Verhandlungskapazitäten auf eine höhere Frequenz bringen, so dass Erfolg und beidseitige Zufriedenheit erreicht werden?

- *Verhandlungsvorbereitungen*
  In der Regel werden Sie die Schritte, mit denen Sie körperlich ganz ruhig werden und sich an innere Kraftquellen anschließen, vor Verhandlungsbeginn tun wollen. Auch wenn Sie sich kognitiv vorbereiten, sollten Sie dafür sorgen, dass Sie mit der Quelle von Weisheit, die sich Ihnen durch die Wahrnehmung Ihres ganzen Körpers erschließt, in Verbindung bleiben. Richten Sie Ihre Aufmerksamkeit zu Hause, im Büro oder am Arbeitsplatz immer wieder auf die Empfindung der durch Ihre Nase ein- und ausströmenden Luft ... und dehnen Sie Ihre Wahrnehmung auf die Bewegungen in Ihrem Brustkorb und Ihrem Unterleib beim Ein- und Ausatmen aus ... gehen Sie dann noch einen Schritt weiter, um auch Ihren Herzschlag oder Puls in Ihre Wahrnehmung einzubeziehen ... und jetzt nehmen Sie auch den Sog der Schwerkraft an Ihrem Körper und die Reaktion Ihrer Muskeln auf diesen Sog, die Sie im Gleichgewicht halten, in Ihre Wahrnehmung mit hinein ... und während Sie sich auf Ihre innere Präsenz einstimmen, sagen Sie zu sich: *»Ich bin mir meines ganzen Körpers hier in diesem gegenwärtigen Augenblick bewusst ...«*

- *Intuitiv werden*
  Wenn Sie in Vorbereitung auf Ihre Verhandlungssitzung die entsprechenden Informationen durchgehen, werden Sie irgendwann vor Verhandlungsbeginn Ihre deduktive mentale Arbeit beenden und zur Ebene transpersonaler Einsicht übergehen wollen:

1. Machen Sie Ihre Absicht deutlich, »Intuition zu aktivieren«, indem Sie zu sich sagen: *»Ich beschließe jetzt, zur intuitiven Ebene überzugehen.«*

2. Wenden Sie sich jetzt Ihrem spirituellen Herzen zu, indem Sie zu sich sagen: *»Spirituelles Herz!«* und Ihre Aufmerksamkeit vom emotionalen Herzen in den oberen Bereich Ihres Brustkorbs verlagern, um über diesen »Gefühlspunkt« offen für spirituelle Eingebungen zu werden. Atmen Sie ein paar Mal in diese innere Empfänglichkeit hinein ...

3. Während Sie mit Ihrer Aufmerksamkeit beim spirituellen Herzen und Ihrem Atem bleiben, beginnen Sie jetzt, Ihre Wahrnehmung gleichzeitig auf das visuelle Erleben des Sie umgebenden Raumes auszudehnen ... konzentrieren Sie sich auf den Raum zwischen sich und den Gegenständen und Menschen im Zimmer. Versuchen Sie, das Raumvolumen zu betrachten, so dass Sie alles auf einmal sehen.

4. Wenn Sie Ihre Aufmerksamkeit erst einmal auf das spirituelle Herz, den ganzen Körper und die visuelle Ebene des »Alles-auf-einmal-Sehens« verlagert haben, sagen Sie zu sich: *»Ich bin offen und empfänglich für Einsichten.«* Und während Sie auf Ihren Atem, Ihr Herz und das Volumen des Raumes ausgerichtet bleiben, wenden Sie sich dem anstehenden Thema zu und erlauben Ihrem denkenden Verstand, sanft und mühelos sämtliche Gedanken fließen zu lassen, die Ihnen dazu kommen.

▣ *Die Erste Begegnung*

Sie begeben sich in eine Verhandlungssitzung und sind vielleicht etwas müde von Ihren Vorbereitungen. Sie haben sich wichtige Informationen für die Sitzung besorgt, aber Sie wissen, dass Sie sich in der vorgegebenen Zeit nicht sämtliche Daten und andere wichtige Informationen aneignen konnten. Sie stehen also vor der Aufgabe, mit Ihrem Verhandlungspartner gemeinsamen Boden zu finden, obwohl Sie wissen, dass Sie auf der deduktiven, kognitiven

Ebene keinen Gesamtüberblick haben. Sie sind bereits auf Ihre intuitiven Einsichten eingestimmt. Gleich werden Sie in der Verhandlung mit Ihrem Partner und Gegenüber Positionen austauschen und schauen, welche zündenden Ideen Ihnen kommen, während Sie gemeinsames Terrain suchen. Wie sehen die inneren Schritte aus, die Sie tun können, um bei dieser Verhandlung für eine hoch qualifizierte, produktive und kreative Begegnung zu sorgen?

1. Denken Sie daran, dass Ihre bloße Präsenz die andere Person im Raum beeinflusst, noch bevor Sie in Hör- und Sichtweite kommen. Machen Sie also schnell Ihre Meditation der vier Atemzüge, um sich zu erden, und richten Sie Ihre Wahrnehmung auf »Atem, Herzschlag, Gleichgewicht und den ganzen Körper« ... sagen Sie: »Spirituelles Herz« und öffnen Sie Ihr Herz ... seien Sie ganz präsent, während Sie auf den Menschen zugehen, mit dem Sie verhandeln werden.

2. Während Sie beide sich die Hand geben oder sich auf andere Weise begrüßen, sollten Sie von der visuellen Punktfixierung dazu übergehen, »alles auf einmal zu sehen«, um Ihren persönlichen Ego-Kokon bewusst auf die andere Person auszudehnen. Mit anderen Worten, Sie öffnen Ihr Herz für diesen Menschen. Vertrauen Sie darauf, dass Ihre eigenen höheren Kräfte und Ihre innere Führung Sie vor einer möglichen negativen Ausstrahlung dieser Person schützen werden, und schauen Sie, inwieweit Sie Ihr Gegenüber als Ihnen gleichgestelltes menschliches Wesen voll akzeptieren können. Spüren Sie, dass Sie eher auf Teilen als auf Manipulieren aus sind.

3. Achten Sie darauf, dass Sie im Zentrum Ihres spirituellen Herzens verankert bleiben und Ihre Aufmerksamkeit gleichzeitig auf die körperliche Präsenz der anderen Person richten, wenn Sie zu sprechen beginnen. Wenn Sie vom Herzen

sprechen, was unweigerlich der Fall ist, wenn Sie mit Ihrer Aufmerksamkeit tief in Ihrem Herzzentrum verwurzelt sind, werden Sie sich auf spontane Weise authentisch und aufrichtig verhalten und eine Wärme ausstrahlen, die den Menschen, mit dem Sie es zu tun haben, positiv beeinflusst.

- *Auf der Ebene des spirituellen Herzens verhandeln*
  Die Herausforderung besteht jetzt darin, sich den intuitiven Bewusstseinszustand auf der Ebene des spirituellen Herzens, mit dem Sie in die Verhandlung gekommen sind, während der ganzen Sitzung zu bewahren. Natürlich werden Sie sich mit Details auseinander setzen und die pragmatischen Bedingungen berücksichtigen, die Sie mit an den Verhandlungstisch bringen. Auf die spirituelle Ebene eingestimmt bleiben bedeutet in keinster Weise, beim Verhandeln »weich« zu werden oder dem anderen »nachzugeben«. Hier geht es grundsätzlich darum, dass beide gewinnen. Sie sind auf der Suche nach gemeinsamem Boden, damit Sie, wenn Sie vom Verhandlungstisch aufstehen, beide das Gefühl haben, unter Berücksichtigung sämtlicher Fakten ein gutes Geschäft gemacht zu haben.

Die Grundgebote

Es gibt bestimmte persönliche Schlüsseleigenschaften, die wir im Kontakt mit einem geschäftlichen Gegner verstärken können, damit sie uns helfen, Begegnungen ganz unabhängig von den anfänglichen Einstellungen und Absichten der anderen Person positiv zu gestalten. Schließen Sie sich immer wieder an diese fünf Fähigkeiten an, die entscheidend für ein erfolgreiches Verhandeln sind.

»Seid still – und wisset, ich bin Gott.«

Die Fähigkeit, den denkenden Verstand bewusst zur Ruhe zu bringen, ist ausschlaggebend für die inneren Zustände, in denen wir die Präsenz des ganzen Körpers wahrnehmen, auf unser spirituelles Herz eingestimmt und an intuitive Ebenen angeschlossen sind. Das wiederum ermöglicht uns, kooperativ und einsichtsvoll zu kommunizieren. Auch die Fähigkeit, wirklich zuzuhören, erfordert, dass wir innerlich still werden, um die Gedanken der anderen Person wirklich empfangen zu können. Und wenn die Beteiligten zusammen Augenblicke der Stille erleben, können die beiden Menschen in dem gemeinsamen spirituellen Raum tiefe spirituelle Einsichten empfangen.

»Wisset die Wahrheit – und die Wahrheit wird euch befreien.«

Bei Verhandlungen besteht die konkrete Herausforderung für beide Beteiligten darin, die Wahrheit über das anstehende Thema herauszufinden und entsprechend zu handeln. Wenn die Verhandlung mit der Absicht geführt wird, diese unterschwellige Wahrheit zu entdecken, wird der Prozess transformiert. Beide Verhandlungsparteien nehmen von ihren üblichen Haltungen und Abwehrmechanismen Abstand, da ihre Diskussion von einer größeren Macht getragen wird. Wenn wir uns in dieser Form auf die Wirklichkeit einlassen, können wir in geschäftlichen wie auch in anderen Situationen mutig, überzeugt und effektiv handeln. In diesem Umfeld blüht und gedeiht auch die Eigenschaft der Integrität.

»Fürchtet euch nicht.«

Angst als primäre angeborene menschliche Emotion bewirkt, dass eine ansonsten strahlende Persönlichkeit negativ und unklar wird. Bei genauerer Untersuchung können wir feststellen, dass Persönlichkeitszüge wie Ärger, Aggression, Vorurteile und Manipulation immer auf Angst zurückgehen. Wenn wir die Angst akzeptieren, die den negativen Einstellungen und Verhaltensweisen eines anderen Menschen zugrunde liegt, können wir ihm helfen, sie loszulassen. Und wir selbst müssen lernen, Schritt für Schritt über Gedanken und Absichten hinauszugehen, die auf Angst beruhen, und unser Denken und unsere Absichten auf Liebe gründen.

»Richtet nicht.«

Unsere Angewohnheit, Menschen, Situationen und Ideen auf der Grundlage von früheren Erfahrungen und Voreingenommenheiten sofort zu verurteilen, statt von der augenblicklichen Realität auszugehen, ist eine allgemein verbreitete negative Gewohnheit, die wir uns ernsthaft anschauen müssen. Menschen auf diese Weise zu richten und in feste Schablonen zu pressen ist nicht nur ungerecht, sondern auch ein total schlechtes Geschäftsgebaren. Sobald wir einen Menschen oder eine Situation ausschließlich oder überwiegend auf der Grundlage früherer Erfahrungen beurteilen, agieren wir im Rahmen einer längst vergangenen Realität, statt mit klaren, unvoreingenommenen Augen die Wahrheit des Augenblicks zu erfassen, die völlig anders aussehen kann als die Vergangenheit. Ein Mensch, der in rasch sich verändernden Zeiten wie diesen *die geistige Kunst der urteilsfreien Wahrnehmung im gegenwärtigen Augenblick* praktiziert, ist in jedem Fall Menschen überlegen, die im Sumpf überholter Urteile und Voreingenommenheiten stecken bleiben.

»Gott ist Liebe ... liebet einander.«

So wie wir das Wort in diesem Buch verstehen, ist Liebe die höchste kreative und Kraft spendende Macht des gesamten Universums, die sich im menschlichen Herzen durch den Zufluss spiritueller Kräfte manifestiert. Sämtliche großen Religionen setzen Gott mit Liebe gleich. Wollen wir also in unserem Geschäftsleben kreativen Erfolg auf der höchsten Ebene erlangen, sind wir geradezu Narren, wenn wir uns diesen »Liebesfaktor« bei unseren täglichen Geschäftsverhandlungen nicht genau anschauen und zunutze machen. Für eine erfolgreiche Lösung bei geschäftlichen Verhandlungen sowie bei sämtlichen anderen Formen von Kommunikation in der Unternehmenswelt ist es mit Sicherheit entscheidend, dass wir die Macht der Liebe in den Diskussionsprozess mit einbeziehen.

Verhandlungsangst überwinden

Sie stehen vor einer geschäftlichen Aufgabe, die Sorge, Befürchtungen, Unsicherheit und Abwehr in Ihnen auslöst. Ihnen fällt auf, dass Ihr Atem angespannt und flach ist, dass Sie das Gefühl von physischer Stärke verloren haben und Ihr körperliches Wohlbefinden abnimmt, so dass Sie sich verkrampft oder wie betäubt fühlen. Ihr Denken ist unklar und wirr, und Sie können sich die Wahrnehmung für den Sie umgebenden Raum nicht bewahren. Was ist hier zu tun?

- *Erkennen:* Der erste wesentliche Schritt zur Umwandlung dieser allgemeinen Angstreaktion besteht darin zu *erkennen, was mit Ihnen passiert*. Sie müssen sich den negativen Zugriff der Besorgnis bewusst machen, wenn Sie etwas dagegen unternehmen wollen. Und Sie müssen so ehrlich mit sich sein, dass Sie zugeben können: »Ja, ich werde in bestimmten Situationen zum Opfer meiner Befürchtungen.«

- *Intention:* Sobald Sie erkennen, dass Sie in einen negativen Zustand geraten und sich geistig und körperlich verspannen, können Sie sich an die Schlüsselsätze erinnern, die den Umkehrprozess aktivieren. Als Erstes müssen Sie Ihre Intention zum Ausdruck bringen. Sagen Sie zu sich: *»Ich möchte nicht ängstlich sein. Ich möchte diese Angst loslassen und Vertrauen und Mitgefühl haben.«*

- *Bewusste Wahrnehmung des ganzen Körpers:* Ihr Denken geht in solchen Situationen unablässig in Richtung Sorgen, was oft völlig unbewusst abläuft. Um diese negativen Gedanken aufzuhalten, verlagern Sie den allmächtigen Fokus Ihrer Aufmerksamkeit auf die Präsenz Ihres ganzen Körpers, wie Sie es bereits gelernt haben. Diese grundlegende Wahrnehmungsverschiebung bringt den Gedankenfluss, der Ihre Angstreaktion auslöst, mühelos zum Stillstand, während Sie sich auf Ihren Atem einstellen ... Ihren Herzschlag ... Ihr Gleichgewicht ... die Präsenz Ihres ganzen Körpers hier in diesem gegenwärtigen Augenblick.

- *Konzentration auf das spirituelle Herz:* Angst und Liebe können nicht beide in unserem Körper dominieren. Damit es uns wirklich gelingt, unsere Sorgen zu überwinden, müssen wir das dafür am besten geeignete Werkzeug benutzen: Wir müssen uns von der Ebene des emotionalen Herzens auf die des spirituellen Herzens begeben. Das ist ein bewusster Willensakt, bei dem wir den Fokus unserer Aufmerksamkeit von der üblichen Ausrichtung auf das emotionale Herz auf das spirituelle Herz verlagern.

- *Erweitern Sie Ihren Wahrnehmungskokon:* Wenn Körper und Wesen erst einmal von Mitgefühl erfüllt sind und die geistige und körperliche Angespanntheit, die durch die Angst ausgelöst wurde, gewichen ist, steht der letzte wichtige Schritt an: Ihren persönlichen Wahrnehmungskokon so auszuweiten, dass Sie die andere(n) Person(en) in ihn hineinnehmen können und Liebe und intuitive Klarheit das Zimmer erfüllen, in dem Sie sich befinden. Dazu gehen Sie von der »Punktfixierung« dazu über, »alles auf einmal zu sehen«, während Sie sich im Zimmer umschauen und sich dabei auf den Raum statt auf die Gegenstände konzentrieren und sämtliche Anwesenden in Ihren Wahrnehmungskokon einbeziehen.

Die perfekte Haltung bei Verhandlungen

Wenn Sie diese Schritte für den schnellen Wechsel Ihrer persönlichen Wahrnehmungs- und Bewusstheitsebene erst einmal beherrschen, sind Sie imstande, jede geschäftliche oder soziale Begegnung so umzuwandeln, dass sie zur Chance wird, auf der Grundlage spiritueller Kräfte beiden Seiten Fortschritt und Erfüllung zu bringen.

- Ihr Atem steht weiterhin im Mittelpunkt Ihrer Aufmerksamkeit, so dass Sie körperlich entspannt, zuversichtlich, voller Kraft und vergnügt sind, da Sie sich in sämtlichen verschiedenen Dimensionen der Realität des gegenwärtigen Augenblicks verankert haben.
- Ihr Herz im Zentrum Ihres Atems dehnt sich aus, öffnet sich für den positiven Zustrom von Mitgefühl und strahlt nach allen Richtungen Akzeptanz und Vertrauen aus.
- Ihr Denken ist klar und entspannt und Sie sind durchgängig offen für intuitive Einsichten und Erkenntnisse in Bezug auf das anstehende Thema.
- Ihre Wahrnehmung erweitert sich und umfasst den gegenwärtigen Moment in seiner Ganzheit. Sie schließen sämtliche anwesenden Personen im Zimmer in die transpersonale Ebene Ihres Bewusstseins ein, auf der das individuelle Denken einzelner Seelen zu einer größeren, gemeinsamen Realität verschmilzt. In diesem erweiterten Zustand kann die spirituelle Dimension Ihr Denken und Handeln durchdringen und Sie zu einer gemeinsamen Ausrichtung und einem umfassenderen Ziel leiten.

Teil sieben: Die Vision Ihres Unternehmens erweitern

Zielbewusstsein gewinnen

Ein direkter Weg, sorgenvolle Gedanken abzustellen und die Angst zu überwinden, die Sie in einer engen, auf vergangenen Erfahrungen beruhenden Haltung zu Ihrem Projekt gefangen hält, sieht wie folgt aus:

- Nehmen Sie sich eine Woche lang täglich fünf Minuten Zeit. Machen Sie es sich bequem und gehen Sie dann die Meditation der vier Atemzüge durch *(Atem, Herzschlag, Gleichgewicht, der ganze Körper)*, um ganz in den Augenblick zu kommen und Ihren denkenden Verstand zur Ruhe zu bringen.

- Richten Sie Ihre Aufmerksamkeit jetzt bewusst von Ihrem emotionalen auf Ihr spirituelles Herz. Atmen Sie ein paar Mal in diesen angenehmen Zustand hinein, in dem Sie spirituell wach sind, Ihren ganzen Körper wahrnehmen und Akzeptanz ausstrahlen.

- Wenn Sie das nächste Mal ausatmen, sagen Sie zu sich: *»Ich liebe mich.«* Atmen Sie entspannt ein und lassen Sie diesen Satz in Ihrem ganzen Wesen nachschwingen. Wenn Sie spüren, wie Sie auf diese Worte mit Verspannung, Abwehr oder Verleugnung reagieren, wiederholen Sie sie beim nächsten Ausatmen: *»Ich liebe mich.«* Atmen Sie dann entspannt ein und spüren Sie, wie das Aussprechen dieser Worte Ihre Aufmerksamkeit auf Ihre Beziehung zu sich selbst lenkt. Die Worte bündeln, wie wir gesehen haben, die wandelnden Kräfte, indem Sie Ihre Aufmerksamkeit von der Gewohnheit der Selbstablehnung in eine positive Richtung steuern und diese unterstützen.

- Beim nächsten Ausatmen sagen Sie jetzt zu sich: »*Ich liebe die Welt.*« Während Sie still einatmen, lassen Sie diese Worte in Ihrem ganzen Wesen nachschwingen. Wiederholen Sie diesen Satz beliebig oft, um Ihre Aufmerksamkeit auf die positiven Gefühle zu richten, die Sie Ihrer Welt entgegenbringen. Wenn Sie feststellen, dass eine bekannte innere Stimme daraufhin sofort sagt: Ich hasse die Welt!, dann lassen Sie sie zu. Beim nächsten Ausatmen sagen Sie erneut zu sich: »*Ich liebe diese Welt.*« Erlauben Sie, dass sich Ihre Aufmerksamkeit durch diese Worte verstärkt und auf Ihre positiven Gefühle für Ihre Umwelt richtet. Sie sollten die Worte anfangs häufiger wiederholen, so dass Sie mit der Zeit zu einer neuen liebevollen Einstellung zu sich und der Welt gelangen.

- Um jetzt von der Punktfixierung zur Wahrnehmung der dreidimensionalen Welt überzugehen, in der Sie »alles auf einmal sehen«, sagen Sie beim nächsten Ausatmen zu sich: »*Ich lebe in der Atmosphäre der Erde.*« Beim Einatmen schauen Sie sich um und spüren den Raum des Zimmers, in dem Sie sich befinden. Auf diese Weise dehnt sich Ihre Wahrnehmung auf die Luft aus, die unsere irdische Existenz durchdringt und uns durch den »atmosphärischen Ozean des Lebens« alle miteinander verbindet.

- Wenn Sie das nächste Mal ausatmen, sagen Sie zu sich: »*Wir alle atmen diese Luft gemeinsam.*« Spüren Sie beim Einatmen, wie die Luft durch Ihre Nase oder Ihren Mund einströmt, und lassen Sie diese Realität in Ihr Bewusstsein dringen: Jedes einzelne menschliche Wesen auf diesem Planeten atmet in diesem Augenblick genau dieselbe Luft wie Sie. Wir sind durch die Biosphäre eng miteinander verbunden. Noch in unserem tiefsten Inneren haben wir alle teil an den lebendigen atmosphärischen Molekülen, die uns am Leben erhalten.

Sie befinden sich jetzt in einem wunderbaren Bewusstseinszustand. Ihr Denken ist zur Ruhe gekommen, bis auf die Schlüsselaussagen, die in Ihnen nachschwingen und Sie mit der umfassenderen irdischen Realität, die über Ihren persönlichen Ego-Kokon hinausgeht, in Einklang bringen. In diesem Zustand können Sie genau sehen, wie Sie sich besorgt verspannen, aber Sie können diese Anspannung wie folgt loslassen.

Sich nicht identifizieren

Um sich von der chronischen Besorgnis in Bezug auf Ihr anstehendes Projekt zu befreien, beginnen Sie jetzt sich vorzustellen, was als Schlimmstes passieren könnte. Was, wenn Sie völlig versagen? Was passiert dann mit Ihnen? Weichen Sie dieser Frage nicht aus, sondern schauen Sie der Ursache für all Ihre Befürchtungen direkt ins Gesicht. Stellen Sie sich der Gefahr und überprüfen Sie, wie lebensbedrohlich sie tatsächlich ist. Stellen Sie sich die folgenden, speziell auf Ihr augenblickliches Projekt bezogenen Fragen und beantworten Sie sie mit Ja oder Nein:

1. Werde ich sterben und aufhören zu existieren, wenn mir mein geschäftliches Vorhaben misslingt?
2. Werde ich Verletzungen und heftige körperliche Schmerzen erleiden, wenn mein Projekt schief geht?
3. Werde ich ohne einen Pfennig und ohne eine Bleibe auf der Straße landen, wenn mein Projekt schief geht?
4. Wird mich irgendein anderes schreckliches Schicksal ereilen, wenn mein Projekt schief geht?

5. Was ist das Schlimmste, was mir passieren kann, wenn mein Projekt misslingt?
6. Wartet noch Unangenehmeres auf mich, als dass es mir schlecht geht und ich vielleicht meinen Lebensstil ändern muss, wenn mein Projekt misslingt?
7. Und, am wichtigsten: Ist die Intensität meiner Befürchtungen wirklich gerechtfertigt angesichts der realen Gefahren, die mir vielleicht bevorstehen, sollte ich versagen?

Wenn Sie sich Ihre schlimmsten Befürchtungen erst einmal ehrlich eingestanden haben, können Sie anfangen, Ihre Angst auf die Realität der Situation abzustimmen, statt der Vorstellung ausgeliefert zu sein, es ginge um Leben und Tod, und von solchen Gedanken in Ihrer Leistungsfähigkeit und Ihren Erfolgsmöglichkeiten ernsthaft behindert zu werden. *»Wisset die Wahrheit, und die Wahrheit wird euch befreien.«* Das ist mit Sicherheit der beste Rat, um Ihre Angstreaktionen erfolgreich zu überwinden.

Jetzt sind Sie in der Lage, sich in die weitläufige Welt vorzuwagen, die sich Ihnen eröffnet, wenn Sie sich nicht identifizieren. Sie haben sich Ihren Ängsten gestellt, Ihre augenblickliche Situation in Relation zu Ihrem sonstigen Leben gebracht und in eine reale Perspektive gerückt und Ihre Wahrnehmung so erweitert, dass Sie Ihr ganzes Projekt auf einmal sehen können. Durch die folgende und letzte Aussage werden Sie genau mit der konzentrierten Aufmerksamkeit und Offenheit für eine ehrliche Einschätzung Ihrer Situation belohnt, die wir gewinnen, wenn wir uns nicht identifizieren.

⊡ Wenn Sie das nächste Mal ausatmen, sagen Sie zu sich: *»Ich lasse meine frühere Vision von der Zielrichtung dieses Projektes und meine früheren Projektionen los. Ich öffne mich für die augenblickliche transpersonale Realität dieses Projektes.«*

Atmen Sie jetzt leicht und mühelos, bleiben Sie sich der Präsenz Ihres ganzen Körpers und der Ausrichtung auf Ihr spirituelles Herz bewusst ... und lassen Sie zu, dass Ihr intuitiver Verstand Ihnen Bilder, Gedanken und Einsichten für die aktuelle Situation Ihres Projektes in diesem Augenblick zuträgt und Ihnen die nächsten Schritte zeigt, die zu tun sind.

Sich an den planetaren Willen anschließen

Wir können jetzt den ganzen Weg gehen, um uns an planetarische Ebenen geschäftlicher Einsicht und Ermächtigung anzuschließen. Der Prozess ist im Grunde ganz einfach und erschließt uns doch enorme Kräfte: Wir lassen unsere Identifikation mit dem Ego als getrenntes Wesen los und beginnen uns als bewusste Zellen des plantearischen Körpers zu erfahren. Wir wenden uns an die erweiterte spirituelle Präsenz des ganzen Planeten und richten an ihn die Worte: »Nicht mein Wille als Einzelwesen geschehe, sondern der Wille der Erde als einer lebendigen Ganzheit.«

Wenn Sie erst einmal zu diesem erweiterten »atmosphärischen Bewusstsein« übergegangen sind, können Sie folgende Schlüsselsätze sagen, um eine direkte Begegnung mit dem planetarischen Willen einzuleiten:

- Wenn Sie das nächste Mal ausatmen, sagen Sie zu sich: »*Ich möchte mich an das organische Bewusstsein der Erde anschließen.*« Atmen Sie ein und lassen Sie diese Worte wie eine Absichtserklärung in Ihrem ganzen Wesen nachschwingen.

- Wenn Sie das nächste Mal ausatmen, sagen Sie zu sich: »*Spiritualität ist überall.*« Atmen Sie entspannt ein und nehmen Sie diese Wahrheit in sich auf. Spüren Sie Ihre Verbindung zu der Atmosphäre, die Sie atmen und die Sie mit der gesamten Ökosphäre verbindet.

- Beim nächsten Ausatmen sagen Sie zu sich: »*Nicht mein Wille geschehe, sondern der der Erde.*« Und atmen Sie ein, während diese Worte in Ihrem ganzen Wesen schwingen ...

- Und wenn Sie dann wieder ausatmen, sagen Sie zu sich: »*Ich bin bereit, dem höheren Wohl unserer Weltgemeinschaft zu dienen.*«

In diesem Zustand können Sie sich einfach entspannen. Bleiben Sie auf Ihren Atem, Ihren Herzschlag und die Präsenz Ihres ganzen Körpers eingestimmt und lassen Sie sämtliche Bilder und Gedanken zu, die Sie aus dem größeren planetarischen Bewusstsein erreichen mögen.

Jedes Mal, wenn Sie diese Übung machen, wird Sie Ihnen besser gelingen und tiefer gehen. Und jedes Mal, wenn Sie diese Vier-Schritte-Meditation machen, wird Ihre Erfahrung anders aussehen, da der neue Augenblick Ihr Leben kontinuierlich verwandelt.

Unser gemeinsames wirtschaftliches Ziel visualisieren

Machen Sie immer wieder einen Augenblick Pause und stellen Sie sich innerlich lebhaft vor, wie Ihr Arbeitsleben aussähe, wenn immer mehr Mitarbeiterinnen und Mitarbeiter beschließen würden, ihr persönliches ökonomisches und spirituelles Schicksal mit dem umfassenderen Schicksal des planetarischen Organismus zu verbinden ... Stellen Sie sich vor, wie Ihre ganze Firma allmählich aufblühte: Inspiration und Begeisterung würden zunehmen, Mitgefühl und Vertrauen wachsen, und die erklärte Vision für Ihr Unternehmen würde sich auf neue unerwartete Höhen schwingen. Am wichtigsten aber ist, Sie würden gemeinsam das so sehnlich erwünschte Vertrauen entwickeln, dass Ihr langfristiges materielles Überleben und der materielle Überfluss auf diesem Planeten garantiert sind, weil Sie sich einer spirituellen Führung anvertrauen, die Ihnen den Weg in eine Zukunft weist, die zwar unbekannt, aber letzten Endes doch vertrauenswürdig ist.

Diese Vorstellung ist sehr aufregend, und doch sieht so die sich überall abzeichnende Realität aus, zu der uns dieser tief greifende Wandel und das Chaos in der Welt führen. Die Technologie hat uns trotz all ihrer fragwürdigen Nebeneffekte eindeutig an einen Punkt gebracht, wo wir zu einer umfassenden Vision von menschlicher Erfüllung auf dieser Erde gelangen können. Das ist die Vision vom heutigen Unternehmen, die sich für mich immer deutlicher abzeichnet, und ich lade Sie ein, diese transpersonale, planetare Vision von unserer zukünftigen Unternehmenswelt mit Hilfe der Übungen in diesem Buch aktiv zu erforschen, so dass Sie zum Wegbereiter werden können!

Zum Abschluss: Die höchste Gleichung anwenden

Wir haben jetzt konkret erforscht, wie wir unsere persönliche Bewusstheit erweitern und in Einklang und Harmonie mit dem umfassenderen planetarischen Willen und Auftrag bringen können. Mit der Abschlussmeditation begeben wir uns über sämtliche räumlichen und zeitlichen Dimensionen der unendlichen Wirklichkeit, in der wir leben, hinaus und konzentrieren uns auf die reine Gegenwart des Schöpfers ...

Erinnern wir uns daran, unsere Aufmerksamkeit regelmäßig auf die alles vereinende Mitte unserer Existenz zu richten, während wir uns dem Kern aller Dinge unmittelbar zuwenden.

- Gehen Sie in Ihrer täglichen Meditation die Schritte durch, die Sie gelernt haben, um sich auf die Präsenz Ihres ganzen Körpers, Ihr spirituelles Herz, Ihre transpersonale Wahrnehmung der Luft, des Raumes und der Menschen um Sie herum und schließlich auf die umfassende Wahrnehmung der planetaren Ebene einzustimmen ...

- Kehren Sie jetzt mit Ihrer Aufmerksamkeit zu Ihrem eigenen Herzen zurück ... atmen Sie entspannt ... lassen Sie Ihre Wahrnehmung so weit werden, dass Sie die Wahrheit erfahren, die in den Worten schwingt: »*Gott ist Liebe ...*«. Sagen Sie wieder und wieder beim Ausatmen sanft zu sich »*Liebe ... Liebe ... Liebe ...*«, solange die Worte Ihnen in den Sinn kommen ...

- Um Ihr Gefühl von Ehrerbietung und Dankbarkeit zu zeigen, sagen Sie zum Schluss mehrmals: »*Ich bin dankbar ... danke ... danke ...*«

- Seien Sie jetzt einfach still und weilen Sie »im Hause des Herrn«, während eine tiefe Freude Ihr ganzes Wesen erfüllt. Entscheiden Sie selbst, wann Sie die Meditation beenden wollen. Gott segne Sie!

Kontaktadressen

John Selby kommt regelmäßig nach Europa, um Seminare abzuhalten und Schulungen in Firmen durchzuführen. Geplant ist auch eine jährliche Tagung zum Thema »Spirituelle Techniken im Berufsleben«. Nähere Informationen erhalten Sie bei der

Seminarorganisation Wolfgang Gillessen
Balanstr. 365
81549 München
Tel./Fax 089/68 07 07 02
E-Mail: WGillessen@t-online.de

Wenn Sie mit John Selby direkt in Kontakt treten wollen:

E-Mail: selby@aloha.net
Internet: http://www.johnselby.com